大博览
中华文化

秀丽如画的
江河湖泊

郭艳红 编著

中国出版集团　现代出版社

图书在版编目（CIP）数据

秀丽如画的江河湖泊 / 郭艳红编著. -- 北京 ： 现代出版社，2017.8
ISBN 978-7-5143-6483-5

Ⅰ. ①秀… Ⅱ. ①郭… Ⅲ. ①河流－介绍－中国②湖泊－介绍－中国 Ⅳ. ①K928.4

中国版本图书馆CIP数据核字(2017)第224924号

秀丽如画的江河湖泊

作　　者：郭艳红
责任编辑：李　鹏
出版发行：现代出版社
通讯地址：北京市定安门外安华里504号
邮政编码：100011
电　　话：010-64267325　64245264（传真）
网　　址：www.1980xd.com
电子邮箱：xiandai@vip.sina.com
印　　刷：天津兴湘印务有限公司
字　　数：380千字
开　　本：710mm×1000mm　1/16
印　　张：30
版　　次：2018年5月第1版　　2018年5月第1次印刷
书　　号：ISBN 978-7-5143-6483-5
定　　价：128.00元

　　习近平总书记在党的十九大报告中指出："深入挖掘中华优秀传统文化蕴含的思想观念、人文精神、道德规范，结合时代要求继承创新，让中华文化展现出永久魅力和时代风采。"同时习总书记指出："中国特色社会主义文化，源自于中华民族五千多年文明历史所孕育的中华优秀传统文化，熔铸于党领导人民在革命、建设、改革中创造的革命文化和社会主义先进文化，植根于中国特色社会主义伟大实践。"

　　我国经过改革开放的历程，推进了民族振兴、国家富强、人民幸福的"中国梦"，推进了伟大复兴的历史进程。文化是立国之根，实现"中国梦"也是我国文化实现伟大复兴的过程，并最终体现在文化的发展繁荣。博大精深的中国优秀传统文化是我们在世界文化激荡中站稳脚跟的根基。中华文化源远流长，积淀着中华民族最深层的精神追求，代表着中华民族独特的精神标识，为中华民族生生不息、发展壮大提供了丰厚滋养。我们要认识中华文化的独特创造、价值理念、鲜明特色，增强文化自信和价值自信。

　　如今，我们正处在改革开放攻坚和经济发展的转型时期，面对世界各国形形色色的文化现象，面对各种眼花缭乱的现代传媒，我们要坚持文化自信，古为今用、洋为中用、推陈出新，有鉴别地加以对待，有扬弃地予以继承，传承和升华中华优秀传统文化，发展中国特色社会主义文化，增强国家文化软实力。

　　浩浩历史长河，熊熊文明薪火，中华文化源远流长，滚滚黄河、滔滔长江，是最直接的源头，这两大文化浪涛经过千百年冲刷洗礼和不断交流、融合以及沉淀，最终形成了求同存异、兼收并蓄的辉煌灿烂的中华文明，也是世界上唯一绵延不绝的古老文化，并始终充满生机与活力。

　　中华文化曾是东方文化摇篮，也是推动世界文明不断前行的动力之一。早在五百年前，中华文化的四大发明催生了欧洲文艺复兴运动和地理大发现。中国四大发明先后传到西方，对于促进西方工业社会发展和形成，起到了重要作用。

中华文化的力量，已经深深熔铸到我们的生命力、创造力和凝聚力中，是我们民族的基因。中华民族的精神，业已深深植根于绵延数千年的优秀文化传统之中，是我们的精神家园。

总之，中国文化博大精深，是中华各族人民五千年来创造、传承下来的物质文明和精神文明的总和，其内容包罗万象，浩若星汉，具有很强的文化纵深，蕴含着丰富的宝藏。我们要实现中华文化的伟大复兴，首先要站在传统文化前沿，薪火相传，一脉相承，弘扬和发展五千年来优秀的、光明的、先进的、科学的、文明的和自豪的文化现象，融合古今中外一切文化精华，构建具有中国特色的现代民族文化，向世界和未来展示中华民族的文化力量、文化价值、文化形态与文化风采。

为此，在有关专家指导下，我们收集整理了大量古今资料和最新研究成果，特别编撰了本套大型书系。主要包括巧夺天工的古建杰作、承载历史的文化遗迹、人杰地灵的物华天宝、千年奇观的名胜古迹、天地精华的自然美景、淳朴浓郁的民风习俗、独具特色的语言文字、异彩纷呈的文学艺术、欢乐祥和的歌舞娱乐、生动感人的戏剧表演、辉煌灿烂的科技教育、修身养性的传统保健、至善至美的伦理道德、意蕴深邃的古老哲学、文明悠久的历史形态、群星闪耀的杰出人物等，充分显示了中华民族厚重的文化底蕴和强大的民族凝聚力，具有极强的系统性、广博性和规模性。

本套书系的特点是全景展现，纵横捭阖，内容采取讲故事的方式进行叙述，语言通俗，明白晓畅，图文并茂，形象直观，古风古韵，格调高雅，具有很强的可读性、欣赏性、知识性和延伸性，能够让广大读者全面触摸和感受中国文化的丰富内涵，增强中华儿女民族自尊心和文化自豪感，并能很好地继承和弘扬中国文化，创造具有中国特色的先进民族文化。

江河之美——著名江河的文化源流

秀丽如画的
江河湖泊

母亲之河

黄河文明与历史渊源

黄河被称为中华民族的"母亲河"，全长5778千米，流域面积约79万平方千米，是中国第二大长河。黄河发源于青藏高原的巴颜喀拉山脉北麓的卡日曲，流经青海、四川、甘肃、宁夏、内蒙古、山西、陕西、河南及山东等地，最后流入渤海。

黄河流域西到巴颜喀拉山，北抵阴山，南至秦岭，东注渤海。流域内地势西高东低，高低悬殊，形成自西而东、由高及低三级阶梯。

黄河从青藏高原开始，泛黄之水一路蜿蜒，东流入海，谱写了一曲曲黄河儿女的壮丽诗篇。

大美之河

壮丽山川

太白金星指点黄龙造黄河

传说很久以前，在千里岷山以北是一片大草原。这里地势平坦，生长着许多动植物，丰茂的水草把这里装点得如同天堂一般美丽。

但是，在岷山以外，却没有一条能够汇聚百川的大河，沧海横

岷山风光

■ 巴颜喀拉山

流，大水泛滥。人们因此失去了家园，流离失所，生活苦不堪言。

在岷山以北的大草原上，生活着一条黄色巨龙，他经常在天上飞腾。当他看见岷山以外人们生活得如此痛苦时，就想为人间开凿一条大河，让洪水不再泛滥。

黄龙把他的想法告诉了太白金星，太白金星表示十分赞同。

黄龙说："我虽有此想法，却不知向哪个方向开凿河道，更不知河水该流向哪里啊！"

太白金星说："切勿忧虑，我来帮你解决吧！你尽管安心开凿河道吧！我在天上提一盏灯来给你指引方向，灯指向哪里，你就向哪个方向开凿河道，水就会流向哪里呢！最终水会流到东海的。海特别大，再多的水都装得下啊！"

太白金星 道教神话人物，名李长庚，是天上的金星或曰启明星。在中国本土宗教道教中，太白金星是核心成员之一。最初道教的太白金星神是位身穿黄裙，演奏琵琶的女神，后来变化为一位童颜鹤发的老神仙，经常奉玉皇大帝之命监察人间善恶，被称为"西方巡使"。

秀丽如画的江河湖泊

太白金星最先把灯升起在了青藏高原巴颜喀拉山北麓约古宗列盆地的上空。巴颜喀拉山旧称"巴颜喀喇山",蒙古语意为"富饶的青色的山"。巴颜喀拉山藏语叫"职权玛尼木占木松",是祖山之意。

巴颜喀拉山地势高耸,群山起伏,雄岭连绵,景象恢宏,它是庞大昆仑山脉南支的一部分,走向由西北向东南,向西为可可西里山脉,向东与岷山、邛崃山相望。

约古宗列是一个很大的椭圆形盆地,周围山岭环绕。盆地内有许多水泊,水泊四周,是绿草如茵的天然牧场。

在盆地的西南面,那时有一股从地底冒出的水流。水不停地喷涌而出,汹涌翻滚着,汇合成了盆地内浸渗出来的无数水流。这些水流纵横交错,到处流淌,是造成当时人间洪水泛滥的源头。

黄龙在天上仔细察看地形后,降落在一个叫卡日曲的地方。这里位于青海腹地,在腹地上有昆仑山、巴颜喀拉山和布尔汉布等大山。这些大山,高峻的山顶终年积雪,秀美如画。

黄龙就决定把这里当作源头,一切从这里开始干起。他最先用身子在地上打滚，希望把那些大山荡平，以开凿出一条河流。但是，大山山石太坚硬了，把他身上划出了许多血痕。黄龙非常恼怒，便以头拱山，想把大山拱开。

黄龙鼓足劲儿地拱，终于把一座山拱开了，瞬间形成一个盆地。一时间，高山雪水奔涌而下，形成了花海子，当地人称它为"星宿海"。

接着，黄龙顺势一滚，形成了一条很宽的河道，无数水流开始大量汇聚，在卡日曲汇口以下形成了一条干流。后来，人们认为这条干流是黄龙开凿的，为了纪念黄龙的功绩，就把它叫作"黄河沿"。藏族人称它为"玛曲"，在藏语中，"玛曲"就是黄河之意。

从玛曲流出的水流进入扎陵湖后，从湖的南部流出，沿河道一直东行流入鄂陵湖，出鄂陵湖后再转东向南流到黄河沿，人们便把黄河沿以下的干流称为"黄河"。

后来，玛曲这个地方，经常发生洪水或旱情，这给当地人们的生活带来了极大的困苦。每当洪涝灾害出现之时，当地的藏族人民就会聚拢在玛曲，祭拜河神，以祈求平安。

■ 星宿海

　　黄龙按照太白金星神灯的指引，日夜兼程。黄龙每拱一下，就形成一处山川或河流，他不知疲倦、如迅雷闪电般地在草原上奔跑着、忙碌着。

　　有一天，黄龙从贵德来到民和境内，又从民和下川口进入甘肃。黄龙望着清澈见底的水流，不觉放慢了脚步。也正因为如此，这里没有形成大的山峦起伏，气候也格外温和湿润，这就是后来人们所称的"高原小江南"。

　　黄龙在这里停歇了，他没有剧烈地运动和翻滚。因此，这里水多沙少，成为黄河的清水来源。由于河水始终是清澈的、宁静的，这里便有了后来"天下黄河贵德清"的说法。

　　黄龙在贵德这里休息了一会儿，不知不觉打了一个盹，也许是他太累了，居然在这里睡着了。

　　他梦见自己开凿的河道奔涌如潮，一路汹涌向东，他不觉兴奋起来。在睡梦中，他翻了翻身，便荡平了一些小丘陵，于是就在这里形成了宁夏平原和河套平原。宁夏平原和河套平原处在黄河上游河谷地带，水草丰美，后来有"塞上江南"的美称。

黄龙一觉醒来，疲倦顿消，他又开始奔跑起来。就在黄龙奔跑之时，一个天神忽然挡住了黄龙的道路。黄龙为了避免和天神发生正面冲突，他急忙转弯，向东钻入了深山中。

这里高耸着阿尼玛卿山、西倾山和青海南山等大山，黄龙用尽全身力气，还是没能把巨山拱开，他只有沿着山势前行。他东拱一下，西拱一下，于是龙羊峡、积石峡、八盘峡、青铜峡等便应运而生了。瞬间，20多个峡谷在悬崖峭壁间便形成了。这就是为什么黄河河道在这一段呈"S"形弯曲。

黄龙走出青铜峡后，终于摆脱了几座大山的束缚，他一路奔腾，势不可当。他沿着鄂尔多斯高原的西北边界向东北方向滚动，然后向东前行，直抵河口。因为没有大山阻拦，黄河两岸便形成了大片的冲积平原，这就是后来著名的银川平原与河套平原。

天神 泛指天上诸神，包括主宰宇宙之神及主司日月、星辰、风雨、生命等诸神。后来，天神也泛指神仙。在佛教中，天神是指天众，也就是神的护法神。佛教认为，天神的地位并非至高无上，但可比人享有更高的福祉。天神也会死。

■ 青海贵德黄河清水源

■ 黄河壶口瀑布

金刚力士 中国古代传说中守护四极的天神。传说女娲补天后，天地为了不让四极折断，就派了四名金刚力士守卫，世称"四大金刚"。每个都凶神恶煞，力大无穷，一切妖魔鬼怪都怕他们，所以才把天给保住了。

　　黄龙从河口来到汾渭平原，他翻滚身子的同时，突然间打了个喷嚏，唾沫飞溅，瞬间便形成了汾河、洛河、泾河、渭河、伊洛河和沁河等众多河流。这些河流同时卷起黄龙身上的泥沙奔涌而下，汇聚一起，形成了宽阔的河谷，这就是黄河中游开始出现大量泥沙的缘故。

　　黄龙看见大量泥沙，有些心急，便加速前行。他从禹门口出来，一路健步如飞，东拱西拱，形成的河道也左右摆动，很不顺直。

　　又因为他受到山岭的阻挡，黄龙势头大减，拱成的河谷也骤然缩窄了，形成一道宽1000余米的天然卡口。卡口也因山势而变得越来越窄，最后形成了仅容一车一马而过的羊肠小道，这便是后来的潼关。

　　潼关位于渭南的港口镇，地处关中平原东部，雄踞要冲之地，是中国古代著名关隘之一。潼关的形势非常险要，渭、洛二川在此相会，抱关而下。潼关周围山连山，峰连峰，谷深崖绝，山高路狭。

黄龙正在前行之际，皋兰山却又横在他的面前。黄龙把皋兰山打量了一番，便凭着自己的气力和本领，呼啸着向皋兰山撞去，"咚咚咚"连撞三次，皋兰山却纹丝没动。

突然，皋兰山中传来一阵奸笑，天庭的金刚力士和一群天神出现在他面前。黄龙这才知道，原来一切都是天神布下的疑阵。他便和金刚力士斗了几个回合，但他不敢恋战，转身向北，拱进了贺兰山。

黄龙沿着贺兰山，翻崖穿谷，匆匆而行，他每拱一处便形成一处峡谷。为了躲避天神阻拦，他拐了一个弯又一个弯，日夜兼程，越跑越快。就这样，形成了著名的"九曲十八弯"。

此时，黄龙来到小浪底上空，中条山和崤山横在面前。黄龙加大力气，从两座大山间蜿蜒穿过，在崇山峻岭间，他冲开了一个狭长的晋陕大峡谷。

晋陕大峡谷是黄河干流上的最后一段峡谷，峡谷在托克托县河口

九曲十八弯

■ 黄河晋陕大峡谷

秀丽如画的江河湖泊

形成了黄河"几"字形弯的右半边。滔滔河水在这里奔流而下，景色异常壮观。

在河套地区呈东西走向的黄河，在此段急转为南北走向，由鄂尔多斯高原挟势南下，左带吕梁，右襟陕北，深切于黄土高原之中。这里谷深皆在百米以上，河床最窄处如壶口，仅30米至50米，可以说真正的"黄"河是在这里成就的。

且说黄龙向北跑了数百千米，阴山又挡住了去路。他想，不能再向北了，这样会离东海越来越远。再说，他虽鼓着劲儿不分昼夜地奔跑，可气力却渐渐不支了。他为了尽快赶到东海，在阴山脚下，又转了个弯，向东奔去。

黄龙刚走不远，太白金星就降落在他的面前。太白金星问黄龙："你气力如何呢？"

"头重尾轻，筋疲力尽啊！"黄龙答道。

"向东是一座大山，即使没有天神阻挡，你也会很费时力，不如就从这里拐弯向南。那里皆是黄土，行走和拱河都十分省力。再者，你造河时可把黄土冲卷进水里，带到东海，填平龙宫，闷死龙王，为民除害。"

黄龙一听能够为民除害，于是就来劲了。他就按照太白金星的指点，在阴山东头拐弯向南。他披星戴月，餐风宿露，用尽平生力气，卷走黄土，要一举填平东海。黄龙闯过龙门天险便掉头向东了。

东边是中原大地，一马平川，没有山峦峰谷。金刚力士暗自惊慌，因为黄龙一到平原，临近东海，就再也没有拦阻捉拿黄龙的时机了。于是，金刚力士便布下三门大阵，请来数百名天兵天将，要和黄龙决一死战。

黄龙被里三层外三层的天兵天将团团包围着。黄龙知道，这是决定胜负的最后拼杀。尽管他一路劳累，但还是振作精神，力战群敌。怎奈黄龙寡不敌众，身上多处受伤。众天兵天将里外呼应，慢慢地缩小了包围圈，就要把黄龙擒住了。黄龙在重围中岌岌可危。

人们听说黄龙要去找东海龙王为民除害，并历尽千难万险想造一条大河，消除泛滥的洪水，为民造福，都十分同情和支持黄龙。人们

鹳雀楼上鸟瞰图

成群结队地去请求力大无比的治水英雄大禹设法救助黄龙。

大禹听后，就带着开山斧和避水剑，给黄龙打开了一条向东的出路。黄龙悲喜交集，情不自禁地鼓足干劲，他不顾浑身的伤痛，跳出重围。当黄龙历尽艰辛来到海边时，已经奄奄一息了。

黄龙无力再去和东海龙王拼搏了，他知道自己活不长久了，他想把自己开凿的大小河道连起来，形成一条大河。于是，他在地上打了一个滚，形成了一条巨大的主河道，瞬间，那些大小河流都被这条主河道连接起来了，纷纷流进了主河道。黄龙用尽了最后一点气力，施展法术，将自己的身体无限地伸长、伸长……

黄龙的头伏在东海边，身子沿着他来东海走过的路向后延伸着，弯弯曲曲，绵绵延延，高高低低，从头看不到尾。

此时，只听黄龙惊天动地一声大吼，身躯瞬间化为大河，滔滔河水，奔腾不息，直泻东海。从此以后，人们就把这条河叫作"黄河"。

玉皇大帝把金刚力士和没拦住黄龙的天神打下凡间，让他们长年累月住在原来布阵设防的地方。天神们眼睁睁地看着黄河之水向东流淌着。这样，就流传下了"黄河九曲十八弯，弯弯有神仙"的说法。

阅读链接

黄河源一般认为位于青海的腹地。河源一为扎曲，二为约古宗列曲，三为卡日曲。扎曲一年之中大部分时间干涸，而卡日曲最长，是以5个泉眼开始的，流域面积也最大，在旱季也不干涸，卡日曲最长支流那扎陇查河是黄河的正源。

在青海玛曲上游的约古宗列曲，矗立着数十个"黄河源"石碑。一直以来，很多人都认为这就是黄河的源头。后来经过考察，最终确定了黄河的真正源头，是位于青海省卡日曲上游的那扎陇查河。从这里算起，中华民族的母亲河黄河总长度为5778千米。

地质大运动造就万里黄河

黄龙造黄河仅仅是个美丽的传说，而黄河真正形成是源于6000万年前的一次地质大运动。

在这次剧烈的地质大运动中，地壳遭到严重的破坏，被切割成若干大小不等的块体。这些块体有的抬升，有的下沉，形成了各种各样

■ 黄河地质结构

■ 沙漠中的黄河

长工 旧时靠给地主、富农长年干活为生的贫穷雇农。也称"长年"，北方俗语称为"觅汉"或"伙计"。指旧时整年受地主或富农雇用的贫苦农民。除农副业劳动外，还兼做杂务。工资以年计，供食宿。也泛指雇用期较长而且相对固定的各种工人。

的地形地貌。

地壳抬升的地块便形成了山脉，这些山脉随着时间的流逝，有些地块被风化剥蚀，逐渐夷平成了高原。地壳下沉的地块则蓄水成湖，如华北、汾渭、河套、银川等沉降盆地，并进而逐渐形成了河流、湖泊或峡谷。

距今150万年至120万年的时期，原始的古黄河还是一条内陆河。它就像一条巨大的串珠，由峡谷河道串联起众多的湖泊，在最东端为浩瀚的三门湖。

在随后的数十万年里，这一地区发生了两次规模较大的冰川活动，气候寒冷、干旱，大湖逐步萎缩、分割，全区出现若干大型湖盆，以及不计其数的小型湖泊与湿地。这些古湖盆成为当地的地表水汇集区，并发育成各自独立的内陆湖水系。古黄河就是在这些独立的内陆湖盆水系的基础上，逐步演变而成的。

又经过若干年，大小河流与湖泊经过不断地变化，然后逐渐形成了一条贯穿东西的大河流。这条大河流在中国古代有多种叫法，如"河""河水""九河""大河"等。

传说那是很久很久以前，在大河边住着一个员外，员外家有一个青年长工叫黄河。黄河是卖身葬父来到员外家干活的，他勤勤恳恳，忠厚老实，在员外家干了好多年，长成了一个英俊的小伙子。

转眼间又快过年了，黄河说要回家看望他的老母亲，就去向员外辞别，员外答应了他。黄河带着行囊匆匆地赶回家，看到了他多年未见的白发苍苍的老母亲，母子悲喜交加，抱头痛哭。

黄河回家过年，还见到了他儿时的小伙伴邻居姑娘黄荷。黄荷姑娘也已长大成人了，出落得如花似玉。昔日的小伙伴可谓是青梅竹马，再次相见便产生

员外 又称"员外郎"，古代官职之一，原指设于正额以外的郎官。隋代于尚书省24司各置员外郎一人，为各司之次官。该官职一般为闲职，明代常有商贾士绅捐钱获得此官职。至此，员外成为富有地主的另一种称呼。

■ 黄河风光

元宵节 也称为"上元节""小正月""元夕""小年"或"灯节"，就是农历正月十五。元宵节是春节之后的第一个重要节日，是农历新年的第一个月圆之夜，象征春天的到来，人们吃元宵、赏花灯、猜灯谜，以示祝贺。正月是农历的元月，古人称夜为"宵"，所以称正月十五为"元宵节"。

了深深的爱恋之情，两人难舍难分。

两家父母看见孩子双双有意，于是就成全了两个孩子，让他们结为了夫妻，在元宵节时为两个孩子简简单单地操办了婚事，两家都皆大欢喜，小夫妻俩更是喜不自禁，恩爱有加。

办完婚事后，黄河恋恋不舍地辞别了母亲和新婚妻子，又到员外家帮工了。当员外得知黄河娶了一个貌美如花的妻子时，就心生歹意，假意说为了让夫妻团圆，让黄河把新婚妻子带来做员外老婆的丫头。

黄河自是很高兴，就回家把妻子带来了，员外一看更想把黄河妻子占为己有，就想法谋害黄河。员外让黄河跟另外一个长工一起到大河里去打鱼，并指使这个长工把黄河推入大河淹死，并说要给这个长工一百两银子，事成后让他远走高飞。

这个长工果然把黄河推入河中淹死了，他回去向

■ 九曲黄河十八弯

■ 黄河壶口瀑布

员外索要银子。这个长工想何不把黄荷带着一起远走呢！这样他就有了妻子和银子，于是就去纠缠黄荷。

黄荷非常悲伤，她知道员外不怀好意，就表面答应了这个长工的要求，但要这个长工说出实情。这个长工把一切情况都告诉了黄荷，黄荷听后更加悲伤。黄荷没有屈服员外的压力，也没有跟那个长工一起走，她来到了大河边，对着黄河落水的地方放声痛哭。

黄荷的泪水很多很多，就把河边的沙子冲起来了，河里面的水也从此发黄了；黄荷的泪水冲到大河里，大河也开始泛滥了；黄荷的哭声很悲很悲，哭声传到大河上，从此大河上面就充满了"呜呜"的声音。

黄荷从大河这边哭到大河那边，又从这座山哭到那座山，她的哭声惊动了山神，山神们都出来劝她。因此，后来人们说，"黄河九曲十八弯，弯弯有神仙"。

后来，黄荷的泪水哭干了，她就变成了一座神女

丫头　长辈对小辈女性的亲昵称呼。另一种说法是，古代把婢女称为"丫头"，这是因为她们的发型是在头顶有分叉"丫"形的发髻，所以又叫作"丫鬟"。古代女孩子在出嫁之前，头上都要梳着两个"髻"，左右分开，对称而立，像个"丫"字，所以称为"丫头"。

峰，一直凝视着大河。黄河夫妻的故事令人们非常感动，大家为了纪念他们，就把这条大河叫作"黄河"。

这条大河由于黄荷泪水的冲刷，越冲越大，天长日久，一直冲到了东海边上。由于河里面有黄荷的泪水，所以海水也从此变咸了，黄河也变成了一条很长很长的大河了。

黄河的含沙量很大，其实这是因为其流经黄土高原。黄土高原地表破碎、土质疏松，加之降水集中、多暴雨、植被少，区域地理环境因素对河流的影响很大。

黄河上游的自然生态环境恶化后，植被减少，水土流失严重，沙石被冲入黄河，引起大面积河水泛滥。经过世世代代的治理和改道，黄河泛滥逐渐减少，成为一条为人类造福的河流。

黄河流域内悠久的文明，古老的文化，壮丽的河山，奇异的自然和人文景观，共同构成了万里黄河所独有的丰富资源。黄河奔腾豪放，孕育了勤劳伟大的中华儿女，也孕育了光辉灿烂的中华文明。

秀丽如画的江河湖泊

阅读链接

关于黄河里的水为什么是黄色而混浊的，还有一个凄婉的传说。

从前有个打鱼的老人，他有个女儿叫黄荷。一天，老人在河中救起一个小男孩，取名黄河。黄河长大后，老人便把黄荷嫁给了黄河。

一个财主借老人得病之机，设计陷害了黄河，老人不久去世，家中只剩下孤零零的黄荷。

财主见时机已到，便迫使黄荷嫁给他。黄荷的条件是，让财主向黄河取沙的那条河叫三声"爷爷"。当财主面对黄河叫"爷爷"的时候，她将财主推入河中，自己也跳进河里。

河水马上掀起大浪，混浊汹涌，黄沙滚滚。从此，黄河的水再也没有清过。

源于青藏高原的上游景观

　　从高空俯瞰，黄河就像一个巨大的"几"字，蜿蜒曲折，滚滚东流，绵延5778千米，流经地域广泛。黄河在中国北方蜿蜒流动，其干流贯穿中国青海、四川、甘肃、宁夏、内蒙古、陕西、山西、河南、

黄河边堡墙

秀丽如画的江河湖泊

青藏高原 中国最大、世界海拔最高的高原，分布在中国境内包括西藏自治区、四川西部以及云南部分地区，西北青海的全部、新疆维吾尔自治区南部以及甘肃部分地区。境内面积257万平方千米，平均海拔4000米至5000米，有"世界屋脊"和"第三极"之称，是亚洲许多大河的发源地。

山东等地区，最后在山东省莱州湾流入渤海。

黄河发源于青藏高原巴颜喀拉山北麓海拔4500米的约古宗列盆地，一直到内蒙古托克托县河口镇以上的黄河河段，为上游段。

黄河上游段全长3472千米，流域面积38.6万平方千米，流域面积占全黄河总量的51.3%。上游河段总落差约3500米，平均比降为1‰。在此河段汇入的较大支流有43条，其径流量占全河的54%。

上游段水多沙少，受阿尼玛卿山、西倾山和青海南山的控制，故呈"S"形弯曲。是黄河的清水来源。黄河上游根据河道特性的不同，又可分为河源段、峡谷段和冲积平原三部分。

从青海卡日曲至青海贵德龙羊峡以上部分为河源段。河源段从卡日曲始，经星宿海、扎陵湖、鄂陵湖到玛多，绕过阿尼玛卿山和西倾山，穿过龙羊峡

■ 黄河上游风光

到达青海贵德。这一段多系山岭及草地高原，属青藏高原，海拔均在3000米以上，山峰超过4000米，源头河谷地海拔4200千米，山顶终年积雪，秀美如画。

这段河流曲折迂回，两岸多为湖泊、沼泽、草滩，水质较清，水流稳定，水流量大。河段内有扎陵湖、鄂陵湖，两湖海拔高程都在4260米以上，蓄水量分别为47亿立方米和108亿立方米。

扎陵湖和鄂陵湖，位于黄河源头的玛多县境内，距玛多县城40多千米，是黄河源头两个最大的高原淡水湖泊，素有"黄河源头姊妹湖"之称。

黄河从巴颜喀拉山北麓的卡日曲和约古宗列曲发源后，经星宿海和玛曲河即孔雀河，首先注入扎陵湖。扎陵湖东西长，南北窄，酷似一只美丽的大贝壳，镶嵌在黄河上。

扎陵湖的面积达526平方千米，平均水深约9米，湖水色碧澄发亮，湖心偏南是黄河的主流线，看上去，仿佛是一条宽宽的淡黄色的带子，将湖面分成两半，其中一半清澈碧绿，另一半微微发白，所以叫"白色的长湖"。

在扎陵湖的西南角，距黄河入湖处不远，有3个约2平方千米面积不等的小岛，岛上栖息着大量水鸟，所以又称"鸟岛"。这里的鸟大都是候鸟，每年春天，数以万计的大雁、鱼鸥等鸟类从印度半岛飞到这里繁衍生息，给这里增添了无限生机。

黄河在扎陵湖经过一番回旋之后，在巴颜郎玛山南面，进入一条300多米宽的很长的河谷，河水在这里分成9股道，散乱地穿过峡谷，流入鄂陵湖。

鄂陵湖位于扎陵湖之东，其形状与扎陵湖恰好相反，东西窄，南北长，犹如一个很大的宝葫芦。湖的面积为628平方千米，比扎陵湖大100平方千米，平均水深1.76米，最深可达30多米。鄂陵湖水色极为清澈，呈深绿色，天晴日丽时，天上的云彩，周围的山岭，倒映在水

中，清晰可见，因此叫"蓝色的长湖"。

十分有趣的是，扎陵湖有供鸟类栖息的岛屿，而鄂陵湖有一个专供鸟儿们会餐的天然场所，人称"小西湖"，又称"鱼餐厅"。

每年春天，黄河源头冰消雪融，河水上涨，鄂陵湖的水漫过一道堤岸流入小西湖，湖中的鱼儿也跟着游进来。待到冰雪化尽，水源枯竭时，湖水断流，并开始大量蒸发，潮水迅速下降，鱼儿开始死亡，而且被风浪推到岸边的沙滩上。

鸟儿们吃鱼不需要花费力气去捕，只要到小西湖随便飞一趟，就可以美美地饱餐一顿。鸟儿最多的时候，飞翔在上空的鸟群遮天蔽日，"嘎嘎"的鸣叫声，几千米以外都能听到。

鄂陵湖烟波浩渺，波澜壮阔。上午，湖面风平浪静，纤萝不动；下午常常天气剧变，大风骤起，平静的湖面波涛汹涌，浪花拍岸。有

■ 蓝色湖泊

■ 鄂陵湖美景

玛多　藏语意为"黄河源头"，历史上是由内地进入西藏的一个驿站，也是一个古渡口。玛多号称"千湖之县"，共有湖泊4000多个，最著名的是被称为"黄河源头"的扎陵湖和鄂陵湖，扎陵湖为白色，鄂陵湖为蓝色，都透彻清亮。在两湖中间是黄河源头的标识"牛头碑"。

时，还会出现天昏地暗的景象，一会儿像连片的黑色藏帐，旌旗猎猎，一会儿又变成点点白色的风帐，由远而近，景象极为壮观。

扎陵湖和鄂陵湖海拔4300米，比中国最大的内陆湖泊青海湖高出约1000米，是名副其实的高原湖泊。这里地势高寒、潮湿，地域辽阔，牧草丰美，自然景观奇妙。

盛夏季节，碧空如洗，苍穹无垠，玻璃般的天幕上，不时地飘浮着樱桃似的朵朵白云。蓝天白云之下，起伏连绵的青山和熠熠闪亮的碧波，交相掩映，分外妖娆。

数以万计的天鹅、大雁、野鸭、鱼鸥等在平如明镜的湖面上嬉戏飞翔，数不清的牛羊像点点珍珠在翡翠般的湖畔滚动，令人心醉。

然而，到了贵德自孟津段却是黄土遍布的高原地区，即黄土高原。黄土高原东为吕梁西坡，南为渭河谷地，北与鄂尔多斯高原相接，西至兰州谷地。河流中段流经黄土高原地区，夹带了大量泥沙，当地有句俗语："九曲黄河十八弯，一碗河水半碗沙。"

青海玛多至甘肃玛曲区间，黄河流经巴颜喀拉山与阿尼玛卿山之间的古盆地和低山丘陵，大部分河段河谷宽阔，间或有几段峡谷。

甘肃玛曲至青海贵德龙羊峡区间，黄河流经高山峡谷，水流湍急，水力资源丰富。发源于四川岷山的支流白河和黑河在该段内汇入黄河，河源段在此处收尾。

从青海龙羊峡到宁夏青铜峡部分是上游的峡谷段。该段河道流经山地丘陵，因岩石性质的不同，形成峡谷和宽谷相间的形势：在坚硬的片麻岩、花岗岩及南山系变质岩地段形成峡谷，在疏松的砂页岩、红色岩系地段形成宽谷。峡谷段有龙羊峡、积石峡、刘家峡、八盘峡和青铜峡等20个峡谷，峡谷两岸均为悬崖峭壁，河床狭窄，河道比降大，水流湍急。

在贵德至兰州间，是黄河3个支流集中区段之一，有湟水、洮河等重要支流汇入，这就使黄河的水量大大增加。龙羊峡至宁夏下河沿的

■ 高原湖泊鄂陵湖

干流河段是黄河水力资源的"富矿"区。

　　湟水又名"西宁河"，是黄河上游重要支流，位于青海东部，发源于青海的包呼图山，全长374千米，流域面积约32 863平方千米。

　　湟水流域孕育出了灿烂的马家窑文化、齐家文化、卡约文化，养育了青海地区约60%的人口，被称为"青海的母亲河"。

　　湟水东南流经西宁，到甘肃兰州西面的达家川入黄河。由于流域有不同的岩性与构造区，因而发育成峡谷和盆地形态。

　　流域峡谷有巴燕峡、扎马隆峡、小峡和老鸦峡等。峡谷一般长5千米至6千米，其中老鸦峡最长，达17千米，两壁陡峭，谷窄而深。盆地有西宁盆地、大通盆地、乐都盆地和民和盆地，其中以西宁盆地为最大。

　　湟水穿流于峡谷与盆地间，形成串珠状河谷。湟

028

秀丽如画的江河湖泊

■ 黄河支流

■ 青海贵德黄河

水下游河谷宽阔，富水力资源，灌溉便利，滋润着河谷大地，孕育和发展了湟水流域的农业文明。

湟水流域位于青藏高原与黄土高原的交接地带，处在祁连山褶皱带内。由于地质构造的制约和水系发育的综合作用，形成"三山两谷"独特的地理景观。

流域北界祁连山，南界拉脊山，中部的大坂山为支流大通河与干流湟水的分水岭。

祁连山与大坂山之间为大通河狭长条状谷地，属高寒地区，山高谷深，林草繁茂，人烟稀少，水资源丰富，当地人民以经营放牧业为主，具有青藏高原的典型特点。

大坂山与拉脊山之间为湟水干流宽谷盆地，丘陵起伏，黄土深厚，人口稠密，居民以农为主，农业历史悠久，水资源短缺，水的利用程度很高，呈现出黄土高原的显著特点。由此形成了在一个流域

卡约文化 是中国西北地区的青铜时代文化，因发现于青海湟中卡约村而得名，年代约公元前900年至公元前600年。主要分布在甘肃省境内黄河沿岸及其支流湟水流域。居民以从事农业为主，工具多石器，有刀、锤、锥和镞。陶器是手工制的，典型器物为双耳罐、双大耳罐、四耳罐和瓮等。

内，干流和支流并行，而自然条件和社会经济条件迥然不同的两种地理景观区。

洮河位于甘肃南部，是黄河上游仅次于湟水的第二大支流，源出青海西倾山东麓，流经甘肃碌曲、临潭、卓尼、岷县、临洮等地，在永靖县境汇入黄河。

洮河干流河道长约673千米，流域面积约25 527平方千米。洮河干流自河源由西向东流至岷县后受阻，急转弯改向北偏西流，形如一横卧的"L"形。

过了峡谷段便是黄河的冲积平原段。冲积平原段起于宁夏青铜峡至内蒙古托克托县河口镇。黄河出青铜峡后，沿鄂尔多斯高原的西北边界向东北方向流动，然后向东直抵河口镇。

沿河所经区域大部为荒漠和荒漠草原，基本无支流注入，干流河床平缓，水流缓慢，两岸有大片冲积平原，即著名的银川平原与河套平

原。沿河平原不同程度地存在洪水和凌汛灾害。河套平原西起宁夏下河沿，东至内蒙古河口镇，长达900千米，宽30千米至50千米，是著名的引黄灌区，灌溉历史悠久，自古有"黄河百害，唯富一套"的说法。

黄河上游较大的支流，除了湟水和洮河外，还有四川省境内的白河和黑河。黄河上游含沙量较大的支流为祖厉河。

祖厉河由祖河、厉河汇集而成，祖厉河由此而得名。祖厉河源出会宁县南华家岭，因流域地层含盐碱较多，水味苦咸，故又称"苦水河"。河水含沙量较高。

祖厉河在会宁县城南汇合后，北偏西流，至靖远县城西注入黄河。全长22千米，流域面积1.07万平方千米。

祖厉河发源于甘肃会宁县华家岭北麓，在靖远县城西南1.5千米处汇入黄河，把口站为靖远水文站。

祖厉河左岸有关川河，右岸有土木岘河两大支流加入，流域面积约10 647平方千米，祖厉河来水对黄河干流安宁渡断面年径流量影响不大，但来沙影响很大，泥沙量占安宁渡站的37.2%。

祖厉河流域地表破碎，沟壑纵横，黄土裸露，植被很差，水土流失严重，水中含沙量大，泥沙主要是由降雨引起，汛期平时水量很少，暴雨导致流量、沙量暴涨暴落。祖厉河历史上最大实测含沙量高达1110千克每立方米，是黄河上游含沙量较大的支流之一。

每年秋收时节，祖厉河两岸稻谷飘香，金风送爽，呈现出一派特有的田园风光，靖远八景之"祖厉秋风"就是由此而来。真可谓：

秋到河干作意清，西风袅袅素生波。
月明沙岸老渔卧，唯听前山落水声。

032

秀丽如画的江河湖泊

■ 黄河上游的平原风光

相传，女娲就是在祖厉河边，用这里的泥土造人的，所以我们的皮肤和这里的泥土颜色一致。

据说，在很早以前，这里发生过一场异常残酷的战争，使方圆几百里只剩下了两户人家。一户姓祖的夫妻生育了一个儿子，家住东山的大山顶上，门前一汪碧潭，流出一道溪水，时称"黑龙河"。

另一家姓厉，夫妻俩生育了一个姑娘，住在南边的三条岘，门前有数眼清泉，汇聚成小河，名为"南河"。两家相距遥远，道路不通。随着儿女成长，两家人各自为子女的婚事发愁。

有一天，祖家父子上山打猎，两人翻山越岭，追逐野兽，不知不觉就到了红日西沉的黄昏。他们正想收拾猎物回家，不料狂风骤起，大雾迷漫，难辨方向，两人竟朝相反的方向走去。

走了多半夜，人已经困乏得不行了，突然看到山坳间闪出了一线灯光。父子俩惊喜异常，便直奔灯光而去。到家门口一打问，才知道住的是厉家。厉家夫妇便热情地招待了祖家父子。当祖家老父得知厉家有一位仙女般美丽的姑娘时，便提出了联姻的请求，厉家夫妇立即满口应承，并告知了姑娘。

厉家姑娘从门缝里看到祖家儿子英武健壮，便唱起了山歌：

门前流水清粼粼，有缘交汇桃花红。

河分南东不见人，闲看浮云了此生。

听到姑娘歌声所表达出来的意愿，祖厉两家于是相约等到来年春天阳光灿烂的日子，他们便各自沿着门前的河水走，走到那桃花盛开的地方相聚。

天遂人愿，两家果然在两道清溪相汇处的桃花山下，喜结良缘。于是，这两条支流就分别叫"祖河"与"厉河"，而向北流淌的河流叫"祖厉河"。

阅读链接

黄河上游的著名支流之一洮河之中多瑰宝，神奇的洮河绿石，不但可以制砚，而且还可以制造各种器皿，如酒杯、茶壶、小水缸等。

洮河是中国含沙量最大的河流之一，年平均流沙量2920万吨，常年含沙中的"异重沙"，经过千百年的击磨，有的变成了具有黏性的细沙。

在细沙冲击的河岸边缘，有大量的五彩卵石，斑驳陆离，千姿百态，构成各种图案，有的如群雁掠湖，有的似晴空飘逸的玉带，有的像仕女头发梳起的高髻。此外，还有烟云楼台、人物形象、十二生肖、文字符号等，可谓是无奇不有。

洮河的奇石，奥妙不在加工，而在发现。捡一颗石头，初看不像，偶然倒过来看，栩栩如生的人物和图案就出现了。

洮河奇石，任其自然，不必追求细节的完整，只要形似神似，这便是洮河奇石的魅力所在。

气势恢宏的黄河中游景观

从地理上讲，内蒙古托克托县河口镇至河南郑州桃花峪间的黄河河段为黄河中游，这一河段内汇入了较大支流30条，为黄河泥沙的主要来源。

■ 晋陕大峡谷

■ 黄河壶口瀑布

河口镇至禹门口是黄河干流上最长的一段连续峡谷——晋陕峡谷，河段内支流绝大部分流经黄土丘陵沟壑区，是黄河粗泥沙的主要来源，全河多年年均输沙量16亿吨中有9亿吨来源于此区间。

该河段水力资源丰富，峡谷下段有闻名天下的河瀑奇观壶口瀑布，深槽宽仅30米至50米，枯水水面落差约18米，气势宏伟壮观。

壶口瀑布是黄河中游流经晋陕大峡谷时形成的一个天然瀑布，是中国非常著名的瀑布。壶口瀑布号称"黄河奇观"，其奔腾汹涌的气势是中华民族精神的象征。

壶口瀑布西临陕西宜川，东濒山西，位于黄河晋陕峡谷的南部地段。最大瀑面30 000平方米，是中国仅次于贵州黄果树瀑布的第二大瀑布。

从早古生代寒武系、奥陶系至中生代的三叠系、侏罗系，燕山运动中晚期地壳发生剧烈挤压，而这一时期，大地上还没有晋陕峡谷的踪影。

后来，在燕山运动的末期及喜山运动时期，晋陕峡谷地貌渐成雏形，晋陕之地遂有一脉河流之水畅行其间。此水初期竟然未曾花费多大的力气就冲出龙门山层次浑厚的灰岩地层，在八百里秦川之地如脱缰的野马扬长而去。

而此时，黄河禹门口及其此地带河谷地貌虽无今日宽阔，山势也无今天险峻，河道之中，谷中谷现象十分壮观。

谷中谷也称"槽谷"，是一种非常珍贵的地质遗迹，它是瀑布形成、发展、衰落和消亡的证据。

谷中谷的北端至瀑布区，南部可达孟门山。其长约5千米，当地人俗称"十里龙槽"，此龙槽宽度不等，窄处30余米，宽处约50米。时至今日，瀑布依然向北退去，谷中谷现象也向北部延伸。

黄河自青铜峡流出后，沿贺兰山东麓经银川盆地北行，后经狼山南坡渐而向东。再顺阴山山脉经河套盆地东行，至大青山西端拐了一

■ 黄河壶口瀑布碑刻

个90度的大弯，然后顺着晋陕峡谷南下进入渭河盆地。

黄河两次90度的大转弯，将中间之地围成一个巨大的地块，就是鄂尔多斯地台，壶口瀑布就位于这一巨大的地台上。

鄂尔多斯地台的西、北、东三面群山环绕，为而后黄河古道的演化形成奠定了有限的空间和地域。而有关黄河在这一高原区呈"几"字形河道的形成演化，是经过古湖盆期、水系袭夺期、黄河干流的串联贯通期3个地史阶段形成的。

壶口瀑布所处的鄂尔多斯高原地层水平，黄土丰厚，谷地深切，河道宽阔。在地史时期在壶口一带能够形成险要狭长的谷中谷现象及黄烟四起的飞瀑景观，其主要原因与其特殊的构造地质条件有关。岩性条件、水流侵蚀、冰川作用、外力作用等都是形成瀑布的原因。

滚滚黄河水至此，300余米宽的洪流骤然被两岸束缚，上宽下窄，在50米的落差中翻腾倾涌，声势如同在巨大无比的壶中倾出，故名"壶口瀑布"。

以壶口瀑布为中心的风景区面积约100平方千米，集黄河峡谷、黄土高原、古塬村寨为一体，展现了黄河流域壮美的自然景观和丰富多彩的历史文化积淀。

壶口瀑布两大著名奇景"旱地行船"和"水底冒烟"，更是世间罕见。春秋季节水清之时，阳光直射，彩虹随波涛飞舞，景色奇丽。真是"秋风卷起千层浪，晚日迎来万丈红"。

平日里"湍势吼千牛"的壶口瀑布，在"冷静"中呈现出别样风情：黄河水从两岸形状各异的冰凌、层层叠叠的冰块中飞流直下，激起的水雾在阳光下映射出美丽的彩虹，瀑布下搭起美丽的冰桥，两岸溢流形成的水柱如同大小不一的冰峰倒挂悬崖，彩虹时隐时现，游移其间，七彩与晶莹映衬，可谓造化之神奇。

黄河入"壶口"处，湍流急下，激起的水雾，腾空而起，恰似从水底冒出的滚滚浓烟，十数里外皆可观望。春秋两季，流量适中，气温不高，瀑布落差在20米以上，急流飞溅，形成弥漫在空中的水雾，即是"水底冒烟"一景。

黄河壶口瀑布的另一处著名景观就是旱地行船。由于壶口瀑布的

壶口瀑布奇景

落差较大，加之瀑布下的深槽狭长幽深，水流湍急，给水上船只的通行带来很大的困难。

过去，人们从壶口上游顺水下行船只，不得不先在壶口上边至龙王庙处停靠，将货物全部卸下船来，换用人担、畜驮的方法沿着河岸运到下游码头。同时，也是依靠人力将空船拉出水面，船下铺设圆形木杠，托着空船在河岸上滚动前进。

到了壶口下游水流较缓处，人们再将船放入水中，装上货物，继续下行，在岸上人力拖船很费力气，常常需要上百人拼命地拉纤。尽管有一些圆形木杠，铺在船下滚动，但石质河岸仍被船底的铁钉擦划得条痕累累。

在当时的条件下，"旱地行船"是水上运输越过壶口瀑布的最佳选择，它与壶口瀑布上下比较平缓的石质河岸相适应。

后来，由于公路、铁路的迅速延伸，以及壶口附近黄河大桥的修建，过壶口的水上航运已阻断多年，"旱地行船"也只可看到昔日行船留下的痕迹。

黄河壶口瀑布

壶口瀑布反复冲击所形成的水雾，升腾空中，使阳光发生折射而形成彩虹。彩虹有时呈弧形从天际插入水中，似长龙吸水，有时呈通直的彩带横在水面，像彩桥飞架，有时在浓烟腾雾中出现花团锦簇、五光十色、飘忽不定、扑朔迷离的景象。

■黄河壶口瀑布

霓虹戏水是"水底冒烟"与阳光共同作用的产物。春秋两季，水底冒烟，浓雾高悬，每遇晴天，阳光斜射，往往形成彩虹；夏日雨后天晴，有时也会出现彩虹。

山飞海立是对壶口瀑布磅礴气势的形容，黄河穿千里长峡，滔滔激流直逼壶口，突然束流归槽，形成极为壮观的飞瀑，仰观水幕，滚滚黄水从天际倾泻而下，势如千山飞崩，四海倾倒，构成壶口瀑布的核心景观。

黄河在秦晋大峡谷中穿行，汹涌的波涛如千军万马，奔腾怒吼，声震河谷。当瀑布飞泻，反复冲击岩石和水面时，产生巨大的声响，并且在山谷中回荡，恰如万鼓齐鸣，旱天惊雷，声传数千米之外。而在壶口瀑布附近，人们更能真切地感受到"黄河在怒吼""黄河在咆哮"。

在壶口瀑布下游的五他佛一处，在右侧的黄河谷底河床中，有两块梭形巨石巍然屹立在巨流之中，这就是古代被称为"九河之磴"的孟门山。

龟　龟在中国古代与麒麟、凤凰和龙一起称为"四灵"。麟为百兽之长，凤为百禽之长，龟为百介之长，龙为百鳞之长。龟又称为"玄武"，生活在江河湖海，因而玄武就成了水神；乌龟长寿，玄武也成了长生不老的象征；根据阴阳五行理论，北方属水，所以玄武又成了北方之神。

滚滚黄河水至孟门山分成两路，从巨石两侧飞泻而过，然后又合流为一。

相传，这两个小岛原为一山，阻塞河道，引起洪水四溢。大禹治水时期，把此山一劈为二，导水畅流。此二岛，远眺如舟，近观似山，俯视若门。

又传说在很久以前，有一孟家兄弟的后代被河水冲走，曾在这里获救，故将此二岛称为"孟门山"。

孟门山之上，黄河在沉积岩河床上冲刷出一条深沟，黄河就在这条嵌入石质河床中的深沟中流淌。这条深沟宽30多米，长5千米，故而称"十里龙槽"。

孟门山由大孟门岛和小孟门岛组成，大孟门岛长约300米，宽约50米，高出水面约10米。岛上有一巨型神龟雕像，龟背上立有大禹雕像。孟门迎着汹涌奔腾的泥流，昂首挺立，任水滔天，终年不没。

小孟门岛在大孟门岛上游10多米处，仅五六十米

■ 黄河石林

长，这两个河心岛全由呈水平状产出的块状灰绿色砂岩组成，岩石坚硬，抗风化性能较强。

孟门"南接龙门千古气，北牵壶口一丝天"，其雄姿与龙门、壶口组成黄河三绝，而又以自己独特的风貌著称，古诗有"四时雾雨迷壶口，两岸波涛撼孟门"的佳句。

■ "十里龙槽"

其实，孟门原是黄河河床上的一处裂点，壶口瀑布当时就出现在这里。由于长期的地质作用，裂点上移，瀑布由孟门移动到现在的位置，瀑下深潭发展成闻名于世的"十里龙槽"，而孟门山就是瀑布深潭上移残留下来的岩石块体。

黄河孟门不但风光迷人，还有"孟门夜月"之美。关于"孟门夜月"的说法是有来历的。

传说，古代有位州官奉调入京，乘船沿黄河而下，船到孟门山下，天已黄昏，就靠岸停泊。

晚上，这位州官登上孟门山，观赏黄河小岛上的夜景。只见明月高悬，映入河中，虚虚实实，分外好看。他踏月观景，情趣盎然，便随口吟就"山随波影动，月照浪花浮"的佳句，"孟门夜月"也由此成为壶口十大景观之一。

由于四季气候和水量的差异，壶口景色也时有变换。壶口瀑布最佳观赏期分为两段，一是春季的"三月桃花汛"，二是秋季的"壶口

水流湍急的黄河

秋风"。这两个时期，水大而稳，瀑布宽度可达千米左右。

主瀑虽然难以接近，但远远望去，烟波浩渺，威武雄壮。大浪卷着水泡，奔腾咆哮，以翻江倒海之势，飞流而下。真是"水底有龙掀巨浪，岸旁无雨挂彩虹"。

到了数九寒冬，壶口瀑布又换上了一派银装玉砌的景象，在那瑰丽的冰瀑面上，涌下清凉的河水，瀑布周围的石壁上，挂满了长短粗细不一的冰滴溜，配上河中翻滚的碧浪，更显示出一派黄河流域特有的自然风光。

禹门口至三门峡区间，黄河流经汾渭平原，河谷展宽，水流缓慢。河段两岸为渭北及晋南黄土台塬。该河段接纳了汾河、洛河、泾河、渭河、伊洛河、沁河等重要支流，是黄河下游泥沙的主要来源之一。该河段在禹门口至黄河小北干流潼关的132.5千米长的河道，冲淤变化剧烈，河道左右摆动很不稳定。该河段在潼关附近受山岭约束，河谷骤然缩窄，形成宽仅1千米的天然卡口——潼关。

黄河流域的急流险滩有很多，但最为著名的要数潼关。潼关是黄河流域最著名的关隘，也是中国古代著名关隘之一。其地处关中平原东部，雄踞秦、晋、豫三省要冲之地，地理位置十分重要。

潼关的形势非常险要，南有秦岭，东南有禁谷，谷南又有十二连城；北有渭、洛二川会黄河抱关而下，西近华岳。潼关周围山连山，峰连峰，山高路狭，通一条狭窄的羊肠小道，往来仅容一车一马。

潼关位于秦、晋、豫三省交界的黄河三角地带，黄河、渭河、洛河三河交汇于此，北濒黄河，南依秦岭，西连华山，以盛产黄金而闻名于世。

潼关历史悠久，闻名遐迩。古潼关居中华十大名关的第二位，历史文化源远流长。名胜古迹星罗棋布，风陵晓渡、谯楼晚照、秦岭云屏等潼关八景，更是引人入胜。

关于风陵晓渡，这里有一个古老的神话传说。

风陵，传说是女娲氏之墓，位于潼关古城东门外

谯楼 古代城门上建造的用以高望的楼。古代筑城，必建谯楼。谯楼内每悬巨钟，昏晓撞击，使臣民闻之而生警惕之心。天下晨昏钟声，数皆一百零八，这主要是暗合一年的气候节律，此外钟声的缓急和节奏，各地又有些不同。紫禁城谯楼每次在击钟前，必先奏以画角三曲。

大美之河

壮丽山川

■ 冬季的黄河

■ 黄河风景区

黄河岸河滩。风陵处的渡口叫"风陵渡"。

潼关城地处黄、渭二河交汇处，自古以来就是交通枢纽，水路要冲，还有私人和上下游经常过往客商船只。

每日拂晓，沉睡的黄河刚刚苏醒，岸上树影依稀可辨时，南来北往的客商就熙熙攘攘地朝风陵渡集结了。推车的，骑马的，赶牲口的，荷担的，负囊的……接踵而来。有的赶路，有的候渡，有的则已经坐在船头泛舟中流。

遥望黄河上下，烟雾茫茫，桅灯闪烁。船只南北横驰，彩帆东西争扬，侧耳倾听，"哗哗"的水声，"吱吱"的橹声，高亢的号子声，顾客的呼喊声，鸟声，钟声……汇成一片，古渡两岸回荡着优美的清晨争渡的交响曲。

万物复苏，春暖花开，黄河上游的万山丛中，积雪消融，封冰解冻，黄河流量剧增，这就形成了黄河春涨这一独特景观。

站在潼关城头北眺东望，只见银光四射的冰凌伴随着河水，汹涌而下，水天一色，眼前一叶叶冰船傲居浪头，忽高忽低，时隐时现，有的排着长队，中流争渡；有的单枪匹马，岸边徘徊。风声、水声、隆隆的冰块相撞声，威武雄壮，激荡情怀。

道观神钟，因道观里的异于一般的"神钟"而驰名。相传古时候，这里洪水泛滥，黄河汹涌澎湃，流中有雌、雄二钟，摩荡有声，铁钟雌钟置于潼关，而铜钟雄钟则流于陕州。

后来，这口奇异的雌钟，被悬挂在麒麟山顶的钟亭上。钟亭周围绿树参天，白云缭绕，晨昏叩之，钟声抑扬顿挫。"宫商递变，律吕相生，声扬远闻"，清脆悦耳，山川生色。

另一处著名景观是佛头山。佛头山位于潼关县安乐乡境内，是以秦岭支脉佛头山为主体的山岳型风光

047

大美之河

壮丽山川

■ 黄河沿岸景观

■ 黄河石林

及宗教文化风景区，景区面积15平方千米，其主峰海拔1806米，因酷似佛首，故称"佛头山"。

佛头山自古即有"关南名胜""西岳第二奇山"之称，为古今著名的避暑游览胜地。因其山顶常年白云萦绕又称"白云山"。

佛头山的驰名，主要源于潼关妙善公主在此学佛行法并最终在山顶佛崖寺，修成千眼千手菩萨，即千手佛的美妙传说。

佛头山在秦晋豫金三角地带的宗教界享有盛名，每年的农历三、六、九月分别有盛大的庙会，吸引八方信徒香客。

佛头山宗教文化厚重，以佛而命名的山、以佛而命名的寺、以千手佛为核心的传说，又以四方宗教信徒的虔诚崇拜而使整个风景区蒙上了一层神秘、遥远的宗教色彩。

佛头山奇峰异石遍布：大自然鬼斧神工于此，有由佛头山主峰与侧峰组合而成的巨大卧佛，有睡眼蒙

唐僧（602—664），玄奘，唐朝著名的三藏法师，汉传佛教史上最伟大的译经师之一，中国佛教法相唯识宗的创始人。是中国著名古典小说《西游记》中心人物唐僧的原型。唐僧世称"唐三藏"，意谓其精于经、律、论三藏，熟知所有佛教圣典。

眺的"唐僧小憩"，有惟妙惟肖的"老人背山"，还有威风凛凛的"将军峰"、小巧玲珑的"葫芦石"，将把你带入无限的遐想之中。

黄河中游的另一处胜景是黄河石林。黄河石林位于甘肃景泰东南，陡崖凌空，造型千姿百态，是黄河流域独特的地貌奇观。石林中的石柱石笋高达百米左右，最高可达200多米，其形天造地设，鬼斧神工。

在400万年前的新生代第四纪时期的更新世，闻名全球的黄河石林诞生了。黄河石林是亘古旷世的独特地貌奇观，是笼罩在浓郁梦幻色彩中超越时空的造物杰作，是风格迥异的高品位自然景色的优越组合。

在这个神奇的世界里，挺拔伟岸、牵人心魄的峡谷石林与迤逦绵延、荡气回肠的黄河曲流山水相依，以至动静结合，刚柔互济。古朴润泽的龙湾绿洲与疏放高亢的坝滩戈壁隔河而望，两种生态形成了鲜明的对比，并且反差强烈。

黄河石林浸透着浓厚的原始古韵，令人叹为观

新生代 是地球历史上最新的一个地质时代。随着恐龙的灭绝，中生代结束，而新生代开始。这一时期形成的地层称"新生界"。新生代以哺乳动物和被子植物的高度繁盛为特征，由于生物界逐渐呈现了现代的面貌，故名"新生代"，即现代生物的时代。

■ 黄河石林

■ 黄河石林

秀丽如画的江河湖泊

止。峡谷蜿蜒曲折，如蛇明灭，皆以沟命名，从东南至西北，共有八沟之多，堪称自然奇观。

在龙湾石林黄河边上有个观音崖，观音崖下面有一个石洞，洞内有一湾活水。在水底有一块巨石，石头上有一个鸡蛋大的小坑，带沙金的泥土常盛满小坑，水把泥沙冲去，金子重，就沉到坑内，天长日久，就会装满一窝窝金子。所以，人们把这块巨石叫作"澄金石"。关于澄金石还有一个美丽的传说。

传说在很久以前，有一个穷小子姓尚，他从小父母双亡，孤身一人。在左邻右舍相助下，他才长大了。他自制了一条羊皮筏子，在黄河上以摆渡为业。他在渡口从不向人多要钱，虽然清苦，但日子还能维持下去。

有一天，尚小子在摆完渡后，突然看见一只大灰狼叼着小马驹，马驹拼命挣扎，情况十分危急。他就把狼驱赶跑了，救下了小马驹。

从此，尚小子白天摆渡，晚上照料马驹，马驹伤好了，他就赶着马驹在渡口放牧。他喜欢马驹，马驹也离不开他，就像好朋友一样。

两年过去了，小马驹长成了一匹高大的黄骠马。摆渡后，尚小子就骑着马嬉耍。

有一天，他刚跳上马背，这马就飞一般地向黄河里冲去，他大喊道："黄骠马，黄骠马，你今日疯了吗？咱俩都得喂王八啊！"

只听黄骠马说："我没疯，莫害怕，救命之恩要报答。"

尚小子见黄骠马踩水如走平地一样，箭一般地带着他进了观音崖下的大石洞。此时，黄骠马说："那就是澄金石，取了沙金赶快回去，今日之事，千万不能讲给外人听。"

尚小子翻身下马，石洞内的水不深，水下有一块好大好大的石头，石头上面有一个鸡蛋大的小坑，坑里满满地装着黄澄澄的金沙，这金沙映得洞里的水也泛着金光。尚小子脱下衣裳，包了金沙，跳上黄骠马，飞出石洞，飞过黄河到了家。

观音 又作观世音菩萨、观自在菩萨、光世音菩萨等。他手持净瓶杨柳，具有无量的智慧和神通，大慈大悲，普救人间疾苦。当人们遇到灾难时，只要念其名号，便前往救度，所以称观世音。观世音菩萨在佛教诸菩萨中居于首位，是中国百姓最崇奉的菩萨，拥有的信徒最多，影响最大。

■ 地貌奇特的黄河石林

■ 黄河石林奇观

就这样，黄骠马一年带着尚小子去一次，尚小子也置了田产，娶了媳妇。闲暇的时候，他还在观音崖下面摆渡，只是不再收钱了。村子里的穷人，在他的帮助下，也渐渐地富了起来。

优美动人的传说，给黄河石林平添了许多神秘色彩。在山峰林立之中有一仙洞，名为"盘龙洞"。说起盘龙洞，可谓年代久远，这个洞形成于新生代第三纪末第四纪初的地质年代，洞内常年恒温在17摄氏度左右。

盘龙洞曾名"兴龙寺"，位于石林的盘龙沟内，沟中有5个洞窟，洞顶有天然形成的太极图。

龙湾村的村民十分崇拜盘龙洞，并塑造数尊佛像供奉于盘龙洞内。自塑造佛像之日起，盘龙洞便成为附近村民的祭拜之地。由于历史的变迁，洞内屡经破坏，屡经修葺。

■盘龙山

在盘龙洞中，内外温差较大，在春末或初秋时节，山洞之中，早晚有雾气飘出。相传在很久以前，这里曾经居住过一个龙仙，盘龙洞因此得名。

盘龙洞还有一个神奇的功能，那就是能够预报天气。每当天气有骤变之前的三五天内，洞内便有沙粒落下，人们便以此来判断天气的变化。大自然的种种恩赐更增添了盘龙洞无限的神秘色彩。

阅读链接

由于季节的更替和水量的变化，黄河壶口瀑布季季皆有美景，形成了独特的八大景观：水底冒烟、旱地行船、霓虹戏水、晴空洒雨、旱天鸣雷、冰峰倒挂、山飞海立和十里龙槽。

壶口瀑布景区内景点星罗棋布，有孟门月夜、镇河神牛、旱地行船、清代长城、明清码头、梳妆台、古炮台、克难坡等自然和人文景观。

从1994年起，每年举办一次壶口瀑布漂流月，亚洲飞人柯受良和吉县飞人朱朝晖先后驾驶汽车和摩托车成功飞越黄河，壶口景区已成为令人瞩目的旅游热点。

黄河下游地理与人文景观

  万里黄河从青藏高原的巴颜喀拉山，横贯东西，一路汹涌奔腾，锐不可当，最终注入渤海。黄河中、下游的分界点是河南的旧孟津，也就是今会盈镇。

  黄河孟津段以东便是闻名华夏的黄土高原。黄河中段流经黄土高原地区，夹带了大量泥沙。因此，当地有"九曲黄河十八弯，一碗河

■ 黄河下游风光

水半碗沙”之说。

在孟津以下，也就是河南郑州桃花峪以下的黄河河段为黄河下游。黄河下游几乎没有支流，主要是地上河，水道开阔，水流缓慢。

黄河下游河段长期淤积形成举世闻名的“地上悬河”，黄河约束在大堤内成为海河流域与淮河流域的分水岭。除大汶河由东平湖汇入外，黄河在这一河段没有较大的支流汇入。

通常的河道是河道底要低于其流经的地面的，而黄河在流经黄土高原地区时由于流速快，所经地段植被情况差，导致大量的泥沙被带走，而到了下游，流速变缓，于是大量的泥沙就沉积了下去，几千年长此积累，堆积在河床上，致使河床升高，地上河就此形成了。

泥沙的大量淤积使黄河下游河床不断上升，两岸地区每逢汛期都要面临着洪水的威胁。长期以来，人们采取修筑堤防的方式来约束洪水，致使河床与两岸地面的高差越来越大。黄河因此而成为高出两岸的“地上河”。地上河在一定条件下就决溢泛滥，改走新道。

黄河下游河道迁徙变化的剧烈程度，在所有河流中都是独一无二的。根据有关文字记载，黄河曾经多次改道。河道变迁的范围，西起郑

秀丽如画的江河湖泊

河图洛书 中国易学关于八卦来源的传说，最初指天赐的祥瑞。河洛之辞，最早见于《尚书·顾命》。相传，伏羲氏时，洛阳东北的黄河中浮出龙马，背负"河图"献给伏羲，伏羲依此而演成八卦，后为《周易》来源。又传大禹时，洛河中浮出神龟，背驮"洛书"，献给大禹，大禹依此治水成功，遂划天下为九州。

■ 黄河中下游风光

州附近，北抵天津，南达江淮，纵横25万平方千米。

在蒙古巴彦淖尔盟西南部的磴口县，黄河河道比县城所在地平均高出4米至6米。黄河奔流在中条山与秦岭之间，东行经河南孟津。由这里距黄河30千米处，就是中国著名的古都洛阳。

洛阳是中国七大古都之一，从东周起，先后9个朝代在此建都，被称为"九朝古都"。洛阳有着数千年文明史、建城史和建都史，中国古代伏羲、女娲、黄帝、唐尧、虞舜、夏禹等神话，多传于此。

洛阳，出河图洛书育三皇五帝，不仅是中华文明的发端之地，也是中国70%宗族大姓的起源地，全球1亿客家人的祖籍地，儒、释、道三教的汇聚地。可以说，以洛阳为中心的河洛地区是中华文明的重要发祥地，而河洛文化是中华民族的根文化。

下游河段利津以下地区是黄河的河口段。黄河入

海口因泥沙淤积，不断延伸摆动，最终在渤海湾与莱州湾交汇处形成了黄河的入海口。

在这一地区最壮观的景象莫过于"大河流鱼"景观。随着黄河调水调沙大流量洪水的持续下泻，含有大量泥沙的浊流流向下游河道，高含沙量的河水使河水中供氧严重不足，导致鱼儿翻出水面，顺流而下，形成了大河"流鱼"的壮观景象。

黄河是中华民族的摇篮，因为这里曾经气候温暖，森林茂密，土地肥沃，自然资源丰富。早在远古时期，黄河中下游地区气候温和，雨量充沛，适于原始人类生存。

黄土高原和黄河冲积平原，土质疏松，适于垦殖，适于原始农牧业的发展。黄土的特性，利于先民挖洞聚居。特殊的自然地理环境，为中国古代文明的发育提供了较好的条件。早在150万年前，西侯度猿

三皇五帝 三皇指伏羲、神农、黄帝；五帝指少昊、颛顼、帝喾、尧、舜。原为传说中中国远古的部落酋长。后借指远古时代。三皇五帝是中国在夏朝以前出现在传说中的"帝王"。从三皇时代到五帝时代，历数千年。三皇五帝是中华上古杰出首领的代表。

黄河入海口

人在现今山西省黄河边的芮城县境内出现，其后，100万年前的蓝田猿人和30万年前的大荔猿人在黄河岸边取鱼狩猎，生活繁衍，继续为黄河文明的诞生默默耕耘。7万年前山西襄汾丁村早期智人以及3万年前内蒙古乌审旗大沟湾晚期智人，奏响了黄河文明的序曲。

伟大的母亲河黄河，历经各朝代的治理和维护，以滔滔不绝之势滚滚东流，昭示着历史，演绎着传奇。

阅读链接

黄河两岸人生性豪放，其饮宴与外地不同。在黄河下游，兔的习俗与文化源远流长，在当地民俗文化中占有重要位置。

传说很久以前，有一对修行千年的兔子得道成了仙。他们有4个可爱的女儿，个个生得纯白伶俐。

有一天，玉皇大帝召见雄兔上天宫。正当他来到南天门时，看到太白金星带领天将押着嫦娥从身边走过。兔仙不知发生了什么事，就问看守天门的天神。听完她的遭遇，兔仙觉得嫦娥关在月宫里，多么寂寞悲伤，要是有人陪伴就好了。他忽然想到自己的4个女儿，便把嫦娥的遭遇告诉妻子和女儿们。

女儿们明白了父亲的心，都表示愿意去陪伴嫦娥。他们最终决定让最小的女儿去月宫。于是小玉兔告别父母和姊妹们，到月宫陪伴嫦娥捣药去了。

远古遗存

　　黄河流域是中华文明的发祥地，数千年前，黄河流域就住着许多氏族和部落，其首领被尊为"三皇五帝"，为中华民族的发展做出了卓越贡献。在此时期，奠定了中国农业、经济和社会的基础。

　　勤劳勇敢的黄河先民，开创了古老而伟大的黄河文明，他们掌握了最古老的稻作种植技术，发明了最精美的陶器制作方法，等等。

　　黄河先民还创造了丰富的磁山文化、裴李岗文化、齐家文化、仰韶文化、马家窑文化、大汶口文化、龙山文化等，从广度和深度孕育了中华文明。

三皇五帝开创华夏文明

盘古开天辟地雕塑

传说那是在很久以前的远古时期，宇宙不像现在有日月星辰的运转，没有天地昼夜，也没有山川河流、风云雷雨。整个宇宙混沌一团，像个大鸡蛋。这个大鸡蛋存在得太长久了，里面渐渐孕育了一个生命，他的名字叫盘古。

盘古长期生长在这混沌世界中，感到心烦气闷，便找来先天金石之精的斧凿，将混沌的世界劈开。于是，轻清飘逸的大气上升变成了明亮的蓝天，混浊厚重的尘土沉落下来凝成了厚实的大地。

天地分开之后，盘古担心有一天天会合起来，就手托蓝天，脚踏大地，将天地支撑起来。天每日升高3米，地每日增厚3米，盘古伟岸的身躯，也日复一日变得越来越高大。盘古像一根巍峨的顶梁柱子，矗立在天地之间，不让它们合拢。

盘古死后，身体各部分别化作风云雷电、日月星辰、山川湖泊、肥田沃土、树木花草等，一个美好的世界就这样诞生了。这就是盘古开天辟地的传说。

■ 女娲塑像

话说又过了几万年，天神女娲来到大地上。她睿智而仁慈，是从大地中生长出来的神。她生得人面蛇身，神通广大，一天中能变化70次。她在大地上行走，见世界荒凉，感到十分孤独，决心要在大地上创造一些有灵魂的东西。

女娲来到一处水洼处，蹲下身子，随手拿一块泥巴，仿造自己的样子捏造了一个小泥人。女娲看到自己塑造的作品，十分得意，向它吹了一口气，放到地上。小泥人一到地上，立刻有了生命。女娲非常兴奋，又连续捏了几个，都活了。于是，她开始不分昼夜地团出了许多小生命。

不知过了多久，女娲疲倦了，她觉得速度太慢了，干脆就用芦草编了一条绳子，蘸着泥浆抡动，甩

盘古 是中国神话故事中的人物。关于盘古的传说有很多的版本，但是都普遍认同盘古是开天辟地的人物。在道教的传说中，鸿钧老祖的化身便是盘古，也有一说盘古是道教中元始天尊的化身。盘古神话是四大文明古国中保存最原始、最完整、最古老的创世神话。

■ 女娲塑像

华胥氏 中华上古
时期一个传说人
物，是中国母系
氏族社会时期的
一个著名的部落
首领，后被当作
中华民族在"三
皇五帝"之前的
人文共祖之一，
中华民族共同的
祖先宗族神。炎
黄华夏及全体中
华儿女都是由华
胥氏部落发展而
成。神话传说里
华胥是伏羲、女
娲的母亲，称为
"华胥氏"。

动时溅落到周围地面的泥点也立即变成了许许多多的小人。最初的人类就这样被创造出来了。不久，人类足迹便布满了大地。

相传在中国远古时期遥远的西北，有一个极乐的国家，叫"华胥氏国"。这个国家没有首领，人们生活美满幸福，寿命也很长。他们落在水里淹不死，掉在火里烧不化，在天空如履平地。生活在这里的人们，可以说是地上的神仙。

在这个极乐的国土上，有个名叫"华胥氏"的姑娘。有一次，她到东方一个非常美丽的大沼泽"雷泽"去游玩，偶然看到泽边有一个巨人的大脚印，觉得这个脚印又奇怪又好玩，想比较一下脚印的大小，便用自己的脚去踩这个巨人的脚印。

谁知这一踩就有了某种感觉，后来她就怀了孕，生下了一个男孩，取名叫"伏羲"。

雷泽的主神是雷神，在那里留下脚印的就是他，所以人们都说伏羲是雷神的儿子。伏羲长得确实有些像雷神，是人面蛇身。说他是雷神的儿子，还因为他沿着一道天梯，能够自由自在地到天上去。

后来伏羲成了东方的上帝，辅佐他的是手里拿着一个矩尺的木神句芒，他和伏羲共同管理着春天。

伏羲对人们的贡献非常大。他曾经画出了八卦，这其中包括了天地万物的种种情况，于是那时候人们就用它来记载生活中发生的各种事情。

伏羲又把绳子编织起来，做成渔网，用来捕捞江河里的鱼。他看到人们都是手拿木棍到江河里去打鱼，便把编织渔网的技术教给人们，使人们捕到许许多多的鱼。他手下的句芒从他编织渔网得到了启发，仿照他的办法编织出了鸟网，教人们去捕鸟。这为人们改善生活条件提供了良好适用的工具。

八卦 起源于人文始祖伏羲。伏羲是三皇之首，生于今甘肃省天水。八卦表示事物自身变化的阴阳系统。用"—"代表阳，用"– –"代表阴，用3个这样的符号，组成8种形式，叫作"八卦"。每一卦形代表一定的事物。八卦互相搭配又得到六十四卦，用来象征各种自然现象和人事现象。

文明孕育

远古遗存

■ 伏羲像

■ 伏羲画八卦图

然而伏羲对人类做出的最大贡献，是他将火种带给了人类。在人类没有火种的时期，吃的都是生冷食物，腥膻的生肉常常使人们生病；生的野菜和野果也使人们消化不良。看到这一切，伏羲的心中很难过。

有一次，伏羲来到天山，恰好遇到了大雷雨，霎时间电闪雷鸣，令人十分恐惧。突然，山林里燃起了熊熊的大火。原来，是雷电把干枯的树木引燃了。

这场大火使许多小动物都被烧死了。伏羲拾来这些烧焦的小动物尝了尝，味道非常可口，于是，伏羲便把火种留了下来。

他把这火种传给每一个人，教会人们用火把食物烤熟食用。人们吃了烤熟的食品，一个个身强体壮，无论捕鱼还是打猎都非常有气力，疾病也越来越少了。

后来，有一个神通广大的人出现了，他就是神农氏，也就是炎帝，传说他是一位非常慈爱的大神，生得牛头人身。

当他出世时，人类由于生育繁多，生产的食物已经不够吃了。于是，他就教给人类如何播种收获五

炎帝 华夏始祖之一，与黄帝并称为"中华始祖"，中国远古时期部落首领。距今6000年至5500年左右，生于宝鸡姜水之岸。炎帝与黄帝结盟并逐渐形成了华夏族。因此形成了炎黄子孙。传说中的炎帝人身牛首。此外，另有八世炎帝之说。

谷，用自己的辛勤劳动来换取生活所需要的一切。

当炎帝要教给人类种五谷时，从天空纷纷降落下许多谷种，他把这些谷种收集起来，播种在开垦出来的土地上。

有一次，炎帝看到一只遍身通红的鸟，嘴里衔了一株带穗的禾苗在空中飞过，穗上的谷粒落在地上，炎帝便把它们拾起来种到了田里。这些谷物长成后，人们吃了既可以充饥，又可以身体健壮。人类从此有了足够的粮食，生活开始安定下来。

那时候，人类共同劳动，互相帮助，既没有主人，也没有奴隶，收获的果实大家平均分配，人们就像兄弟姐妹一样亲密。

为了能让人类过上更加幸福的日子，炎帝让太阳发射出足够的光和热，让五谷孕育生长，使人们生活在温暖光明之中。

从此，人类再也不愁衣食，都非常感谢炎帝的恩德，便尊称他为"神农"。炎帝不但是农业之神，又是医药之神。他有一根神鞭，被称作"赭鞭"。他用这根鞭子来抽打各种各样的药草，药草经过赭鞭的抽打，有毒无毒、或寒或热的各种药性就自然地呈现出来了。

■ 炎帝塑像

■ 上古时代三皇塑像

黄帝（前2717—前2599），华夏上古传说时代一位著名的部落联盟首领，是中国远古时代华夏民族的共主，居五帝之首，被尊为中华"人文初祖"。传说黄帝本姓公孙，居轩辕之丘，号轩辕氏，建都于有熊，亦称"有熊氏"。黄帝以统一华夏部落以及征服东夷、九黎族而统一中华的伟大功绩被载入史册。

炎帝根据这些药草的不同药性来给人们治病。为了进一步确定药性，他亲自去品尝百草。有一次，他尝了有剧毒的断肠草，竟然烂掉了肠子。

炎帝看到人类衣食虽然富足了，但在生活上还有许多不方便，于是又让人们设立了市场，把彼此需要的东西拿到市场上去交换。在市场上，人们可用五谷换兽皮，或用珍珠交换石斧，等等。有了这种交换，人们的财富就更加丰富了。

那时没有钟表，也没有其他记录时间的方法，凭什么来确定交换时间呢？人们又不能放下手中的劳动整天守在市场上。

于是，炎帝又教给人们一个方法，当太阳照在头顶上的时候，人们就在市场上进行交易，过了这段时间，大家便自动离去，也就是散市了。人们很快按照炎帝的办法实行起来，真是既简便，又准确。

在炎帝的教育下，他的后代也为人类做出了许多贡献。他的重孙叟，制作了射箭用的箭靶，鼓和延又制作出了一种叫"钟"的乐器。后来，鼓和延两人又经过努力，创作了许多歌曲，使音乐在人间得到普及，使人们的生活更加丰富了。

自从盘古开天辟地以后，他的后裔诸神包括三皇及后来的五帝完成了创世需要的任务后，都入归神籍。伏羲氏、神农氏、女娲氏三皇也被神化为天皇、地皇和人皇。伏羲以天道泰德王天下，被尊为天皇泰帝。神农氏建立了农耕制度，以地道炎德王天下，被尊为地皇炎帝。女娲氏建立了婚姻制度，以人道伦德王天下，被尊为人皇娘娘。

关于五帝的说法是沿承三皇而来的，历史上则一般采取《史记·五帝本纪》的说法，是指黄帝、颛顼、帝喾、唐尧和虞舜这五位帝王。在神话中五帝也指东、西、南、北、中方位的诸神。

继三皇五帝之后，人类迎来了一个崭新的时代。又因为五帝是中华上古杰出首领的代表，所以人们也把这个时代称为"三皇五帝时代"。

到了数千年以前，中国黄河流域和长江流域住着许多氏族和部落，其中黄帝是黄河流域最有名的一个部落首领，另一个有名

■ 蚩尤像

創造
舟車

■ 黄帝带领人们创造舟车

的部落首领叫炎帝。黄帝和炎帝后来成为联盟，共同成为炎黄子孙的祖先。

当时，在长江流域还有一个部落叫九黎族，其势力颇为强大，首领名叫蚩尤。蚩尤经常带领他强大的部落，侵略和骚扰其他部落。

有一次，蚩尤侵占了炎帝的地盘，炎帝起兵抵抗，但他不是蚩尤的对手，被蚩尤杀得一败涂地。炎帝没办法，逃到黄帝所在的地方涿鹿请求帮助。黄帝早就想除去这个部落的祸害，于是联合各部落首领，在涿鹿的田野上和蚩尤展开一场大决战，这就是著名的"涿鹿大战"。

经过许多次激烈的战斗，黄帝先后杀死了蚩尤的81个兄弟，并最终活捉了蚩尤。黄帝命令给蚩尤戴上枷锁，然后处死他。因为害怕蚩尤死后作怪，他的头和身子分别被葬在相距遥远的两个地方。蚩尤戴过的枷锁被扔在荒山上，化成了一片枫林，每一片血红的枫叶，都是蚩尤的斑斑血迹。

蚩尤死后，他勇猛的形象仍然让人畏惧，黄帝把他的形象画在军旗上，用来鼓励自己的军队勇敢作战，也用来恐吓敢于和他作对的部落。黄帝受到了许多部落的支持，渐渐成为所有部落的首领。

据传，黄帝与炎帝、蚩尤、颛顼氏、少皞氏都曾有过激烈的部落冲突。黄帝东征西伐，经过一场场激烈的战争和冲突，先后打败了炎帝、蚩尤，以及颛顼氏与太皞氏、少皞氏等。

被打败的部族迫于无奈，只好迁徙他处，他们的部族支裔也都四散流离，迁到了偏远地区。如少皞氏在战败之后，其主要力量迁徙到汾水流域，但仍有一部分还是留在了东夷地区，那些留下的居民则只能服从于胜利者的管辖。

黄帝不仅足智多谋，骁勇善战，而且多才多艺。黄帝有许多发明创造，如建造宫殿、造车、造船、制作五色衣裳等。

黄帝的妻子嫘祖也是一位发明家。本来，蚕只有野生的，人们还不知道蚕的用处，是嫘祖教人们养蚕、缫丝和织帛，从此，中国开始有了丝绸文明。据说，黄帝发明了亭子以后，嫘祖还发明了雨天必备的雨伞。

阅读链接

三皇五帝是中国在夏朝以前出现在传说中的"帝王"。从三皇时代到五帝时代，历年无确数，最少数千年。近代考古在中原地区发现的裴李岗文化、贾湖文化等，从距今1万年至7000年前已经进入农业社会，其中出土的具有文字性质的龟骨契刻符号与约3000年前的殷商甲骨文有雷同和相似之处。

三皇五帝是中华上古杰出首领的代表。三皇五帝存在有多种说法。基本上，无论是按照史书的记载，还是神话传说，都认为三皇所处的年代早于五帝的年代。

三皇时代距今久远，或在七八千年至四五千年以前乃至更为久远，时间跨度亦可能很大；而五帝时代则距夏朝不远，在4000多年前。

磁山文化开创粟的种植史

远古时期，在黄河中下游地区的河北省武安市磁山一带，气候温和，雨量充沛，非常适宜原始人类生存。这里是黄土高原和黄河冲积平原，十分利于原始农牧业的发展。

■ 远古时期人类

■ 原始人生活场景

在1万多年前，有一批原始先民，他们逐水草而牧，逐水草而居。他们来到了黄河边，最后选择了黄淮平原，居高临水，在草木丰茂的宛丘定居下来，修建了圆形或椭圆形的半地穴式房屋。生活在磁山的人们已经开始"安居乐业"了。

这时，人们已经开始种植粟了。粟是一种一年生草本植物，籽实为圆形或椭圆小粒。后来通称"谷子"，去皮后称为"小米"。

人们生活在黄河边，由于土地肥沃，水源充足，于是就大面积种植粟这种谷物，秋天收获后，小囤满，大仓满，人们过上了温饱的生活，开创了原始的农耕文明。有了剩余的粮食，人们又开始饲养起鸡、狗、猪等家禽和家畜，开创了原始的养殖业。

这里的人们已经能够用植物纤维织布了，他们穿着自己织的衣服，佩戴着骨、蚌等饰物，完全脱离了

半地穴式房屋

四周建有许多圆形或方形的小房屋，是氏族成员的住处，居住区周围有用于防护的壕沟。先人们先从地表向下挖出一个方形或圆形的穴坑，在穴坑中埋设立柱，沿坑壁用树枝捆绑成围墙，内外都抹上草泥，最后架设屋顶，这种房屋结构宜保暖。

秀丽如画的江河湖泊

原始人制陶

陶器 是指以黏土为胎，经过手捏、轮制、模型等方法加工成型后，在800℃至1000℃高温下焙烧而成的物品。坯体不透明，有微孔，具有吸水性。陶器可区分为细陶和粗陶，白色或有色，无釉或有釉。品种有灰陶、红陶、白陶、彩陶和黑陶等。商代时就已经出现了釉陶和初具瓷器性质的硬釉陶。

低等动物的生活状态，开始向高级人类过渡了。

人们为了生活的需要，还利用这里得天独厚的优势，利用黄河独特的黏性黄土，发明了制陶工艺，因而成为最早制作陶器的先民之一。尽管这时的制陶业还比较原始，处于手制阶段，火候不高，前期多夹砂褐陶，纹饰只有简单的绳纹、编织纹、篦纹等，但是，陶器的发明是人类历史上的一大进步，也成为后来中华民族璀璨文化之一。

这里的人们又用最原始的陶蓍草器、圭盘等来圭卜日影，这就是后来的"日圭"，他们已经能够准确地掌握时辰、节气了，以便他们祭祀和占卜，也便于用来指导农耕农收。

人们还把收获的谷子脱皮以后，用钻木取火的方式，放在鸟头形支架三足平底盂的最早炊具里熬小米粥，还用来炖鸡肉和排骨等。

人们还用最原始的文字符号，在陶器上记录下当时生产生活的场景，这为中国后来文字的发展演变奠定了坚实的基础。他们不仅用原始的测量工具丈量土地，建造圆形房基，而且还测量挖掘了四周垂直并有棱有角的储粮窖穴。

磁山这个灵秀之地，在当时比其他地方要进步几百年，甚至几千年。人们在这里劳动、生息，创造了灿烂的古代文明，从而成了中华民族古老的文化发祥地，也成了后来河洛文化的核心。

后来，在河北省南部武安市磁山村东的南洺河北岸台地上发现了一处古人类文化遗址，并命名为"磁山文化"。整个遗址总面积近14万平方米，主要分布在冀南、豫北等地，年代距今1万年至8700年。

祭祀 原始时代，人们认为人的灵魂可以离开躯体而存在。祭祀便是这种灵魂观念的派生物。最初的祭祀活动比较简单，也比较野蛮。进入文明社会后，物质的丰裕，使祭祀礼节越来越复杂，祭品也越来越讲究，并有了一定的规范。

■ 原始人生活场景

磁山文化的发现，填补了中国早期新石器时代文化的重要缺环，为研究和探索中国新石器时代早期文化提供了丰富、宝贵的地下实物资料。

磁山文化与农业起源、伏羲文化、《周易》发展演变、中国古代历法的形成、制陶业的发展、数学、美学、建筑学等都有着直接的关系。磁山文化是中华文化和东方文明发祥地之一，在中国有着非常重要的地位。

在距今1万年至8700年的全新世早期，北方气候相对干凉，更适合黍的栽培，因此，磁山不仅是粟的发祥地，更是黍的起源地。

磁山文化与中国远古伏羲文化完全一致。磁山距中国历史文化名城、七大古都之首甲骨文的故乡、《归藏易》和《周易》发祥地安阳仅80千米，距祭祀女娲皇宫的涉县不足百里，两地不远，时间一致，文化相同，地理位置有着紧密的联系。

"参天之木，必有其根，怀山之水，必有其源。"磁山文化属伏羲神农时期，太昊伏羲作为中国历史记载的中华始祖，开创了华夏文

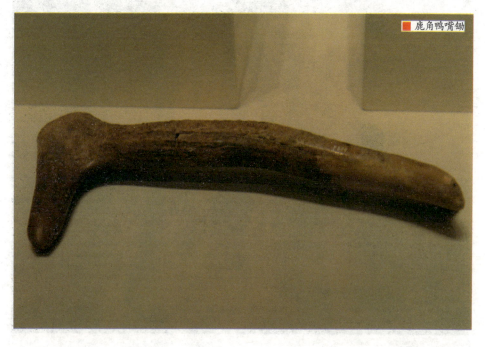

鹿角鸭嘴锄

明，磁山文化自然是其先导之一。

磁山原始人类是黄河流域中原地区的一支强大部落，他们在这里创造了人类的最早文明，可谓是最原始的"政治、经济、文化"交流中心。磁山文化遗址历史悠久，真正称得上是"华夏第一都城"，为后来的华夏文明奠定了坚实的基础。

阅读链接

1972年冬，磁山村群众在村东台地开挖水渠时，意外地发现了一座在地下沉睡了7000多年之久的"原始村落"，从而揭开了黄河流域早期新石器文化探索的序幕。

1976年至1978年，人们在这里进行了3次发掘，发掘面积共达6000平方米，文化层厚一两米，不少窖穴深达六七米。

2010年，磁山文化博物馆工作人员从一处坍塌的文化层中发现部分表面附着有植物颗粒的白色块状物体，有关专家认为可能系远古时期的"面粉"。

裴李岗文化进入石陶时代

　　在黄河中游地区，大约在8000年以前，生活着一个古老的民族少典氏族，他们开启了有史以来中国石器和陶器并用的特殊时代。比起磁山时期的先民，少典氏族已经不再过着漂泊不定的游牧生活，无论

原始部落

是生产还是生活都比以前更为进步。

■ 原始人生活场景

这一时期的黄河中游，土壤相当肥沃，遍地草木，水源丰富，因此少典居民最终选择在裴李岗定居下来，过上了轻松惬意的生活。前来这里的人越来越多，人们依据黄土高原独特的地理资源，因地制宜地建造半地穴式建筑。

房屋以圆形为主，也有较少的方形房屋，房屋内还建有阶梯式门道，以便出入。有的人也在丘岗临河处搭建茅屋，茅屋有单间、双开间、三开间或四开间不等。临河而居的住所更便于人们从事渔猎经济，渐渐地这里形成了规模庞大的村落。

整个村落由高向低顺势而建，经过一片慢坡后与水势汹涌的双洎河相接。双洎河与溱河汇合后，又向南流经村落的西部，然后紧靠村落南部折流向东，形成一个河湾，整个村庄就环抱在河湾东岸的台地上。

少典 传说是伏羲和女娲之子、华胥氏之孙、炎帝和黄帝之父。少典也是原始社会时期有熊部落的首领，大多史料都称黄帝为"有熊氏"。少典也是一个国家的名称，是黄帝、炎帝两氏氏族之祖，非指炎黄二人。

■ 裴李岗文化陶器
双耳壶

此时，少典居民已经进入锄耕农业阶段，处于以原始农业、手工业为主，以家庭饲养和渔猎业为辅的母系氏族社会。

在一望无际的田野里，人们用耒耜、石斧和石铲等进行耕作，种植粟类作物。除了农耕，男人们还用鱼镖和骨镞等工具从事渔猎生产。

女人们则在家里照看孩子、加工粮食，并在木栅栏里和洞穴中饲养猪、狗、牛、羊、鹿、鸡等家畜和家禽。她们会用鼎之类的陶器在灶上做饭，用陶纺轮和骨针等缝制苎麻一类的衣服。有的居民还在家园附近种植一些枣树和核桃树，以供秋季果实成熟采集食用。

在生产劳作之余，他们也拥有自己简单的文化生活，如在龟甲、骨器和石器上契刻符号式的原始文字用以记事，或将烧制的陶器工艺品摆放在屋里观赏。

每当闲暇节庆之日，男人便拿起石片、陶片等，和着七孔骨笛的音律进行伴奏，女人们则打扮得花枝招展，发髻梳得高高的，头上插着骨笄，身上佩戴着骨饰和绿松石等欢乐地跳舞，庆贺丰收的喜悦或某些重大喜事。

人们日常用具应用较多的是陶器。在裴李岗，人

母系氏族 氏族社会的早、中期为母系氏族，也就是建立在母系血缘关系上的社会组织，妇女在生产和经济生活中、在社会上受到尊敬，处于主导地位。母系氏族实行原始共产制，平均分配劳动产品。

们建起了许多陶窑，手工制作精美的陶器，创造了中国已知的最早期的陶器文明。

这一时期的陶器以泥质红陶数量最多，占陶器总数的半数以上，夹砂红陶次之，泥质灰陶则最少。陶器大多为泥条盘筑，有纹饰的器物较少。人们日用陶器有钵、缸、杯、壶、罐、瓮、盆、甑、碗、勺和鼎等。偶尔，人们也烧制陶猪头、陶羊头和陶人头等美观大方、形象逼真的艺术品，摆放在家中作为观赏或装饰物。

在日常生活中，人们除了广泛应用陶器外，常见的日用工具就是磨制石器，如石斧、石铲、石磨盘、石磨棒、石镰等。

石磨盘是原始社会晚期的遗物，是碾谷物的生产工具。石磨盘是用整块的砂岩石磨制而成，形状像一块长石板。其两头呈圆弧形，鞋底状，长期使用后正面会有稍凹。大多石磨盘的底部有4个圆柱状的磨盘

耒耜　古代的一种翻土农具，形如木叉，上有曲柄，下面是犁头，用以松土，可看作犁的前身。"耒"是汉字部首之一，从"耒"的字，与原始农具或耕作有关。耒耜的发明开创了中国农耕文化。

■ 裴李岗文化出土石磨盘

中山寨遗址 位于河南省汝州市区东。纸坊乡中山寨村就位于遗址中心，遗址南部耕地层呈黑色，地面有不少夹砂红陶、灰陶片。断崖上暴露有很厚的灰层和互连不断的灰坑，多呈袋形。遗址的东北部，暴露不少墓葬，很浅，墓葬形式一般为两种：一种是成人墓，单身、竖穴，另一种是小孩墓。

腿，与其配套使用的是石磨棒，石磨棒常被搁置一边，以备用。

在如此遥远的时代，人类就能够用整块石板琢磨出可供谷物脱壳的加工工具，这是一种凝聚着原始人类高度智慧的生产工具。这些先民开创了中国新石器时代早期的文化，也是中华民族文明的起步文化。

这一时期的人们已经建有自己的公共氏族墓地。人们对死者的安葬也有一定的讲究，这就是中原最古老的文明最真实的写照。数千年以后，经过风雨的荡涤，这里的早期文明被淹没于地下，但是任何力量也无法改变永恒的历史。

裴李岗文化是黄河中游地区的新石器时代文化，分布范围以新郑为中心，东至河南东部，西至河南西部，南至大别山，北至太行山的广阔领域。

在裴李岗文化遗址中，有大量的墓葬，共114座，陶窑1座、灰坑10多个，还有几处残破的穴居房基。共出土各种器物400多件，包括石器、陶器、骨

■ 裴李岗古代陶器

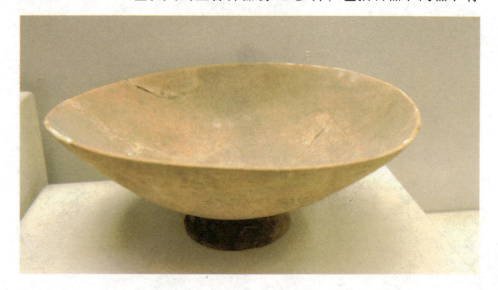

器以及陶纺轮、陶塑猪头、羊头等原始艺术品。

裴李岗文化的重要遗址还包括临汝中山寨遗址、贾湖遗址等。裴李岗文化遗址的发现，填补了中国仰韶文化以前新石器时代早期的一段历史空白，堪称中华民族文明的起步文化。

裴李岗文化与河北省武

安市的磁山文化和陕西省华阴市的老官台文化相比，处于领先地位。

在人类文明初露曙光之际，裴李岗人已经具有非凡的能力，他们利用自己笨拙的双手和从猿向人类过渡时期极为有限的智慧，战胜恶劣的自然环境，建立起古老的氏族村落，并将他们所创造出的辉煌灿烂的古老文明，作为一份珍贵的厚礼馈赠给后世子孙。

裴李岗文化开启了中国石陶并用的时代，是中原先民独自创造的伟大文明，它在中国古文明的发展进程中，无论是在科学、农业还是在文化、艺术等诸多方面都做出了巨大的贡献。

阅读链接

20世纪50年代，新郑县城北新村乡裴李岗村一带农民在田野耕种时，不断挖出一些形状奇特的石斧、石铲、石磨盘、石磨棒、陶壶等，不知为何物，于是就把这些远古的遗物搬回家中，充当捶布石、洗衣板，或者是用来垫猪圈、垒院墙……

1977年至1982年春，考古工作者先后对新郑县的裴李岗、唐户和沙窝李遗址进行发掘，其中对裴李岗和沙窝李进行了5次较大规模的发掘。并将裴李岗遗存命名为"裴李岗文化"。

仰韶文化展现新石器时代

　　仰韶文化主要存在于河南省三门峡市渑池县仰韶村，是中国黄河上游地区重要的新石器时代文化。仰韶文化的持续时间在公元前5000年至公元前3000年，分布在整个黄河上中游地区。

古代房屋模型

半坡人狩猎捕鱼

仰韶文化分布广泛，历史悠久，内涵丰富，影响深远，是中国黄河流域华夏文化的主要代表。

当时，人们把住所建在河流两岸经长期侵蚀而形成的阶地上，或者两河汇流处较高而平坦的地方。因为这样的地形土地肥沃，有利于农业和畜牧的发展，也利于人们日常取水和交通。

后来，人们从半地穴房屋走了出来，把房屋建在了地面上。房屋采用的全是木骨架，并用草泥抹筑成墙，建造向心的建筑。

建造房屋时，人们先在地上挖出一个圆形或方形的坑，在坑中埋设立柱，然后用树枝等材料沿坑壁建起围墙，有的还在内外抹上草泥，以增强牢固性。

最后在立柱和围墙上架设屋顶。房屋多为方形，采用立柱架梁的木结构和"人"字形两檐斜屋顶，房间也有主次空间的区分，开了中国建筑史上土木混构的先河。

日出而作日落而息，人们就在这里繁衍生息，逐渐形成了井然有序的大规模的村落。

磨制石器 指表面磨光的石器。先将石材打成或琢成适当形状，然后在砥石上研磨加工而成。磨制石器种类很多，常见的有斧、锛、凿、刀、镰、镞等。在中石器时代开始出现局部磨光的石器，新石器时代广泛使用通体磨光石器，到了铜器时代仍继续使用。兼有兵器与工具双重职能。

■ 仰韶文化制陶场景图

生产工具的进步促进了农业的发达。人们的主要粮食作物是粟、白菜和芥菜，中国因而也成为最早种植粟和芥菜的国家。半坡居民饲养猪和狗等家畜，还用骨制的箭头、鱼叉和鱼钩等外出打猎和捕鱼。

除了农业，先人也从事狩猎、捕鱼和采集等活动。那时的农作物主要是粟和黍，饲养的家畜主要是猪和狗。

人们普遍使用磨制石器，常见的有刀、斧、锛、凿、箭头等，生活工具有纺织用的石纺轮等。除了石器，人们也制造一些必备的骨器，有些骨器的制作相当精致。

仰韶文化制陶业发达，较好地掌握了选用陶土、造型、装饰等工序。人们会手制精美的彩陶，其彩陶器造型优美，表面用红彩或黑彩画出绚丽多彩的几何形图案和动物形花纹，其中人面形纹、鱼纹、鹿纹、

蛙纹与鸟纹等形象逼真生动。

陶器已经开始广泛应用在人们日常生活中，如各种盛水器、甑、灶、鼎、碗、杯、盆、罐和瓮等。陶器多用泥条盘成器型，然后将器壁拍平制造。

此外，他们还会采用磨光、拍印等装饰手法制作双耳尖底瓶，线条流畅、匀称，极具艺术美感。

这些陶器均以细泥红陶和夹砂红褐陶为主，因而呈现出独特的红色。制陶工艺的成熟和彩陶的制作也成为中国新石器时代最丰盛繁华的时期。

半坡文化陶器尖底瓶

这一时期属于母系氏族公社制的繁荣时期。人们不仅有固定的居住区、制陶区，还建有公共墓地，盛行集体合葬和同性合葬。经常是几百人埋在一个公共墓地，排列井然有序。各墓规模和随葬品差别并不悬殊，但女子随葬品略多于男子。

数千年以后，在仰韶一带发掘出近百处新石器时代文化遗址，出土文物都反映出比较统一的文化特征。因而，人们就把这一时期的遗址定为仰韶文化遗址。

由于时间跨度与分布地域的不同，仰韶文化主要分为半坡类型、庙底沟类型以及西王村三大类型。

半坡遗址所存面积约5万平方米，向人们生动地展现了五六千年前，处于母系氏族社会繁荣时期的半坡先民们的生产与生活情景。半坡居民大多住在半地穴的房屋里，屋内有灶炕，供炊煮和取暖用。

礼器 中国古代贵族在举行祭祀、宴飨、征伐及丧葬等礼仪活动中使用的器物，用来表明使用者的身份、等级与权力。中国最早的礼器出现在夏商周时期，是陈设在宗庙或者宫殿中的器物。

不少出土的彩陶器为艺术珍品，如水鸟啄鱼纹船形壶、人面鱼纹彩陶盆、鱼蛙纹彩陶盆、鹳衔鱼纹彩陶缸等。

陶塑艺术品也很精彩，有附饰在陶器上的各种动物塑像，如隼形饰、羊头器钮、鸟形盖把、人面头像、壁虎及鹰等，皆栩栩如生。

在半坡等地的彩陶钵口沿黑宽带纹上，还发现有50多种刻画符号，可能具有原始文字的性质。在濮阳西水坡又发现用蚌壳摆塑的龙虎图案，是中国最完整的原始时代龙虎形象。

庙底沟遗址位于河南的青龙涧南岸，总面积约36.2万平方米。遗址内包括仰韶文化遗存和仰韶文化向龙山文化过渡时期的遗存。其中，庙底沟类型文化的分布范围，包括陕西关中、山西南部以及河南西部的广大地区，而且影响范围很大，是仰韶文化中最为

■ 仰韶文化彩绘陶壶

繁盛的一种类型。

■ 半坡房屋遗址

庙底沟二期文化则承袭仰韶文化发展而来，后来发展成为河南龙山文化。遗址内出土有大量的石器、骨器、陶器等遗物。陶器以红底黑花为特点，其纹饰、造型已显示出礼器的先兆。

庙底沟遗址的发现证明中华民族的祖先从远古时代起，经过仰韶文化、龙山文化等，在黄河流域不断地发展并创造了高度的文明。

仰韶文化是黄河流域影响最大的一种原始文化，它纵横1000千米，绵延数千年，在世界范围内来说，也是首屈一指的。

仰韶文化遗址中的诸多考古发现，如陶器制造、纺织做衣、绘画雕塑、文字、历法、宫室营建等，同文献记载中炎帝黄帝时代的创造发明相吻合。

仰韶文化时期，黄河流域基本上已由穴居、半穴

历法 是用年、月、日等时间单位计算时间的方法，主要分为阳历、阴历和阴阳历3种。阳历即太阳历，其历年为一个回归年，简称为"阳历"。阴历也称"月亮历"，或称"太阴历"，其历月是一个朔望月，历年为12个朔望月。历法中还包含其他时间单位，有节气、世纪和年代。

■ 仰韶文化彩陶碗

方格纹 这种纹多出现于陶器上，有大小、粗细、凹凸及长方格、双线方格、斜方格等。并有刻画、排印和彩绘几种。刻画在新石器时代早期陶器上也经出现，原始瓷器上也常见，汉代以后少见。彩绘见于仰韶文化、大溪文化和半山、马厂、马家窑类型彩陶上，这种纹也叫"网格纹""网状纹""方格网纹"。

居状态进入到地面木构建筑的时代。举世闻名的西安半坡遗址是新石器时代中期村落的典型代表，生动展示了华夏居室村落的缘起和进化变革。

黄河流域古城堡历史较丰富，在仰韶文化晚期就建有古城堡。郑州西山古城址是仰韶文化的遗存，距今5300年至4800年。

洛宁县新石器时代"西王村遗址"位于洛宁县赵村乡西王村南洛河南岸的二级台地上。整个遗址大致呈长方形，南北长1500余米，东西宽300米，所处地势西高东低。

该遗址文化内涵丰富，从断崖上看文化层厚约13米，仅陶器就有泥质红陶、夹砂红陶、彩陶和泥质磨光黑陶等，纹饰有方格纹、篮纹、素面、划纹等。

这一遗址的发现为研究洛河流域该时期文化分

布、发展及同其他文化类型之间的关系，提供了可靠的实物资料。

后人把黄帝奉为中华民族的祖先，在黄帝出生地河南省新郑市有黄帝宫，在陕西黄陵县有黄帝陵。世界各地的炎黄子孙，都把黄河流域认作中华民族的摇篮，称黄河为"母亲河"，为"四渎之宗"，视黄土地为自己的"根"。半坡氏族就是黄帝时期母系氏族早期的生活见证。

黄、炎两族最终合并后，黄帝族、炎帝族和九黎族三个部落，逐步形成以黄帝族为主，多民族相互融合的一个部落，黄帝就成了中国多民族国家的共同祖先。后来，各族都认为自己是黄帝的后代，自称为"炎黄子孙"。

阅读链接

1958年，黄河水库考古工作队在陕西柳子镇东南发掘出元君庙墓地。元君庙墓地是属于黄河中游新石器时代仰韶文化的墓地，也是一处基本保存完整的半坡类型墓地。在墓地北面存在着同时期的居住地，还存有少量的老官台文化遗存。

墓地内有57座墓葬。合葬墓中的死者，占墓地死者总数的92%。人骨均为仰身直肢，或被整齐地成堆放置在一起，头皆向西。除个别墓葬用卵石垒砌"椁室"，或用红烧草泥土块铺砌墓底外，都是无葬具的土坑竖穴墓。主要随葬器物有陶器、骨器等。

元君庙墓地反映了当时存在家族、氏族、部落的社会组织情况。在元君庙墓地，女性墓的随葬品一般多于男性墓，还存在着对少数成年女性和女孩实行厚葬的现象，后者反映了当时存在着重女孩的习俗。

在处于锄耕农业生产阶段的半坡类型社会中，劳动分工使妇女在社会生产中占着重要地位。元君庙的仰韶文化半坡类型居民处于母系氏族社会时期。

马家窑文化开创彩陶巅峰

马家窑文化折带纹彩陶鼓

传说在很久以前，天空上同时出现了10个太阳。土地被烤焦，庄稼被烘干，人们热得喘不过气来，倒在地上昏迷不醒。

人间的灾难惊动了天帝，天帝命令善于射箭的大羿下凡到人间，以解除人类的苦难。于是，大羿带着天帝赐给他的一张红色的弓，一口袋白色的箭，还带着他美丽的妻子嫦娥一起来到了人间。

10个太阳在天空发出一

阵阵嘲笑，大羿从肩上拿下那红色的弓，取出白色的箭，向骄横的太阳射去。"嗖"地一箭射出，只见天空中流火乱飞，火球无声爆裂。接着，一团红亮亮的东西坠落在地面上。

人们纷纷跑到近前去探看，原来是一只乌鸦，颜色金黄，硕大无比，想来就是太阳精魂的化身。再看天上，太阳少了一个，空气也似乎凉爽了一些，人们不由得齐声喝彩。

■ 马家窑文化圆圈纹彩陶壶

大羿受到了极大的鼓舞，他不顾一切用尽浑身气力，连连发箭，只见天空中的火球一个个破裂，霎时间满天流火。

顷刻间，10个太阳就被大羿射去了9个。大羿把最后一个太阳保留在天上，令其朝出暮归，为人类造福。这就是有名的大羿射日的故事。

这个神话传说，最先被5700多年以前生活在黄河上游的马家窑先民活灵活现地演绎在彩陶盆上。

在彩陶盆的最上层有10个亮圆，代表了天上有10个太阳，中间有9个，代表被大羿射掉了9个，最中间一个代表了还剩一个太阳。而每个太阳的中间都有一只鸟头，代表了太阳鸟也就是金乌。整个工艺精美绝伦，堪称世界级精品。

大羿 是上古时代的传说人物。他善于射箭，曾助尧帝射九日。传说十日齐出，祸害苍生。天帝就派擅长射箭的羿下凡解除灾祸。羿射九日，只留一日，给大地带来复苏的生机，人们遂尊称他为"大羿"。

■ 垂弧锯齿纹彩陶罐

这一时期，黄河上游地区的马家窑及甘肃、青海境内的洮河、大夏河及湟水流域一带生活着一个古老的民族。那时的黄河及其支流两岸的台地，接近水源，水草丰茂，土壤发育良好，人们安居乐业，过着衣食无忧的生活。

多数居民仍然居住在半地穴式的房屋中，也有少数居民在平地上建起形状不等的房屋。房屋有方形、圆形和分间三大类，最常见的还是方形的房屋。

适宜的环境加之丰富的水源，使人们的生活水平较以前大为提高。这时，黄河流域的农业经济比较进步，但采集和狩猎仍是经济生活的重要方面。

人们狩猎的工具以石器和骨器为主，工具主要有石镞、骨镞、石球等。在茂密的丛林中，时常有各种动物出没，便于人类捕杀的鹿和野猪等野生动物成为人们争相猎捕的目标。

白天，男人外出狩猎，女人则负责采集和照看孩子，生活在其乐融融的世界里。人们在劳作之余，还精心地饲养猪、狗、羊等家畜，居民的饮食结构也得到极大的改善。

生老病死，人之常情。马家窑居民很注重人死后的安葬。他们在与住地相邻的地方建造公共墓地。最大的公共墓地有墓葬2000多座。

当时非常盛行土坑墓，土坑墓又分为多种类型，多为长方形、方形和圆形。墓葬排列并没有过多的规则，多数呈东或东南方向排列。

这一时期的葬式因年代和地区的不同而有所变化，分为仰身直肢、侧身屈肢和二次葬。多数的墓葬内都要有随葬品，随葬品主要以生产工具、生活用具和装饰品等为主，也有少数随葬粮食的墓葬。

由于男女间已有了明显的劳动分工，人们死后，男性的随葬品多是石斧、石锛和石凿等工具，女性多是纺轮和日用陶器。

随葬品在数量和质量上都存在着差别，而且越到晚期差别越大。贫富差别的增大，标志着原始社会逐步走向解体。

这一时期，马家窑居民最引世人注目的就是其丰富多彩、技艺精湛的彩陶器。各种器型丰富多彩，图案绚丽多彩，极富于变化，是世界彩陶发展史上无与伦比的奇观，是人类远古先民创造的最灿烂的文化，是彩陶艺术发展的顶峰。马家窑的陶器大多以泥条盘

二次葬 中国原始社会的一种葬俗。即在人死后先放置一个地方，或是用土掩埋，待几年之后，尸体腐烂以后，再重新起死者遗骸迁到另一个地方举行第二次埋葬。亦称为"洗骨葬"或"捡骨葬"。

■ 原始人生活场景

筑法成型，陶质呈橙黄色，器表打磨得非常细腻。

马家窑地区的制陶工艺已开始使用慢轮修坯，并利用转轮绘制同心圆纹、弦纹和平行线等纹饰，表现出了娴熟的绘画技巧。彩陶早期以纯黑彩绘花纹为主，中期使用纯黑彩和黑、红二彩相间绘制花纹，晚期多以黑、红二彩并用绘制花纹。

这一时期制陶的社会分工开始专业化，建有许多窑场，出现了专门的制陶工匠师，这就使彩陶得以大批量的生产，彩陶的发达也成为马家窑文化显著的特点。

在中国发现的所有彩陶文化中，马家窑文化彩陶比例是最高的，而且它的内彩也特别发达，图案的时代特点十分鲜明。

彩陶是中国文化的根，绘画的源，马家窑先民创造了中国画最早的形式。人们在彩陶的绘制中开始以毛笔作为绘画工具，以线条作为造型手段，并以黑色为主要基调，奠定了中国画发展的历史基础与以线描为特征的基本形式。

马家窑先民将史前文化的发展推向了登峰造极的高度，这一时期的彩陶图画，就是神奇丰富的史前"中国画"。

3000多年以后，这一特殊的文化在甘肃的马家窑被发现并因之被定名为"马家窑文化"。它不仅是工业文明、农业文明的源

■ 马家窑遗址出土的叶形纹彩陶铃

头，同时它源远流长地孕育了中国文化艺术的起源与发展。

马家窑文化为新石器晚期的文化，是仰韶文化向西发展的一种地方类型。马家窑文化以一种独立的文化形态向世人展示了图案精美、内涵丰富、数量众多的代表上古时期华夏文化的彩陶器皿。

马家窑的彩陶画有力地证明了中华龙的形成起源于蛙纹，从而使中国的彩陶技术达到了世界巅峰。

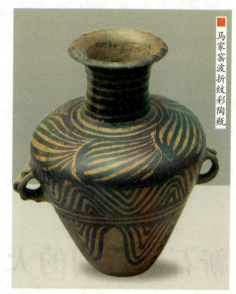

马家窑波折纹彩陶瓶

马家窑文化遗址包括石岭下遗址、马家窑遗址、半山遗址和马厂遗址4个类型。马家窑文化产生在遥远的史前时代。

它犹如黄河浪尖上的水珠，引领着浪涛的起伏，臻成彩陶艺术的高峰。它留下的极其丰富的图案世界，永远是人类取之不尽的艺术宝库。它的欣赏价值是任何艺术都不能代替的。

阅读链接

马家窑遗址虽然发现较早，但以其命名却是20世纪40年代的事。对马家窑文化的命名，以及是否将半山、马厂类型包括在内，考古界曾有过许多争议。

最早对马家窑遗址进行调查发掘的考古学家将临洮的马家窑遗存和广河的半山遗存，合称为"仰韶期"或"仰韶文化"。为了与河南、陕西的仰韶文化加以区别，也称之为甘肃仰韶文化。

后来，考古学家到甘肃进行考古工作，为了确定马家窑期与寺洼期墓葬的关系，发掘了临洮寺洼山遗址。这才认识到甘肃仰韶文化与河南仰韶文化有诸多不同，认为应将临洮的马家窑遗址作为代表，另定名称，称之为"马家窑期"或"马家窑文化"。

新石器后期的大汶口文化

　　在黄河沿岸山东省泰安市南部大汶河的北岸，在公元前4300年至公元前2500年的远古时期，曾是一片广袤的田地。这里土质肥沃，水源充足，地下资源极为丰富。

原始人狩猎场景

原始人制陶

肥沃的土壤、丰富的水源为农业生产提供了得天独厚的地理条件，随处可见大面积的农作物。碧绿的田野，随风起伏的粟田，田野上劳作的人们，组成一幅欢乐祥和的生活图景。

除了种植农作物外，人们还兼营狩猎和捕鱼业，饲养牛、羊、猪、狗等家畜。

在大汶河的北岸靠近河岸的台地上和平原地带的高地上，分布着许多大小不一的村落。

多数的居民结束了居住半地穴式房屋的生活。人们选择向阳的开阔地建造自己的家园。

这一时期，人们居住的房屋已不再是单纯的方形或圆形建筑，建筑时，人们先在地坪上挖好基槽，然后在槽内填满土再夯实。这种建筑方法极大地提高了房屋的稳固性和坚固性。通常，在房屋的附近，人们会挖掘形状不等的窖穴，用来储藏东西。窖穴有圆形竖穴和椭圆形竖穴两种。

这一时期，手工业经济也发展到较高的水平。制陶业、玉石制造

鼎 青铜器的最重要物种之一，是用以烹煮肉和盛贮肉类的器具。从夏、商、周三代至秦汉的2000多年，鼎一直是最常见和最神秘的礼器。通常鼎有三足的圆鼎和四足的方鼎两类，又可分有盖和无盖两种。有一种成组的鼎，称为"列鼎"。列鼎的数目在周朝代表不同的身份等级，通常为单数。

业从农业中分离出来，成为独立的经济部门。

这一时期的制陶技术较前已有很大提高。制陶仍以手制为主，后来逐渐发展为快轮制陶器。人们能熟练地用快转陶车来制造陶器，技艺精湛的制陶工匠能把陶烧到900摄氏度至1000摄氏度。

快轮制陶技术得到普遍采用后，磨光黑陶数量更多，质量更精，烧出了薄如蛋壳的器物，表面光亮如漆，是中国制陶史上的鼎盛时期。

人们日常生活中所使用的器型有鼎、鬶、盉、豆、尊、单耳杯、觚形杯、高领罐和背水壶等，都是采用先进的快轮制陶技术烧制而成的。

黑陶和白陶是这一时期制陶业中出现的两个新品种，许多陶器表面磨光，纹饰有划纹、弦纹、篮纹、圆圈纹、三角印纹、镂孔等。然而，这里的彩陶较少但却富有特色，彩色陶器有红、黑、白3种颜色，纹

■ 大汶口白陶鬶

样有圈点、几何图案、花叶等。

白陶的出现有重大意义，白陶上有的还有图案花纹，它为以后瓷器的制作奠定了技术基础。

在制造精美的陶器的同时，雕塑工艺也应运而生。精致的雕塑品具有较高的艺术水平，人们死后多以此作为墓内的随葬品。

■ 大汶口文化陶壶

来自能工巧匠的雕塑品有象牙雕筒、象牙琮、象牙梳、雕刻骨珠、骨雕筒、骨梳、牙雕饰、嵌绿松石的骨筒、雕花骨匕、穿孔玉铲、玉珠以及陶塑动物等。这些雕塑品造型优美，制作相当精细，是颇具特色的艺术作品。

当时居民中盛行枕骨人工变形和青春期拔除一对侧上门齿，有的长期口含小石球或陶球，造成颌骨内缩变形。还流行在死者腰部放龟甲，死者手握獐牙或獐牙钩形器。这些习俗为中国其他史前文化所罕见。

大汶口地区的许多刻画符号就是古老的象形文字，人们在陶尊上刻陶文，可看作古老的记录文字。

人们使用的生产工具有磨制的石斧、石锛、石凿和磨制骨器，而骨针磨制之精细，堪称世界一绝。

随着生产力的发展，社会生产的劳动者性别先后发生了很大的变化。男子主要从事劳动生产，已成为社会生产特别是农业生产的主要担当者。女子则在家照顾老小，从事一些纺织活动。社会已经从母系氏族

盉　古代盛酒器。是古人调和酒、水的器具，用水来调和酒味的浓淡。盉的形状较多，一般是圆口，深腹，有盖，前有流，后有鋬，下有三足或四足，盖和鋬之间有链相连接。青铜盉出现在商代早期，盛行于商晚期和西周，流行到春秋战国，后来的青铜盉多有创意的造型和纹饰。

■ 大汶口文化遗址
出土的背壶

公社阶段发展到父系氏族公社阶段了。

这一时期的晚期，随着生产的发展私有制开始出现，私有制的产生和发展，也导致贫富两极分化，在氏族内部出现富有者和贫穷者。富有的人死后修建一定规模的大墓，随葬品非常丰富。贫穷的人只能以小墓安葬，几乎没有随葬品或极少量的随葬品。

人们的墓葬多埋于集中的墓地。每一墓地的墓葬排列有序，死者头向一致。墓室多为长方形竖穴土坑，有的仅有棺，但也有棺椁皆备的。葬式一般为单身仰身直肢葬，也有两人合葬或多人合葬的。多人合葬，少的3人，多的达23人。同时，也有夫妻合葬和夫妻带小孩的合葬。

此外，还有一些无头葬、无尸葬和"迁出葬"。迁出葬，就是将墓内部分骨骼迁移他处，而在原葬墓内仍保留死者的部分骨骼。葬式有屈肢葬、俯身葬和重叠葬等。墓内多数无任何随葬品。

凡有随葬品的墓，随葬品的多少悬殊。少者一两件，多者百件以上。

有的女性墓葬，墓坑东西长4.2米，南北宽3.2米，墓底有二层台和涂漆棺椁。随葬品有装饰于头和颈部的3串77件石质饰品，玉臂环、玉指环、腹部置玉铲、象牙雕筒、骨雕筒、象牙梳等。有的陶器随葬品多达90余件。

随葬品的悬殊，反映了社会上的贫富差异日趋明显。

3000年以后，这一特殊的原始人类遗址被发现。因首次被发现于山东省泰安大汶口而命名为"大汶口文化"。

大汶口文化遗址内涵丰富，有墓葬、房址、窖坑等，分为早、中、晚3期。其范围以泰山地区为中心，东起黄海之滨，西到鲁西平原东部，北至渤海南岸，南及今安徽省淮北一带，河南省也有少部分大汶口文化遗存。

大汶口文化的发现，使中国黄河下游原始文化的历史，由龙山文化向前推进了2000多年，为山东地区的龙山文化找到了渊源，也为研究黄淮流域及山东、江浙沿海地区原始文化，提供了重要线索。与长江流域的河姆渡文化，共称"中华民族的文明起源"。

大汶口文化属于新石器时代后期，是中国父系氏族社会的典型文化形态。而这一文化形态以山东省泰安南部的大汶口文化为典型代表。

阅读链接

大汶口文化于1959年首次被发现于与大汶口镇相邻的磁窑镇，后来为了方便记忆，就用了大汶口镇的名字，考古学界即将大汶口遗址及其相类同的文化遗存命名为"大汶口文化"。

其后，于1974年、1977年、1978年，又先后进行多次发掘研究，考古学上通常认为大汶口文化是黄帝族的一部分东迁形成的少皞族。

2009年，在江苏邳州大墩子大汶口遗址出土了一些重要器物，其中阳鸟石璧和骨雕上的阳鸟刻画，从考古遗存上对夷族的太阳崇拜和鸟图腾说提供了证据。

獐牙构形器柄上的刻符与《系辞》中八卦符号相同，证明八卦起源于5000年前的大汶口文化时期，比通常认为易学萌芽于商周之际早2000余年，为研究东夷文明增添了宝贵的新资料。

新石器末期的齐家文化

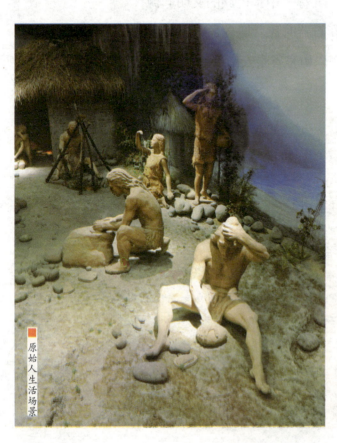

原始人生活场景

在古黄河流域，大约距今4130年，甘肃、青海等地及其黄河沿岸阶地上活跃着一个古老的民族。他们依据得天独厚的自然优势，发展农副业，创造了古老而独特的民族文化。

这里的人们都过着比较稳定的定居生活。人们把方形或长方形半地穴式房子建在河旁宽阔的台地

上，房屋内多用白灰面铺成，非常坚固、美观。有的人还在屋内地面中央设有圆形或葫芦形的灶台。这种房屋结构是这一时期黄河流域最普遍的形式。

人们种植的农作物主要以粟类为主，生产工具以石器为主，其次为骨角器。人们用硬度高的玉石制作石铲，刃口十分锋利。又用动物的肩胛骨或下腭骨制成刃宽而实用的骨铲，采用磨光穿孔的方法制作收割加工谷物用的石刀、石镰、石磨盘、石磨棒和石杵等。

作为农业生产的重要补充，当时的畜牧业相当发达。人们饲养的家畜以猪为主，其余包括羊、狗、牛、马等，而养猪业已成为人们经济生活的重要内容。

与饲养业同时，采集和渔猎经济也继续存在着。人们的捕猎技术较以前有了较大的提高，捕获的猎物不仅有鼬和鹿，也有善于奔跑的狍子。

随着农业生产和养殖业的发展，手工业生产也获得了很大发展，这主要表现在制陶工艺上。当时的制陶技术仍以泥条盘筑法手制为主，部分陶器经慢轮修整，有一些陶罐的口、颈尚留有清楚的轮旋痕迹。制陶工匠已掌握了氧化焰和还原焰的烧窑技术，陶系主要是泥质红陶和夹砂红褐陶，一些器物的表面施以白色陶衣。

大量的陶器是素面的，有些罐类和三足器拍印篮纹和绳纹，也有少量彩陶，绘以菱形、三角、水波和蝶形花纹，线条简化而流畅。

陶器的造型也以平底器为主，三足器和圈足器较少。典型器物有双耳罐、盘、鬲、盆、镂孔圈足豆等，其中以双大耳罐和高领双耳罐最富有特色。

技艺高超的陶工还善于用黏土捏制各种人头造型和动物塑像，人头长颈圆颊，双眼仰望；动物有马、羊或狗等，形体小巧生动。还有一些陶制瓶和鼓形响铃，铃内装一个小石球，摇时叮当作响，堪称当时最巧妙的工艺品。

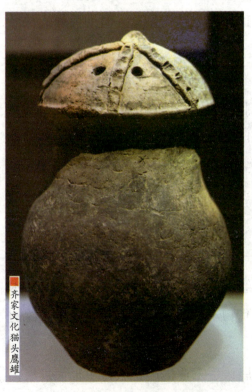

齐家文化猫头鹰罐

陶塑的题材也是多种多样，以鸟类雕塑最多，有的形状像水鸟，有着长嘴、长颈和短尾。有的形状像鸽子，体态丰满浑圆。有的则是三足鸟，这种造型和传说中的太阳鸟颇有关系。有的陶器的顶部或内部雕塑着狗的头部，表明当时畜牧业的发展。

有些陶器上，也有浮雕和刻画出的蜥蜴。蜥蜴是种神秘的爬行动物，特别受到西北的原始氏族人的青睐。而浮雕龙形纹红陶罐，在器腹中部，是用泥条堆塑

成横绕的龙形纹，头小而
似蛇首，身上有鳞甲状刻
画纹，身子的中部有向上
弯曲的爪足，从而展现了
这一地区由蛇升华为龙的
原始形态。

这一时期，人们在建
筑材料上有许多发明创
造，如橙红色陶有陶瓦、
板瓦、半筒状瓦等，瓦上
面有时代特点鲜明的篮纹和附加堆纹。

另外，纺织业进步也比较显著。大批的陶、石纺
轮及骨针等纺织缝纫工具应运而生。人们已经掌握了
麻织布的技术，人们穿的衣服主要是用自织的麻布缝
制的。

随着手工业的发展，冶铜业也较以前有了长足的
进步。冶铜业的发展表现出西北地区这一部族先民的
杰出智慧与才能，是对中华民族早期青铜器铸造和生
产力发展的一项突出贡献。

在皇娘娘台、大何庄等地已开始制造红铜器和青
铜器。其中最大的一件铜器是长方形銎的铜斧。此
外，还有一面光平一面饰有七角星形纹饰的铜镜，做
工精湛，精美绝伦。

随着青铜制造业的发展，玉器的制作技术也发展
到相当高的水平。一大批数量多、质量精美的玉器开
始出现，其器类达30种以上。

■ 齐家文化出土的
青铜镜

三足鸟 中国远
古时代太阳神话
传说中的十日是
帝俊与羲和的儿
子，它们既有人
与神的特征，又
是金乌的化身，
是长有三足的踆
乌，会飞翔的太
阳神鸟。十日每
天早晨轮流从东
方扶桑神树上升
起，化为金乌或
太阳神鸟在宇宙
中由东向西飞
翔，晚上落在西
方若木神树上，
这表达了融化于
神话之中古代对
日出日落现象的
观察和感受。

秀丽如画的江河湖泊

齐家文化玉环

玉器除了常见的品种如玉璧之外，也有许多新的品种。独具特色的玉器，其内涵之丰富，品种之繁多，工艺之精美，令人折服，这也是中国西北原始文化的重要特征之一。

在众多玉器中，最有代表性的是式样繁多的礼器玉琮，除形制各异、大小不等的素面纹琮外，还有竹节纹琮、弦纹琮，更有在琮的一端、射孔之上装饰有或牛，或羊，或熊，或虎等浮雕纹饰的兽首或兽面纹琮、人面纹琮或琮形器。

尤其是圆雕玉人立像，性别有男有女，尺寸从十几厘米到超过半米不等，造型古朴而生动。有的雕像在各器官部位嵌有多枚绿松石，这类雕像多是为了作为膜拜的对象而制。

女人日常装饰品有各种玉佩饰、坠饰、发箍等。还有各种多孔形器，许多多孔形器雕，如呈扁平状的

玉璧 一种中央有穿孔的扁平状圆形玉器，是中国传统的玉礼器之一，也是"六瑞"之一。根据中央孔径的大小分为玉璧、玉瑗和玉环3种。玉璧是中国玉器中出现最早的玉器。玉璧的应用范围极为广泛，既是权力等级标志，也可用于佩戴，亦能作为随葬品，同时又是社会交往中的馈赠品或信物。

鸟形、兽面形或鸟兽变形之类的图像。

制造玉器有着十分复杂的工艺，要求极为精细。当时匠人们所使用的玉材，主要是产自甘肃、青海本地的玉，也有新疆和田玉。

大量使用和田玉用来制作礼器和部分工具的远古人类就是从这里开始的，后来随着民族的迁徙与融合，逐渐把此文化传播到华夏的其他地区。

这一时期的兵器种类也很多，包括戈、矛、刀、钺、戚等，个别的兵器上还嵌有一枚或几枚绿松石作以装饰。

人们死后多在村庄附近埋葬。大多数墓葬为单人，但也有成年男女的合葬墓，合葬之时，男性为仰身直肢，女性则呈蜷曲姿态，这也是父系氏族社会最普遍的墓葬形式，明显的男尊女卑思想。即使人死后，也要把这种思想带到地下。在有的墓中还有大量的随葬品，这些随葬品大多是石器和陶器。

同时，这里还存在人殉的习俗。殉葬这一习俗反映了社会地位的差别与阶级分化。而给死者墓葬中随葬品的多少也能看出死者生前的生存状况，即现实社会中的贫富不均。当时男子在社会

■ 齐家文化玉斧

上居于统治地位，女子降至从属地位，婚姻形态为一夫一妻制和一夫多妻制。

生产力的发展推动了私有制的产生，打破了贫富均等的状态，人类有了贫富差别以及人与人之间社会地位的高下之分，这时候便出现了阶级和军事民主制。

星移斗转，岁月的风烟一代又一代。若干个世纪后，在甘肃省的齐家坪发现了这一特殊的古人类遗址。因遗址首先被发现于齐家坪，因而被定名为"齐家文化"。

齐家文化是以甘肃省为中心地区的新石器末期文化。此外，在甘肃、青海地区的黄河及其支流沿岸阶地上，人们陆续发现了齐家文化遗址350余处。

齐家文化反映了父系氏族社会的典型特点，对研究中国黄河流域的远古人类有着非常重要的意义。

阅读链接

1923年，在黄河上游地区的甘肃省广河县齐家坪最先发现了铜石并用时代文化。后来在甘肃、青海地区共发现遗址350多处。齐家文化遗址在青海省境内最有名的当属喇家遗址。

喇家遗址位于青海省海东地区民和回族土族自治县官亭镇境内的黄河岸边二级台地上。保护面积约20万平方米。

2008年，又在宁县焦村乡西沟村徐家崖庄新发现一处齐家文化遗址。2009年，在定西市安定区发现一处距今约4000年的大型齐家文化遗址。

齐家文化和马家窑文化半山类型最早被发现于古河州的太子寺，公元前300年左右大夏人活动的中心。

据史料记载，广河县在东晋十六国时设置大夏县，经历北魏、周、隋、唐，县址在今县城西北约5千米处。广河古称"太子寺"。相传秦始皇嬴政的太子扶苏曾监军驻此修了座寺院，后来民间称"太子寺"。

再创辉煌

黄河流域孕育了伟大的华夏文明，这里曾长时期作为政治、经济和文化中心，被誉为"中华文化的摇篮"。

黄河文明是以农业为经济基础而发展起来的，黄河流域是世界上最早，也是最重要的农业发源地之一。到了夏商周及以后各个朝代，黄河文明得到了持续发展。黄河流域诞生了原始文字，并具有极为悠久的青铜器铸造历史。

黄河儿女在独特的地理环境下，屡经迁徙，把黄河文明传播到华夏大地。同时，在与自然做斗争的过程中也形成了勤劳勇敢、团结一心、拼搏进取的民族之魂。

起源于农耕文化的黄河文明

在中华民族5000年的历史长河中，黄河流域一直是政治、经济、文化的中心。黄河文明，是以农业为经济基础而发展起来的。黄河流域发现了大量的古文化遗址，而农业则是这些远古文化的主要内涵。

■ 原始人耕种场景

■ 二十四节气圭

在长期艰苦的劳动中，黄河流域的先民们发明了农业，在野草中培育了五谷等各类农作物。同时还发明了农业生产工具，并使之不断地改进，将其从木、石质改进为金属工具。

先民们还创造了历法，制定了二十四节气，认识了天象与农业的关系。人们还发明了丝绸，使中国成为世界闻名的丝绸之国。在黄河流域这块热土上，华夏民族用智慧和汗水建造了自己美丽的家园。

由于凌驾于社会之上的公共权力的出现和形成，封建国家制定了各种农业政策和赋税制度。文明的要素，即文字、金属和城堡，这些最早都是在黄河流域出现和形成的。黄河中下游地区形成了中国最早的文明中心。

黄河流域诞生了原始文字。半坡遗址出土的大批陶器上都有刻画符号。有的符号比较简单，有的稍显复杂。在仰韶文化类型遗址的陶器中，也多有这种符号。在渭水流域的西安、临潼、邰阳、铜川、宝鸡和甘肃省秦安都有发现。

大汶口文化类型的莒县陵阳河遗址出土的大口尊上，发现了陶尊

■ 安阳殷墟遗址

商纣（？—前1046），帝辛，名受，后世人称"殷纣王"。帝辛天资聪颖，闻见甚敏，膂力过人，有倒曳九牛之威，具抚梁易柱之力，深得帝乙欢心。帝辛继位后，重视农桑，社会生产力得到发展，国力逐渐强盛。帝辛于公元前1075年即位，在位30年，后世对其评价褒贬不一。

文字17个，其时代在公元前4000年左右。这些都与中国古文字有着一脉相承的关系，是中国文字的渊源。

殷商时期，大批的甲骨文在殷墟出土，在世界古文字研究方面具有重要的意义。殷墟是商朝后期的都城遗址，位于河南省安阳市区西北小屯村一带，距今已有3300多年历史。因其出土大量的甲骨文和青铜器而驰名中外。

商代后期叫"北蒙"，又称"殷"，公元前14世纪盘庚迁都于此，至纣亡国，共传8代12王，前后达273年。周灭殷以后，曾封商纣之子武庚于此，后因武庚叛乱被杀，殷民迁走，逐渐沦为废墟，故称"殷墟"。

殷墟占地面积约24平方千米，大致分为宫殿区、王陵区、一般墓葬区、手工业作坊区、平民居住区和奴隶居住区。

古老的洹河水从城中缓缓流过，城池布局严谨合理。其城市的规模、面积、宫殿的宏伟，文物质量之精、之美、之奇、数量之巨，充分证明了殷当时不仅是全国，而且是东方政治、经济、文化中心。

黄河流域青铜器历史悠久。黄河中下游地区，是当时中国科学技术和文学艺术发展最早的地区。商代青铜冶炼技术已达到相当高的水平，同时还出现了铁器冶炼，标志着生产力发展到一个新的阶段。

目前，新石器时代考古所发现的青铜器只在黄河流域出现，其他地区或者只有很少的几个铜片，或者只是在淤泥中出现的一点铜锈痕迹，而且仅是一处孤证。或者根本没有出现过与青铜器有关的器具和器物。黄河流域以外地区的青铜文明，远远落后于中原地区。

此外，在洛阳出土的铁锛、铁斧，表明中国开发铸铁冶炼技术的时间，比欧洲各国早2000多年。

武庚（？—约前1039），史记中称作"禄父"，是商纣王的儿子，幼时聪明好学。周武王即位后，封武庚管理商朝的旧都殷即河南省安阳，殷的遗民大悦。武王为了防止武庚叛乱，又在朝歌周围设邶、鄘、卫三国，共同监视武庚。

■ 殷墟出土的后母戊鼎

桥梁是社会发展的产物，既受所处时代经济社会发展的影响，也伴随科学技术水平的提高而进步。

中国有文字记载最早的简支木梁桥，为商代在黄河重要支流漳水上修建的钜桥。据记载，公元前1066年，周武王伐纣王，攻克商都朝歌，即河南省淇县，曾发钜桥头积粟，以赈济贫民。

在黄河下游龙山文化类型的遗址中也发现许多古城址。山东省章丘龙山镇的城子崖城址，总面积 17.55万平方米。

在寿光亦有一处古城址。城址分大、小两处，小城在大城之内，居中偏南。大城面积约5.7万平方米，四边城墙之中部各有一门道，门宽约10米，城内面积1万平方米左右。大城距今3800年左右，小城距今3900年左右。

从黄河流域发现的龙山文化时期的古城址来看，城址中或有城门和门卫房，或有护城河，是具有军事性质的城堡。城内高台上的高大建筑物，表明城内居民存在阶级和阶层的差别。

西周末年，中国经济重心向东转移。公元前770年，周平王迁都成周，黄河的下游平原区才逐渐得到开发。

阅读链接

新中国成立后，在古老的洹河岸边修建了殷墟博物苑。它占地约6.7万平方米，就建在殷墟的宫殿区遗址上。

殷墟博物苑是依照甲骨文的"门"字形，用几根雕有商代纹饰的木柱和横梁结构而成。苑中建筑由著名的古建筑家设计，严格地构筑在原建筑的遗址上。每座建筑都采用了重檐草顶、夯土台阶、檐柱上雕以蝉龙等纹饰图案。

殷墟博物苑不仅展现了殷代王宫殿堂的布局与建筑，而且还具有园林特色。同时，它也是集考古、园林、古建、旅游为一体的胜地。

大禹时代开启数千年治水史

黄河下游河道在夏、商、周时期呈自然状态，在其低洼处有许多湖泊，河道串通湖泊后分为数支，游荡弥漫，同归渤海，史称"禹河"。

根据古文献记载，在下游古黄河自然漫流期间，沿途接纳了由太行山流出的各支流，水势较大，流路平稳。它在孟津出峡谷后，于孟县和温县一带折向北，经沁阳、修武、获嘉、新乡、汲县、淇县、汤阴及安阳、邯郸、邢台等地东侧，穿过大陆泽，散流入渤海。

■ 大禹塑像

■ 大禹治水壁画

这条流路经过近代强烈下沉的廊济裂谷。谷西为太行隆起，此地形称为"断块"。谷东为清浚隆起，此地形称为"断隆"。两者都是上升带，大河纵贯于两隆起之间的裂谷槽地。

历史上，黄河流域曾经长时期作为中国政治、经济和文化中心。历史上频繁的灾害，也使黄河被称为"中国的忧患"。为了保证长安、洛阳、开封等京都的供应，黄河中下游的水运开发历史十分悠久。

大禹治洪水，是中国远古时期的传说。禹的时代约相当于公元前21世纪。当时，黄河流域出现了特大洪水，河水泛滥的主要地区大致在今河南省北部、东部及山东省西部一带。这里正是一些著名的氏族部落居住与活动的区域。

传说，最初部落联盟会议推举夏后氏部落的鲧治水。在此以前，原有共工氏治水的传说。共工氏治水的方法，就是将高处的泥土、石块搬到低处，修筑成简单的堤埂，以堵塞洪水。

"鲧埋洪水"就是沿用共工氏的老办法，用堤来阻挡洪水，结果非但洪水堵不住，堤坝冲垮反而危害更大。鲧治水失败后，死于放逐途中。

以后，部落会议又推举鲧的儿子禹来主持治水，由共工部落的后裔四岳协助。

禹总结其父失败的经验教训，提出"疏川导滞"的治水方案，用疏导代替堵塞。就是寻其主流，加深加宽，同时把涣散的细流决通，使归河槽，做到"水由地中行"，由主道流入大海。

就这样，经过人工疏浚后，河流的自然状况发生改变，不仅消除了水患，而且原来洪水漫溢之地逐渐干涸后也成为了耕地。

从单纯的消极防洪，演变为积极治河，经过了十

共工氏 古代神话中的水神，掌控洪水。有一种说法，共工氏是黄帝王朝时代的部落名，把共工与欢兜、三苗、鲧列入了四凶之一。共工是一种官职，舜帝设立的九官之一，主管矿业。

历史新篇

再创辉煌

■ 大禹治水壁画

大禹治水壁画

多年的时间，终于制服了汹涌的洪水。从此，因避水而躲到丘陵高地的人们，又迁回到平原上居住和生产。后世人们便永远地怀念禹的功绩。

大禹以疏导为主的治水方针，为后代水利专家继承和发展，掌握了"因水以为师"的水流运动的客观规律，有效地克服了水患。

相传大禹治水时期，凿平龙门山，又开辟龙门，有一里多长，黄河从中间流下去，两岸不能通车马。

每年的暮春，有金黄色的鲤鱼从大海及各条大河争着来到龙门。一年之中，登上龙门的鲤鱼，不超过72条。

刚一登上龙门，就有云雨跟随着它，天降大火从后面烧它的尾巴，于是鲤鱼就变化成龙了。

东海中有一群金背鲤鱼、白肚鲤鱼、灰眼鲤鱼，听说禹王要挑选能跃上龙门的风流毓秀之才管护龙门，便成群结队，沿黄河逆流而上。

还没望见龙门的影子，那一条条灰眼鲤鱼便被黄河中的泥沙打得晕头转向，就拐过头来，顺流而下，不费吹灰之力又游回黄海。不幸正碰上张着大口的鱼鳖海怪，便呜呼哀哉了。

金背鲤鱼和白肚鲤鱼，摆成一字长蛇阵，轮流打前锋，迎风击浪，日夜兼程，终于游到了龙门之下。

秀丽如画的江河湖泊

它们把头伸出水面，仰望龙门神采：只见那神奇的龙门两旁，各有一根合抱粗的汉白玉柱。玉柱上雕着活灵活现的石龙。

龙身缠着玉柱，盘旋而上，直到百丈柱顶。龙门中水浪滔天，银亮的水珠飞溅到龙头之上，恰成"二龙戏珠"的奇异彩图。背景是蓝天白云，映衬着龙门两侧的石刻对联：

蓬莱　位于胶东半岛最北端，是山东省管辖的县级市。濒临渤、黄二海，东临烟台，南接青岛，北与天津、大连等城市隔海相望。蓬莱自古以来就被誉为"人间仙境"，八仙过海的传说也就发生在这里。133年，汉武帝东巡至蓬莱，望神山不遇，筑一座小城命名为"蓬莱"。

119

　　长长长长长长长；
　　朝朝朝朝朝朝朝。

这景色胜过那蓬莱仙境。

鲤鱼们看罢美景，就向禹王报名应试。禹王一见大喜，说："鱼龙本是同种生，跃上龙门便成龙。"

鲤鱼们一听，立即鼓鳃摇尾，使尽平生气力向上

■ 鲤鱼跃龙门石雕

龙门暮色

秀丽如画的江河湖泊

跃去，没想到刚跳出水面3米多高，就跌了下来，摔在水面上。但它们并不灰心丧气，而是日夜苦练甩尾跳跃之功。

就这样，一直练了七七四十九天，一下能跃七七四十九丈高。但要跃上百丈龙门，还差得很远。

大禹见鲤鱼们肯苦练功夫，就点化它们说："好大一群鱼!"

有条金背鲤鱼听了禹王的话大有所悟，对群鱼说："禹王说：'好大一群鱼。'这不是在启发我们要群策群力跃上龙门吗?"

群鱼齐呼："多谢禹王!"

鲤鱼们高兴得摇头摆尾，一条条瞪眼、鼓鳃，用尾猛击水面，只听击水声接连不断。一跃七七四十九丈高，在半空中一条为一条垫身，喘口气儿，又是一跃七七四十九丈高。

只差两丈了，禹王用手扇过一阵清风，风促鱼跃，众鱼一条接一条地跃上了它们日夜向往的龙门。

有条为众鱼换气垫身的金背鲤鱼，看同伴们都跃上了龙门，唯独自己还留在龙门脚下。它寻思道：我何不借水力跃上龙门。

恰巧黄河水正冲在龙门河心的巨石上，浪花一溅几十丈高，这金背鲤鱼猛地蹿出水面，跃上浪峰，又用尾猛击浪尖，鱼身一跃而起，没想到竟跃到蓝天白云之间。一忽儿又轻飘飘地落在龙门之上，如同天龙下凡。

大禹一见，赞叹不已，随即在这条金背鲤鱼头上点了红，霎时，鱼龙变化。金背鲤鱼变成一条吉祥之物——黄金龙。

大禹命黄金龙率领众鲤鱼管护龙门。这个"鲤鱼跃龙门"传说中的龙门，就位于黄河壶口瀑布南面约65千米处，在晋陕峡谷的最南端。龙门之南，就是开阔平坦的关中平原。

黄河之水从狭窄的龙门口突然进入宽阔的河床之中，河性发生很大变化。龙门的形成，是其东面的龙门山和西面的梁山各伸出山脊，相互靠拢，形成一个只有100米宽的狭窄的口门，好像巨钳，束缚着河水，形成湍急的水流。

每当洪水季节，由于峡口中的水位壅高，而出了峡谷后，河谷突然变宽，水位则骤然下降，于是在龙门形成明显的水位差，故有"龙门三跌水"之说。"鲤鱼跳龙门"的故事，就是指跳跃此处的跌水。

古代人们对龙门峡这种自然奇观的形成，感到不可思议，便想象为大禹所凿开的一条峡口，因而龙门又被称为"禹门口"。

阅读链接

先秦诸子对禹治水的活动，有所谓"禹疏九河，瀹济、漯而注诸海，决汝、汉，排淮、泗而注之江"，以及"凿龙门，辟伊阙"的记载。

事实上，禹治水仅限于黄河下游平原地区，他不可能遍及如此广阔的幅员，治理如此众多的河道。

因地壳变动，使伊阙山断裂而形成的龙门，也非凭原始工具所能开凿。这只是后人为了追念禹功，把其他一些治水的事迹，都附会到禹的身上，并赋予神话的色彩。

这些夸大禹治水功绩的传说，不过是后人崇德报功的心理表现，但不能因而怀疑禹治水这一故事本来的真实性。

春秋战国始建堤防和桥梁

黄河流域在夏、商、周三代之后，早期国家逐渐成熟，黄河文明进入发展时期。春秋战国时期，黄河两岸已开始修筑堤防，各诸侯国相继修建大型水利工程，发展农业生产。

这一时期，人们不仅兴修了众多水利工程，还普遍采用较省力的提水工具，使水浇地的面积大大增加。当时的帝王已经组织人力和物力在黄河两岸修筑堤防。

黄河大堤

在著名的葵丘之会上，齐桓公主张"无曲防"，就是对当时各国以邻为壑，在上游兴建不合理的堤防所提出的抗议。

随后，人们在黄河和济水的中下游地区，陆续筑起很多坚固的堤防。如地势较

■ 黄河护堤

低的齐国沿黄河修筑长堤，以防雨季河水泛滥。

堤成之后，齐国境内得保无虞。位于齐国对岸的赵、魏两国由于面临洪水的威胁，也开始筑长堤以防洪水，这就使得黄河下游两岸人民的生产和生活得到一定的保障。

春秋末期，吴王夫差为了北上争霸，在长江至淮河间开凿运河邗沟，这是中国最早的有文献记载的运河。邗沟便利了农业灌溉和南北交通。

同时，各诸侯国相继修建大型水利工程，以发展农业生产，芍陂就是具有代表性的水利工程，位于今安徽省寿县南约30千米处，相传为春秋时期楚国令尹孙叔敖兴建。

芍陂一带曾是楚国的农业区，当地地形较低，夏秋山洪暴发，常出现洪涝灾害，而一旦雨少又容易干旱。为了解决这个问题，利用洼地引水、肥水汇聚成湖，涝时蓄洪，旱时灌溉，成为一个古老的水库。因陂在白芍亭以东，因此得名。

春秋后期，齐国首先称霸天下，于公元前685年

葵丘之会 公元前655年，周王室内讧，齐桓公联合诸侯保住太子郑的地位。不久，又拥立太子郑为王，即周襄王。公元前651年，齐桓公在葵丘大会诸侯，周襄王也派代表参加，对齐桓公极力表彰。这是齐桓公多次召集诸侯会盟中最盛大的一次，标志着齐桓公成为中原的首位霸主。

■ 芍陂古迹

魏襄王（？—前296），姬姓，名嗣，魏惠王之子。公元前318年，魏、韩、赵、楚、燕五国合纵攻秦，不克而返。惠施为魏出使楚国。公元前296年，魏襄王薨，子昭王立。后人从魏襄王墓中得到魏襄王时期魏国人撰写的《竹书纪年》，这些竹书较司马迁的《史记》更为准确。

开始，在黄河下游低平处筑堤防洪，开发被河水淤漫的滩地。当时，其他诸侯国相继筑堤，各以为利。从此黄河下游漫流区日益缩小，九河逐渐归一。

由于堤防约束，河床淤高，公元前602年，黄河在黎阳宿胥口决徙，主流由北流改向偏东北流，经今濮阳、大名、冠县、临清、平原、沧州等地于黄骅入海，为黄河第一次大改道。

战国时期，七雄争霸，韩、赵、魏、齐、燕分踞黄河下游。当时齐与赵、魏以黄河为界。齐国在东面，地势低平，修筑堤防距离大河12.5千米，防止洪水东泛；赵、魏在西面，靠近山区，也距河12千米筑堤，防止洪水西泛。

西门豹渠，是战国初期魏国邺县令西门豹兴建的引漳水灌邺工程。在西门豹的指挥下，人民开渠12条，引漳河水灌田，使含盐碱过高的土地成为良田。

在此100多年后，魏襄王任命史起为邺县令，再次开渠引漳水灌溉，经魏国的长期治理，当地农业得到很大的发展。

这一时期修筑的堤防最显著的特点是没有统一的规划，人为的弯曲很多。

人们不仅兴修了众多水利工程，还普遍采用较省力的提水工具，这时使用较多的工具有桔槔等。使水浇地的面积大大增加。

桔槔起源于何时史料中并无确切记载，人们根据相关叙述，推断其可能始于商代初期。到了春秋战国时期，桔槔在中原地区已被普遍使用，用其灌溉，可一日浸百畦，节省劳力又提高效率。

战国时期，单跨和多跨的木、石梁桥已普遍在黄河流域建造。到了后世的秦汉之后，大河两岸古都首府众多，物资运输多赖骡马大车、手推板车。

出于经济和军事的需要，修建了更多的桥梁。这些古桥，不仅在建桥构造处理、平面布局以及施工方

桔槔 是古代社会的一种较为原始的主要灌溉机械。桔槔的结构，相当于一个普通的杠杆。在其横长杆的中间由竖木支撑或悬吊起来，横杆的一端用一根直杆与汲器相连，另一端绑上或悬上一块重石头。通过杠杆作用就能将汲器提升。

■ 灌溉工具桔槔

法上有不少独特创造，而且艺术造型上也表现出鲜明的民族风格。

中国历史上规模宏大的木梁石柱桥，当属修建在黄河最大支流，即渭水上的渭桥。

据《三辅黄图》记载，这座桥始建于战国时期的秦昭王。秦始皇统一中国建都咸阳后，为了把渭河南北的兴乐宫和咸阳宫连为一体，又做了改建和加固。

到了汉代，渭桥得以重修，并增建了东渭桥和西渭桥，史称"渭水三桥"，成为汉唐时期朝廷迎来送往的重要场所。

该桥桥梁由青石砌成，青石之间用铁水浇铸的铁栓板相连，石缝中灌以铁水，石头之间打有松木桩，规模之大，施工之精细，在古桥梁史上确属罕见。

黄河古代桥梁的另一个高峰是浮桥的出现。这种桥梁的构架，一般是用几十或几百只大船或筏子代替桥墩，横排于河中，上铺梁板做桥面，桥与河岸之间用挑板、栈桥等连接，以适应河水的涨落。

因此，浮桥也有"浮航"和"舟梁"之称。建

■ 蒲津浮桥遗址

桥所用木船，有的锚于两岸的竹索或铁索上，桥随水流而弯曲，故称"曲浮桥"。有的浮桥将每只木船单独锚于河底，桥面顺直，因此叫"直浮桥"。

中国建造浮桥最早的记录为《诗经·大雅·大明》中的"亲迎于渭，造舟为梁"。说的是周伯姬昌，为娶妻而在渭水上架起浮桥。它比西方历史记载的波斯王入侵希腊，在博斯普鲁斯海峡所建造的浮桥，还要早500多年。

当时最为著名的浮桥，当属山西永济的蒲津浮桥。此地为沟通秦晋的交通要冲，公元前251年，秦国为出征河东，用竹索和木船建造了这座"曲浮桥"。

该浮桥历尽沧桑，经过多次修固，一直沿用近千年之久。

阅读链接

在春秋战国时期，黄河干流上的第一座浮桥，是春秋时期建造的夏阳津浮桥。不过由于只是一次性使用，不久即被拆除。

据说，当时的秦国有一位富豪公子，终日因钱多而发愁。他整天思虑，担心自己因所储财物过多而被秦景公杀害。于是，他想出了一个不得已而为之的办法，即带着"车重千乘"的财富，由今陕西投奔晋国。

他在途中为了渡过黄河，就在今山西省临晋附近架起了一座浮桥。当他所带的财物被运过黄河后，他就下令众人把桥拆除了。由此看来，黄河干流上的第一座浮桥，也堪称中国寿命最短的桥梁了。

两汉时期对黄河加强治理

　　春秋战国以后，专制制度逐渐形成，随着秦汉王朝的统一，黄河文明进入了大发展时期。从此，各朝各代都加强了对黄河的治理。西汉时期，已专设有"河堤使者""河堤谒者"等官职，河防工程已达到相当的规模。

■ 黄河护堤

两汉时期，黄河下游的河道又发生了新的变化。如在相距25千米的大堤内出现了许多村落，堤内的居民修筑直堤来保护田园。大河堤距宽窄不一，窄处仅数十米，宽处数千米不等。

再有，黄河堤线曲折更多，如从黎阳至魏郡昭阳两岸筑石堤挑水，几十千米内的有5处。黄河个别河段堤防修得很高，据《汉书·沟洫志》记载，黎阳南35千米处的淇水口，堤高3米，自淇口向北9千米至遮害亭，堤高12米至15米。

■ 黄河护堤

这种河道，导致在西汉时期黄河决溢较多。在公元前132年，瓠子决口后，洪水向东南入巨野泽，泛滥入淮、泗，淹了16郡，横流了23年才得以堵复。公元11年，河水大决魏郡元城，泛滥冀、鲁、豫、皖、苏等地将近60年，造成黄河第二次大改道。

西汉时期是黄河水患发生的一个频繁时期，规模巨大，影响深远。早在公元前607年宿胥口改道以来，黄河一直比较稳定。但年久日深以后，由于泥沙的沉积，河床越淤越高，到了西汉时期，终于形成了"地上河"。

在黎阳，即浚县附近的遮害亭处，堤高竟达15

《汉书》又名《前汉书》，东汉班固所著，是中国第一部纪传体断代史。其沿用《史记》的体例而略有变更，记载了上自汉高祖六年，下至王莽地皇四年，共230年历史。《汉书》语言庄严工整，多用排偶，遣词造句典雅深奥。中国后世编纂历史都仿其体例纂修纪传体的断代史。

■ 黄河沉积区

米。西汉200多年间，因洪水决口而造成泛滥，见于记载的达11次。于是，对黄河的治理为人们所重视。

西汉朝廷已经专门设有"河堤使者""河堤谒者"等官职，沿河郡县长官都兼有防守河堤职责，专职防守河堤的人员达数千人。濒河10郡，治堤年费达到亿两，河防工程已达到相当的规模。

《史记·河渠书》中记载，公元前109年，汉武帝令汲仁、郭昌发卒数万人塞瓠子决，并亲率臣僚到现场参加堵口，说明堵口已经是相当浩大的工程。

公元前6年，汉哀帝公开征求治河方案，贾让献治河三策。上策为：引黄河使复走《禹贡》大河故道，使在太行山脉与老黄河大堤之间，有一个"宽缓而不迫"的去处；中策为：舍黄河旧堤，另筑大堤，使黄河与漳水会同出海，并在河道两侧分建水门以调节水量；至于单纯依靠堤防来防洪，则为下策。

到王莽执政时期，张戎应征的治河方案，根据水向下流的特性，流快则刮除淤积，使河床稍深的原

汉武帝（前156—前87），即刘彻，汉朝第七位皇帝，16岁登基，在位达54年。汉武帝进行了大刀阔斧的改革，多有建树，其举措对后世影响深远。汉武帝开疆拓土，奠定了中国的疆域版图，将中华帝国推上了空前的高峰，该段时期被后世称为"汉武盛世"。

理，科学地论证了水流流速与泥沙沉积的关系。明代潘季驯的"束水攻沙"，就是以此为出发点的。

由于《禹贡》大河故道逼近太行山，地势高亢，难以恢复。其上、中两策的设想是不切实际的。而他所视为下策的"筑堤"，却为东汉王景及后代所广泛应用，并取得了不少成就。

史书记载最早的一次大规模治河工程，是王景治河。东汉时期，王景曾对芍陂加以疏浚。后来，曹魏又派人"兴治芍陂""以溉稻田"。到了宋元以后才逐渐堙废。今安丰塘是古代芍陂的残存部分。

公元69年，东汉明帝派王景和王吴治理黄河，主要将河、汴分流。筑堤自荥阳至千乘海口，长500千米。这道河堤对防御黄河泛滥起到了较好的作用。

这一时期，下游河道被称为"东汉故道"，自后来的濮阳西南西汉故道的长寿津，改道东流，循古漯水，经今范县南，在阳谷县西与古漯水分流，经今黄河和马颊河之间。

王景（约30—约85），东汉时期著名的水利工程专家。少学易，广窥众书，又好天文术数之事，沉深多技艺，时有荐景能治水者，明帝诏与王吴共修浚仪渠，王吴采用王景堨流法，水不复为害。

131

历史新篇

再创辉煌

■ 安丰塘美景

■ 王景塑像

当时，汉明帝发兵卒数十万人。王景虽然节省役费，但是费用仍以百亿计。此次修渠筑堤，扼制了黄河南侵，恢复了汴渠的漕运，取得了良好效果。

王景治理黄河是河、汴兼顾，而以治河为主。其治河的主要措施是修筑大堤，把黄河重新置于两岸大堤的约束之中，并顺着自然地势，而采取一条距海最近的行洪路线。

由于河流比降大，水流挟沙能力强，再加上王景建立汴口水门和整修汴渠的成功，使汴渠成为黄河下游理想的分洪道，对黄河也起了分流分沙，减少主河床淤积抬升速度的作用，成为东汉以后河床能得到较长时期稳定的原因之一。

据历史记载，东汉末年，黄河流域就已建有砖石拱桥，如魏都邺地的石窦桥、晋代洛阳的石拱桥等。

阅读链接

黄河故道有三种，一种是荒芜的盐碱地，另一种是水草丰美的湿地，还有一种是尚存的河道。像宁陵、商丘一部分黄河故道就属前一类，不过这些故道大多年代久远，以至于许多当地人都不知道在这样的河床上曾经流淌过一条叫作黄河的河流。

而大多数黄河故道都属后两者，如盛产梨子的砀山、山东单县、豫北的湿地、江苏宿迁，黄河夺淮入海后在徐州留下的故道；黄河入海口的东营境内，还有一条盛产黄河鱼的故道。

丝绸之路开通后的文化大融合

从秦汉至魏晋南北朝，是黄河文化发展的重要时期，也是黄河文化与胡文化交流、融合的重要时期。

自从汉代的著名外交家张骞出使西域以后，一条以洛阳、长安为

■ 丝绸之路示意图

鲜卑族民族服饰

起点，直达安息、大秦的交通线形成，这就是历史上有名的丝绸之路。

丝绸之路是一条具有深远历史意义的国际通道，是连接中国和西方世界的第一座桥梁。通过这条古道，促进了东西方文明的交流。

丝绸之路开通后，西方的葡萄、胡桃、石榴、苜蓿、香料、药材、胡椒、宝石、玻璃、象牙、骏马、狮子，以及音乐、舞蹈、天文历法和基督教、佛教、伊斯兰教等文化，大量传入中国。

另外，中国的丝绸、漆器、铜铁、火药、金银器、瓷器、桃、梨，以及造纸、打井、炼铜、兴修农田水利和制造火药的技术，也经由这一路线传往西域，大大丰富了黄河文化和世界文化的宝库。

丝绸之路的开辟和发展，不但极大地增进了中西各国各族人民的相互了解和友谊，而且大大丰富了东西方人民的物质生活和精神生活，对社会经济的发展和人类社会的进步做出了巨大的贡献。

魏晋时期，特别是十六国时期，匈奴、鲜卑、羯、氐、羌等少数民族进入黄河流域，使黄河文化在这一特殊形式下复苏，对黄河文化的繁荣有重要的影响。

北朝时，鲜卑族入主黄河流域，给黄河文化注入了新鲜的血液。少数民族地区的所谓"胡桌""胡椅""胡床""胡服"，传入黄河流域，丰富了黄河流域人民的生活。黄河文化是在这一特殊历史时期，融合少数民族文化而形成的多层次文明。

到了隋代，黄河文化进一步发展。当时的朝廷也加强了对黄河的治理和桥梁的修建。其中规模最为宏大的桥梁是一座拱桥，名为"灞桥"。

灞桥建于582年，该桥为40多孔石拱桥，总长约400米，每个桥墩宽2.5米，长9米，桥跨5米。其恢宏气势和壮观景象，在古代桥梁建筑史上十分罕见。

605年，隋朝廷在河南洛阳洛水之上建成一座浮桥，名为"天津桥"，是第一次用铁链连接船只架成的浮桥。

在宋代前期，黄河大致维持东汉以来的河道，称"京东故道"。东汉后期河道淤高，险象丛生。1048年，河决堤改道北流，新河夺永济渠至后来的天津东入海，时称"北流"，这是黄河的第三次大改道。

此时河道的分支，除汴水畅通外，济水已经断流，湖泊大多淤塞，南岸仅有巨野泽，接纳汶水与黄河泛水，南流入淮、泗河。

在黄河北岸有大片塘泊，大致分布在后来的天津东至保定西一

丝绸之路群雕

纤夫拉纤场景

带，拦截了易水，也就是后来海河的9条支流，滹沱、葫芦、永济各河之水都汇于塘泊。塘泊夏有浪，冬有冰，浅不能行船，深不能涉水。到了北宋后期，黄河北侵，塘泊逐渐淤淀。

自古黄河险滩多，在地势崎岖险要处，船也难行。这就催生了一批以拉纤为生的纤夫。

黄河上行船，最苦莫过于拉纤。在黄河上拉纤是十分辛苦和艰难的。黄河的主航道在峡谷中，落差大，水流急，纤道大多在两岸石壁之上，有些地方几乎是猴子也得用上心才能攀缘过去。所以人们说黄河船夫"命苦不过河路汉，步步走的是鬼门关"。

人们将黄河上行船叫作"跑河路"，船工习称为"河路汉"。早年间黄河上全是木船，往来全靠人力扳动或拉动。船上一般7名船工，下行装载两三万斤货物。装甘草的船叫"草船"，装炭的叫"炭船"，装粮食的叫"粮船"，装其他东西的船一律叫作"货船"。

拉船最艰苦的是春季刚刚流完凌以后，河滩上有的地方是水坑，有的地方大片冰凌堆叠如山。船工穿不成鞋，只能赤脚踩着冰块走，春拔骨头秋拔肉，那一股寒气从脚底心直蹿到脑门顶上。

晋陕峡谷中多数地方没有路，纤道忽而在水中，忽而在河滩，忽而又在高高的石壁之上。还有些地段，两岸是数百米高的绝壁，人无立足之处，船也无法再拉。到此处，船工们想尽办法，冒着生命危险拉纤，船在水中十分艰难地一点点往上移，船工们把这叫作"拔断水"。

黄河上拉纤，最轻松的是"耍风"。河上有风时，赶紧把帆撑起来，根据风向不断调整帆的角度。如果运气好遇到顺风，扯起帆，一天可行50多千米。

河里的船看上去都差不多，但实际却很有讲究。有些船做得好，船头如葫芦瓢般轻巧，拉起来省劲儿，遇风走得也快；有些做得不好，船头发沉，往水里扎，既不好拉，有风也走不快。黄河上的航运历史悠久，发端于秦汉，后世逐渐繁荣。

到了唐宋时期，黄河文化进一步发展和成熟。突厥、铁勒等游牧民族、朝鲜半岛移民，以及西亚、中亚胡人等移民，相继进入黄河流

纤夫拉纤群雕

■ 黄河两岸民居

碉房 是中国西南部的青藏高原以及内蒙古部分地区常见的居住建筑形式。从《后汉书》的记载来看，在汉以前就有存在。这是一种用乱石垒砌或土筑的房屋，高有三四层。因外观很像碉堡，故称为"碉房"，碉房的名称至少可以追溯到清代乾隆年间。

域。外来文明在黄河文化的演进历程中非常重要。

更重要的是，黄河流域的科学技术得到进一步的发展，天文学、医学、药物、植物、动物、香料、玻璃器、玛瑙、玉器、纺织品、货币、音乐、舞蹈、雕塑、绘画、建筑艺术等外来文明，促进了黄河流域社会生活各方面的发展，同时对黄河流域的饮食、服饰、体育、社会风俗、农业生产、交通运输、城市繁荣、经济作物的种植等，都产生了非常大的影响。

黄河流域的政治、经济、文化与外来文明的交流往来，对黄河流域社会文化的发展产生了极大的影响。无论从传统的民居、民俗，还是从日常生活的点滴，无处不渗透着厚重的黄河文化气息。

黄河流域既是中国建筑最早的发源地，也是历史上最具华夏营造匠意与最兴土木之工的核心区域。这里不仅一脉相承地涌现出一批批壮观侈丽、雄浑充沛、规模巨大的都市官式建筑，同时也出现了分布最广、数量最多、风格各异的乡村民居建筑。

民居建筑在布局、形态、空间处理等方面遵循着"适形而止"的建筑原则。其空间序列组合与生活密切结合，尺度宜人而少有变化，建筑内向，造型简朴，装修较为精致。民居与村落，无不植根于厚土醇水之中。黄河人从掘土为穴到夯土筑墙，再发展到以土烧砖制瓦，用土作为建筑材料经营了几千年。

黄河流域的上、中、下游自然地理条件千差万别，人地相宜的民居也是形式多样、千姿百态。

中原大地以四合院最具代表，黄土高原则流行窑洞民居，陇西山区多板屋，河套平原多平顶泥房，草原上是流动的蒙古包，甘南高原藏民住在石头建造的碉房。但在以汉文化为主体的黄河大地之上，窑洞和四合院是黄河民居的主要居住形式。

黄土高原地势较高，地貌则岭谷交错、沟壑纵横，典型的大陆性

黄河两岸村落

■ 山西四合院

晋商　通常意义的晋商是指明清间的山西商人，晋商经营盐业、票号等商业，尤其以票号最为出名。晋商也为中国留下了丰富的建筑遗产，著名的乔家大院、常家庄园、曹家三多堂等。明清晋商人利润的封建化，主要表现在捐输助饷、购置土地、高利贷资本等方面。

季风气候区，冬天常刮强劲干冷的北风。民谚有"山西人好盖房"的说法，山西四合院建筑为中国民居建筑的瑰宝。

晋商崛起后，富甲天下，他们在家乡精心建造了座座豪宅大院，如祁县乔家堡的乔家大院、灵石县静升村的王家大院、榆次车辋村的常家大院等。

当某一姓的祖宗选择居于某地后，随着子孙后代的自然繁衍与房屋院落的增建，最终发展为村落，聚族而居。聚族而居多是出于心理情感上的联结纽带及劳作方式上互助合作的需要，以血缘关系为重。

如陕西韩城党家村为党、贾二姓聚居，从党怒轩定居于此开始，600多年间子孙繁衍，出仕经商，成为关中地区传统留存最好、民居最经典的村落。

黄河人深谙儒家"德润身，富润屋"的古训，显贵一方的官宦商贾无不把自家面子——宅门建造得厚实高大、典丽精致。党家村人也不例外。

高大气派的走马门楼，旁设精雕细刻上马石、拴马桩。装饰绝美的垂花门楼，雕有寓意吉祥的图案或文字的门簪、雀替、花板和门联。

几千年来，黄河流域形成了自己的婚嫁风俗。在陕西，旧时结亲讲究门当户对，父母之命，媒妁之言，男女不谋面。男女好合大致要例行订婚、商话、登记、迎娶、回门等程序。而在新密，婚嫁风俗又有所不同。有说亲、相亲、定亲等6个步骤。

生死之外无大事，丧葬文化历来备受重视。在黄河流域，经数千年演变，有着自己独特的殡葬习俗。在陕西，殡葬过程为报丧、暖窑、祭拜、送葬等。

星移斗转，岁月更迭。一代又一代，人类在不断地繁衍生息。生活在黄河流域的儿女，以其勤劳和智

141

门簪 中国古建筑中安在街门的中槛之上的构件。是将安装门扇上轴所用连楹固定在上槛的构件。这种大门上方的出头，略似妇女头上的发簪，少则两枚，通常四枚，或多至数枚，具有装饰效果，成为旧时大门的常见构件。以至许多民居大门上门簪的设置，只为美观，并无结构功用。

历史新篇 再创辉煌

■ 门楼

孔子讲学图

慧延续着古老文明，开创着新的历程。

黄河儿女的大智慧和大才情，是任何其他文明都不能与之媲美的。学术大家如孔子、孟子、曾子等，堪称世之典范，而在诗词画曲艺等各方面的大家，在黄河流域也是层出不穷。

黄河儿女坚守民族大义、勇敢奋进的精神也一直激励着后人继往开来。这些光耀历史的人物，不仅在黄河文化的传承与发展中起着至关重要的作用，更推动了华夏民族的腾飞与发展。

秀丽如画的江河湖泊

阅读链接

位于黄河流域的河南地区有个很奇特的习俗——骂社火。每年农历正月初二至正月十六，东、西村的村民就敲锣打鼓，交替前往对方村子里指名道姓地挑骂。被骂到的人呵呵笑，被骂得越狠越欢喜。这种大俗大雅完美结合的社火被誉为"天下奇俗骂社火"。

"社火"也称"射虎"，来源于古代祭祀社神，目的是驱逐鬼神，"春祈良耕，秋报社稷"。这种活动是由宫廷传入民间，逐渐演变为乡村祭神、娱神、迎神的赛会，并加进杂戏、杂耍表演。

骂社火，是斗文、斗武、斗巧、斗富、斗丑。在这里，辱骂是一种敬重，辱之越甚敬之越甚。

唐宋时的流域文化及河流治理

刘禹锡雕像

黄河作为中华民族的母亲河，以滔滔不绝之势奔腾入海，演绎着古老而悠久的华夏文明。

古往今来，许多文人墨客无不为之汹涌之势倾倒，留下了大量不朽的诗篇，唐代著名诗人刘禹锡在《浪淘沙》中写道：

九曲黄河万里沙，
浪淘风簸自天涯。
如今直上银河去，
同到牵牛织女家。

唐代是中华民族的盛世时期，在政治、经济、文化等各方面均得到了前所未

■ 水流湍急的黄河

有的发展，尤其是文化艺术更是达到了巅峰。

歌颂黄河的诗篇也是不计其数，如唐代诗人王之涣的"白日依山尽，黄河入海流""黄河远上白云间，一片孤城万仞山"，王安石的"派出昆仑五色流，一支黄浊贯中州"等佳句都是黄河宏伟气势的真实写照。

到了宋代，经济与文化教育较唐代更为繁荣，而北宋更是中国历史上的一个重要朝代。金、元之际的著名文学家元好问在《水调歌头·赋三门津》中就有佳句：

王安石（1021—1086），字介甫，号半山，封荆国公。世人又称"王荆公"。汉族江右民系，北宋临川盐阜岭人，中国古代杰出的政治家、思想家、文学家、改革家，"唐宋八大家"之一。其诗文各体兼擅，词虽不多，但亦擅长，且有名作《桂枝香》等。

黄河九天上，人鬼瞰重关。
长风怒卷高浪，飞洒日光寒。

北宋疆域辽阔，幅员广大。但是北宋建立后，黄河水患却日益加重。1060年，黄河自大名决河东流，自沧州境入海，当时黄河被称为"东流"。

在北宋统治的160多年中，黄河先后7次决溢后改道、改流和分流，受灾地区广，原有堤防基本上已经失去抗洪能力。河患加重，不仅对沿岸农田威胁很大，而且对汴河航运、京师的安全有重大影响。

北宋朝廷倾注很大的人力和物力治理黄河，建筑河防工程，但由于当时生产力发展和科技水平所限，治理黄河的效果并不十分显著。但是，人们在探索治河的同时，积累了大量的经验教训，对后来的元、明、清代对河流的治理工作都有一定的影响。

在宋代，朝廷专门设置了权限较大的都水监，专管治河事宜。沿河地方官员也都重视河事，并在各州设河堤判官专管河事，朝廷重臣，多参与治河方略的争议。这个时期，治河问题引起了很多人的探讨，加深了对黄河河情、水情的认识，河工技术有了很大的进步。

宋代的堤防技术是利用大河两边的堤岸，使其起到限定河水泛滥的作用。宋代时就有正堤、遥堤、缕堤、月堤、横堤、直堤、鉴堤等，种类很多，其规模、形状及作用略有不同。

大河两岸的正堤，一般称"堤"，遥堤则为正堤以外的最外一重堤，主要作用是在大河汛期将河水限定于遥堤以内的地方行流，尽量

■ 黄河及沿岸护堤

《河防通议》是一本关于宋、金、元三代治理黄河工程的规章制度的书籍。这些规章制度在施工实践中应用了300多年。原著者名为沈立，他在1048年，搜集治河史迹，古今利弊，撰《河防通议》。原书已失传。现存本系元代色目人赡思根据当时流传的几种版本，加以整理删节改编而成，共上、下两卷。

把泛滥的地方控制在一定范围内。

1081年，遥堤之间很宽阔，有时要迁出一些县、镇。缕堤是介于正堤和遥堤之间的第二重堤，有"预备堤"的作用。

若正堤决口，可加强缕堤临时抵挡水势。黄河堤防虽不像汴渠堤防那样严格，但一些重要城镇附近和主要险段注重堤防质量，有的地方甚至建成石堤。

在《河防通议》中，就详细记载了修砌石岸的施工方法，施工程序严密，对石堤基础要求较为严格，有的土质堤岸由于常年维修，规模相当庞大、坚固。

如1080年郓州所筑的遥堤长10千米，下阔20余米，高3米。若以顶宽3米算，则边坡比达1∶2.5，堤身断面尺寸是比较科学的。另外，北宋还年年发动黄河两岸附近居民种植榆柳，有效地加固了堤防。

北宋河防最主要的技术之一就是埽工技术，宋代不仅用埽堵口，而且还用埽筑堤、护岸。埽是把树枝、石头等，用绳子捆紧做成的圆柱形东西，用来保

■ 黄河堤防

■ 黄河堤坝

护堤岸防水冲刷。

　　由于埽的重要作用，埽工技术日臻完善。在《河防通议》中，详细地记载了埽工的制作：在密布的绳索上铺一层榆木柳条之类，再在其上铺上碎石，并用粗大的竹索横贯其中，卷而束之使它形成圆柱形的整体。卷埽时要用数百人扛大木卷起，每卷一层，都在上面架上大木梯，众人站立在梯上压紧。每个大埽一般长约33米，直径约为3.3米至13.3米。

　　北宋每年制埽都很多，它们一部分储备堵口应急，一部分用作修理，一部分用作护岸。护岸技术有束埽护岸、木龙护岸、石板护岸、锯牙护岸等。束埽护岸并不经久耐用，但因其简单、有效，直到后世仍被沿用。

　　1021年，北宋大臣陈尧佐曾采用木龙护岸。南宋知府李若虚曾用石板护岸的方法，做本州附近河堤护岸。李若虚制石板为岸，押以巨木，后虽然暴水，但

陈尧佐（963—1044），北宋大臣、书法家、画家。988年进士，历官翰林学士、枢密副使、参知政事。工书法，喜欢写特大的隶书字，咸平初，任潮州通判，999年建韩吏部祠于金山麓夫子庙正室东厢。著有《潮阳编》《野庐编》《遣兴集》《愚邱集》等。存世词一首。

黄河改造遗址

是不易坏。

　　另外，北宋时期，人们还经常采用锯牙护岸，就是在河堤内修筑一系列锯齿状的短土堤、石堤或木堤，以挑开暴流，防止齿蚀堤岸，这就是堵口技术。堵口技术，堵口的难点在于合龙。通常堵塞决口要合口时，中间下一个埽，称为"合龙"。

　　沈括在《梦溪笔谈》中，曾记录河工高超的堵口技术。1048年，黄河在商胡决口，久堵不成。高超建议把埽分成3节，每节10余米，两节之间用绳索或缆索连起来。先下第一节等它到水底之后，再压第二节，最后压第三节。

　　他指出，即使第一节没堵住水，但水势必减半。到压第二埽时，只用一半的力，即便水流还没断，不过是小漏。而压到第三埽时，就平地施工，可以充分使用人力。而等到第三节都处置好了，前两节自然被浊泥淤塞，不用多费人力。

　　合龙时，除了经常采用大埽堵口外，北宋还于1078年创造了一种"横埽法"堵口，后来作为常法推广。横埽法，要比直埽法好得多，成功率提高，是一个很大的改进。

人们在堵口时，有时还在上游先行分水，减少下游水差，减轻合龙难度。此外，人们也经常采用开凿新河分水的办法来减轻河患，开河技术有了一定的提高。

《河防通议》中"开河"一节，对此有详细的论述。首先要观察上游的地形和水势，并测量河床高程的变化。还要选择在枯水季节施工，冬季备料，春季施工，洪水到来之前完成新河开挖任务。新开引河口应留一临时隔堰，使水流顺势而下，保证一定的流速，以防新河淤积。

开河应因势利导。若河势成"丁"字形，水流正撞堤岸，剪滩截嘴，疏浅开挑，费工不便，但可解一时之急。如地形适宜取直开挑，须先固定口门，分水势以解堤岸之急。

如果要将主流引入新河，就应该在河的对岸抛树枝石块影响水势，然后用树石加固河口，损而复备，直到坚固不摧。这样，新河可成，旧河即淤。

古代开河技术的总结，远没有上升到定量的程度，但总体上是适合治河原则的。另外，在宋代还出现了疏浚泥沙的疏浚机械。

在《宋史·河渠志》中曾记载，1073年，有人发明了"铁龙爪扬泥车法"，当时所用疏浚的爪形铁器可谓是近代疏河船的先驱。

阅读链接

《河防通议》中"闭河"一节，专门记载北宋堵口合龙的技术和过程。

书中指出，合龙前，要首先检视龙口的深阔、水流情况及土质。随后在龙口上游打星椿，然后在星椿内抛下大木巨石。

接着从两岸各进草占三道，土占两道，并在上面抛下土石包压住，闭口时同时急速抛下土包土袋。合龙后，在占前卷拦头埽压于占上，再修筑压口堤，最后在迎水处加埽护岸。

黄河南泛入淮后屡经治理

　　纵观黄河的历史，对黄河泛滥的治理，历朝历代都不及元、明、清三代的治理力度。但是当时对治理黄河没有一个正确的方针，黄河依旧泛滥，给在流域内生活的百姓造成了深重的灾难。

■ 黄河故道

■ 黄河支流

到了元代，黄河在桥梁建设方面建树甚少。在明清时期，修缮和模仿成为主流，桥梁技术、结构和材料也没有多少创新。

1128年冬，金兵南下，南宋边防告急。同年11月，东京留守杜充决定开黄河南堤御敌，黄河从此南泛入淮，决口处大致在卫州，决水东流至梁山泊之南，主流大致沿菏水故道入泗，当时被称为"新河"。

金末元初的近百年间，黄河呈自然的漫流状态，没有固定的流路。1234年，黄河由河南省的杞县分为3支，以入涡一支为主流，三流并行约60余年。

到了1297年，黄河主流北移，北支成为主流，由徐州入泗、入淮，由济宁、鱼台等地入运河、入淮。主流北移后，1297年至1320年间，黄河自颍、涡北移，全由归德、徐州一线入泗、入淮。

1320年至1342年间，开封至归德段黄河也北移至豫北、鲁西南。1343年至1349年，黄河连决白茅堤，水灾遍及豫东、鲁西南、皖北，洪水夺大清河入海。

留守 隋代以后驻守京师、陪都和军事重镇，综理军、政、民、财的高级官员。古代帝王出巡或亲征时，以大臣辅太子或亲王留守京师，或称"留守"，或称"留台"，或为"居守"，无固定名称。隋炀帝杨广时，始于重要军事地点置留守，留守遂成为官名。

秀丽如画的江河湖泊

■ 黄河支流

1351年，贾鲁挽河回复故道，黄河流经今封丘西南，东经长垣南15千米，东明南15千米，转东南经曹县西之白茅、黄陵冈、商丘北15千米，再东经单县南、夏邑北，再东经砀山南之韩家道口，又东经萧县、徐州北，至邳州循泗入淮。

1297年至1397年的百年间，以荥泽为顶点，黄河向东呈扇形泛滥，主流自南向北摆约50年。此后自北向南摆也是50年。最北流路在今黄河一带，最南流路夺颍入淮。

明清时期，美洲的农作物，如番薯、玉米、烟草等，在黄河流域迅速传播、种植和推广，这不仅丰富了黄河流域农作物的种类，而且改变了黄河流域人民的饮食结构。

自明成祖迁都北京后，直至1855年，黄河于铜瓦厢，也就是现在河南省兰考东坝头附近，决口改道，这一时期治河的一条重要原则就是确保漕运的通畅。

1391年黄河南决，主流夺颍入淮。百余年间，有时分流入涡，有时走贾鲁故道，决溢地点多在开封以上。1496年至1566年，人们在北岸修筑太行堤，南岸大堤也得以加固，开封附近不再决溢，决溢地点下移至兰阳、考城、曹县一带。先是黄河南移入涡、入淮，后来又渐渐北移，至徐州入运。

1558年，黄河在曹县大决，水分10余支，自徐州至鱼台散漫入鲁南运道及各个湖泊，运道大淤，黄淮合流段的淤积日益严重，下游河道不断淤高。同时，河口迅速延伸。

到了元代，人们治理黄河的技术较前代有所不同，元代贾鲁治理黄河时采取的是"疏塞并举"的方针，即疏南河，塞北河，使复故道。

贾鲁挽河使其向南流，大致上是循1194年"灌封丘而东"的旧道，而把白茅，即黄陵冈附近至归德府哈只口90余千米作为施工的重点，使黄河合于归德故道，由徐州入泗，至清口会淮而东入于海。

在"疏"这一方面，贾鲁取得了一定的成效，但

漕运 是中国历史上一项重要的经济制度，是利用水道调运粮食的一种专业运输。是古代历代封建王朝将征自田赋的部分粮食，经水路解往京师或其他指定地点的运输方式。水路不通处辅以陆运，多用山路或人畜驮运，故合称"转漕"或"漕辇"。

■ 黄河沿岸风光

工部 古代中央官署名，为掌管营造工程事项的机关，六部之一，长官为工部尚书，曾称"冬官""大司空"等。汉代有民曹，西晋以后置田曹掌屯田，又有起部掌工程，水部掌航政及水利。隋代始设立工部，掌管各项工程、工匠、屯田、水利、交通等政令。清代工部是管理全国工程事务的机关。

他堙塞北河后不久，从1354年至1356年，连续5次河决入单州、济州、东平、东阿，向北突入清河。当时贾鲁如保留北河，以收分杀水势之效，这几次河决还是可以避免的。

贾鲁的同伴欧阳玄所写的《至正河防记》，详细而全面地叙述了筑堤、修埽、开渠等方法，这一著作也是中国古代第一本系统的水利工程著作。

明代以后，随着社会经济发展和黄河决溢灾害加重，朝廷更为重视治河，治河机构逐渐完备。明代治河，以工部为主管，总理河道直接负责，以后总理河道又加上提督军务职衔，可以直接指挥军队。沿河各省巡抚以下地方官吏，也都负有治河职责，逐步加强了下游河务的统一管理。

明代嘉靖、万历年间，潘季驯四任总河，前后10余年间，在领导治理黄河的实践中，创立了"塞旁决以挽正流""筑堤束水，以水攻沙"的理论。

■ 河防治理图

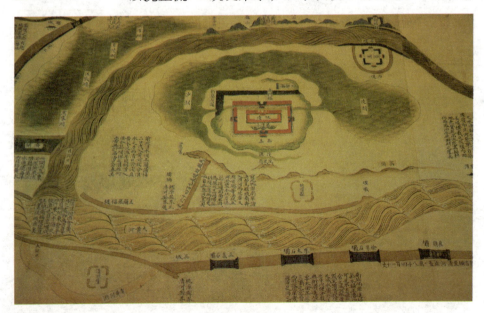

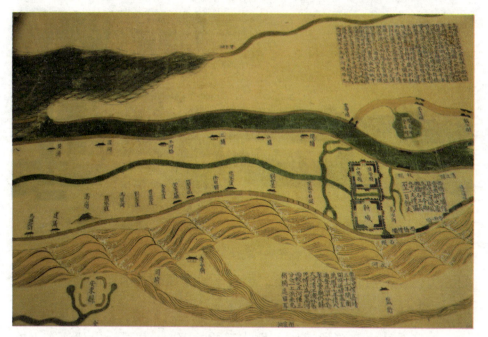

■ 河防治理图

潘季驯进一步发挥了张戎所提出的水流快自能刮除淤积的见解，强调合流以增强冲刷力量，从而达到"束水攻沙，以水治水"的目的。

潘季驯的办法主要是筑堤。堤分缕堤、月堤、遥堤、格堤4种。缕堤近河，用以约束水流，意在束水攻沙；缕堤以内又筑月堤，作为前卫，以免水流直冲缕堤，起保护缕堤的作用；缕堤之外，另筑遥堤，作为第二道防线；遥堤和缕堤之间又筑格堤，即横堤，万一缕堤发生事故，横流遇格而止，防止水流顺遥堤而下，另成河道。

潘季驯还在沿河低洼的地方，建造减水石坝，相当于现在的溢洪堰，使洪水涨到一定的高度时，通过减水坝适当宣泄到分洪区，以杀水势。潘季驯还制定了缜密的防堤制度和修守方法。

潘季驯所创造的这一套"束水攻沙，以水治水"

潘季驯（1521—1595），明代治理黄河的水利专家，世界水利泰斗。他一生中，4次治河，历时近10年，一次又一次的治黄实践，使他从一个对黄河和河工技术一无所知的人，逐步磨炼成一位治河专家，被誉为"千古治黄第一人"。

蒲津浮桥遗址

的方法，合乎当时的实际需要，也合乎科学原理，因而取得了一定的成就。

黄河上最为著名的浮桥，是公元前257年，秦国为出征河东，在山西永济用竹索和木船建造的蒲津浮桥。该桥为"曲浮桥"，历尽沧桑，经过多次修固，一直沿用近千年之久。

724年，唐玄宗将此桥"以铁代竹"，两岸各铸4个几十吨重的铁牛锚住铁链，每牛有一铁人做驱策模样，以锚定约360米长的浮桥。

明穆宗隆庆年间，因黄河改道，西边的铁牛沉入河底，东边的铁牛也于清末被淤埋失踪。这一具有1200多年历史的珍贵文物经探测开挖出土，有关专家研究认为，蒲津浮桥的建桥技术和冶炼艺术，是中国乃至世界古代桥梁史上的一大奇迹。

浮桥具有架设简便、成桥迅速的优点，使之普遍被用于军事。千百年来，黄河及其支流上建过的浮桥难计其数。

明朝洪武初年，在今兰州西北建成了镇远黄河浮桥。这座浮桥一直是镇守河西走廊、连通西凉的重要枢纽。由此可见，黄河浮桥在历代政治、军事格局中的重要地位。

到了清代，朝廷也毫不松懈对黄河的治理工作。清代设有河道总督一职，河道总督的权限很大，直接受命于朝廷。

清代靳辅治河10余年，大体上沿袭潘季驯"筑堤束水，以水攻沙"的遗策，而比潘季驯有所发展。如潘季驯认为黄河入海口因潮汐往来，"无可浚之理"，靳辅在他的治河第一疏中却说："治水者必先从下流治起；下流疏通，则上流自不饱胀。"

靳辅在黄淮入海水道的清江浦、云梯关之间挑"川字河"，以浚淤筑堤。并在云梯关外筑束水堤，堤土也是从河里挑出的，把浚口、筑堤二者统一起来。他还把施工范围，扩展到潘季驯所没有达到的黄河中游河南境内，并在考城、仪封及封丘县荆隆口筑堤，治河的成效远过于潘季驯。

当时协助靳辅治河的陈潢，在实践中认识到在黄河下游束水攻沙只是治标，提出了必须从上游设法阻止泥沙的下行，但他的这一卓越见解没有被当时的人们所重视。

古代人民治理黄河虽然有许多创造，也积累了不少经验，并对下游平原地区的农业生产起了一定的保障作用。但是，在当时治河经验的成熟和效果都受到了极大的限制。

阅读链接

1855年，黄河在铜瓦厢决口后，数股漫流，其中一支出东明北经濮阳、范县，至章丘穿运入大清河，于利津牡蛎嘴入海，逐渐形成了后来的黄河河道。

黄河决口经过了约20年的漫流期，清朝廷才劝谕各州县自筹经费，在新河两岸顺河修堤，以防漫淹。1875年，正式开始修官堤，历时10年，新河堤防才陆续建立起来。

纵观治理黄河的历史，所谓"治河"只局限于黄河下游，而且主要是被动地防御洪灾。但是，悠久的治河历史，留下了浩繁的文献典籍，为世界上其他河流所罕见，是见证中华民族文明发展的一份珍贵的遗产。

大迁徙把黄河文化传播各地

黄河中下游平原是中华民族的发源地。从秦汉时期开始，中国人口就由黄河中下游平原向四周扩散，重点是向长江流域和珠江流域扩散。中国人口地区分布的中心首次由黄河流域移到了长江流域。

人口迁徙场景

■ 移民泥塑

两宋时期，北民的进一步南迁，南方经济在中国经济中的地位，已经超过了北方，对朝廷的财政收入起着重要作用，表明中国古代经济重心南移的进程最终完成。

滔滔黄河给流域内的居民带来繁荣富庶的同时，也给百姓带来过无数次的灾难。但是，黄河的泛滥也推进了另一壮观的现象，那就是人口大迁徙。

黄河流域的人口两次大迁徙，促进了各民族文化的发展和融合，同时也使中国人口分布趋于平衡，经济进一步协调发展。

第一次大规模的人口大迁徙是走西口。

走西口的现象大约是从明代中期开始，规模最大时出现于明末清初，一直持续到清朝末年。这个时期走西口的人口数量最大，前后经历了大约300年。

走西口的主要是山西人，陕西、河北也有一些居

西口 即杀虎口，是雁北外长城最重要的关隘之一。位于晋北与内蒙古的边缘，是内蒙古南下山西中部或下太行山所必经的地段，自古便是南北重要通道，至今大同至呼和浩特的公路，仍经由此地；况且杀虎口东依塘子山，西傍大堡山，在两山夹峙之中，有苍头河纵贯南北，形成约有1.5千米宽的河谷开阔地。

民涌入走西口的大潮。在当时，山西人很贫穷，其穷困的原因是山西的自然条件较为恶劣。

清朝时山西一个读书人，在谈到山西时曾痛心疾首地说：

无平地沃土之饶，无水泉灌溉之益，无舟车渔米之利，乡民唯以垦种上岭下坂，汗牛痛仆，仰天续命。

"汗牛痛仆"的意思就是说牛已经累得浑身大汗了，主人仍要使劲抽赶。

在传统社会中，耕牛对于农民来说，不仅是家里最值钱的家当，还是他们劳作的伙伴。不到万不得已，不会这样拼命使唤。但是，即使拼命地干，田里产出的粮食仍不够糊口。

山西不但土地贫瘠，而且自然灾害频繁。在清朝300多年的时间里，山西全省的灾害就达100多次，平均3年一次，其中最长的一次旱灾长达11年。

据官方统计，死于这

票号 山西商人资本中的货币经营资本形式中最著名的一种。票号又叫"票庄"或"汇兑庄"，是一种专门经营汇兑业务的金融机构。关于票号的产生，说法不一，多数学者认为，是在清代产生的。主要原因是由于社会商品经济的发展对货币金融提出了新的要求，运现已不适应货币交割需要。

160

■ 杀虎口

■ 杀虎口遗址

次灾荒的山西人超过了300万。与其眼睁睁挨饿坐以待毙，不如走出去，也许能闯出一条活路。于是便有了山西人走西口。

山西人不去其他地方，而是选择走西口，有其历史原因。当时，这一带来往的客商很多，最终促进了这个地方一度的商业繁荣。

一部分人走西口，就是为了适应这种要求，到口外发展商业，发展贸易，以至于后来票号建立。所以，西口之外的异地他乡，反倒成了晋商的发祥地。

西口特指山西右玉县与内蒙古交界处的杀虎口，明朝时称"杀胡口"，清代改名为"杀虎口"，并沿用至今。因为杀虎口位于长城的另一要塞张家口以西，所以就有了"东有张家口，西有杀虎口"的说法。

山西土地贫瘠，十年九旱，流民到内蒙古河套一带谋生，大都走杀虎口这条路径，方位是由东往西，这也是杀虎口成为"西口"的一个重要依据。当然，

长城 中国古代在不同时期为抵御塞北游牧部落联盟侵袭而修筑的规模浩大的军事工程的统称。长城东西绵延上万华里，因此又称作"万里长城"。长城建筑于春秋战国时代，现存的长城遗迹主要是明长城，总长为8800多千米。长城是中国古代劳动人民创造的伟大奇迹，被列为中古世界七大奇迹之一。

"西口"亦有广义的理解，它泛指通往塞外草原的长城诸关卡要隘，此种观点似乎更为民间所认同。

西口还有旱西口、水西口之分。杀虎口等长城关隘是旱西口，而地处晋陕内蒙古交汇处的山西河曲，是走西口的水路码头，故称"水西口"，河曲至今仍保留着"西口古渡"这一历史遗迹。

走西口的路上充满了血泪与艰辛。山西人在民歌里凄惨地唱道："自古那个黄河向东流，什么人留下个走西口？"

这无疑是当年走西口人们的哀怨心声。他们为了谋生，不得不背井离乡，泪别父母妻儿，远走异地过着孤苦艰辛的日子，更有留在家乡的父母妻儿，难免心中充满悲伤。

当时，因走西口在内蒙古定居的河曲人就达20万之多。就这样，一代又一代的山西人走西口，走出了一部苦难史，也走出了一批历经磨炼而精明强干的晋商来。

如乔家大院的主人，在鼎盛时期一度垄断了包头的一切贸易经营活动。而乔家由寒酸贫困通往大财大富的发展道路，就是由先祖乔贵发走西口开始的。

辛酸的闯荡过程，生死贫富不同的结局，写就了黄河人放下一切走西口的历史，也写下了黄河儿女对命运不屈不挠的勇敢抗争。

另一次规划庞大的人口大迁徙，便是闯关东。

关东是指以吉林、辽宁、黑龙江等地为主的东北地区，因这一地区处在山海关以东，故名"关东"。

清代前期东北三省是设禁的，前往关东要"闯"，因为那是越轨犯禁的行为。"闯关东"的流民，以山东、河北、河南、山西和陕西人为多，又以山东人为最。

"闯关东"被世人视为"人类有史以来最大的人口移动之一"，是"全部近代史上一件空前的壮举"。"闯关东"浪潮持续了数百年，是有其深刻的历史渊源的。

乔家大院 位于山西省祁县乔家堡村，又名"在中堂"，是清代著名的商业金融资本家乔致庸的宅第。始建于清代乾隆年间，以后曾有两次增修，一次扩建，经过几代人的不断努力，建成一座宏伟的建筑群体，并集中体现了清代北方民居的独特风格。

163

历史新篇

再创辉煌

■ 闯关东雕塑

■ 闯关东雕塑

　　"安土重迁"是中国农民的特性，山东作为孔孟之乡，这种特性更是根深蒂固。可是山东人不顾一切"闯关东"之举，原因有很多，其中主要有两点。

　　一是人口压力。山东地少人稠，人满为患，自清代中叶以来日渐严重，"农村人口过剩，不待凶年，遂有离乡觅食，漂流各处，山东地狭民稠，其例尤著"。

　　山东农民经营着面积过小、分割过多的土地，为促进农民离村的根本原因之一。显然，"人口压力流动律"在山东农民"闯关东"流向中发挥着持久的作用。

　　二是天灾人祸。铜瓦厢以上的河道因溯源冲刷，河床下降。在黄河改道初期，黄河决溢多发生在山东境内。

　　据统计，山东在清代268年历史中，曾出现旱灾233次，涝灾24次，黄河、运河洪灾127次，潮灾45次。除仅有两年无灾外，每年都有程度不等的水旱灾害。这种灾害的多发性和严重性令人震惊。

而关东，地广人稀，沃野千里，对流民来说，具有强大的吸引力。且关东、山东比邻，或徒步，或泛海，均极便利，"闯关东"自然是山东流民的首选。

1860年，山海关的大门敞开了，流民如怒潮一般涌到关东。他们通过海路、陆路，经历了千辛万苦，来到关东，垦荒种地。

据资料记载，当时77%的流民流向关东后志在农业。流民大量流向关东，推动了关东地区工商业的发展和城市化进程，也把先进的黄河文化带到了关东。

随着关东的开放，工商业也发展起来，城市化进程加快，流民无论是务工还是经商，都比较容易谋到维生的职业，这对流民同样具有吸引力。

"东三省，钱没腰"，这句广为流传的口头禅，

■ 闯关东雕塑

使人相信关东有着无限的谋生机遇。只要有"闯"的精神，不愁没有碗饭吃。

"闯关东"之风由来已久，这种"由来已久"，使"闯关东"逐渐演变成为具有"山东特色"的地区文化传统。

流民如潮水般涌向关东，无论他们务农、务工、经商，还是伐木筑路，都为关东的开发做出了不可磨灭的贡献。

关东地广人稀，"闯关东"浪潮不仅使关东地区"人稀"的面貌得到改观，与全国人口分布趋于平衡，而且肥沃的黑土地得到开发，耕地面积处于不断增长之中。

工商业的发展和城市化进程的加快，反过来成为吸引流民的条件，互为因果的关系是显而易见的。"闯关东"浪潮，有力地促进了民族间的文化交流与融合。这样，一种脱胎于中原文化和关东文化的新型区域文化——新型关东文化逐渐形成。

欣逢盛世，走西口、闯关东的历史已经一去不复返了，但走西口、闯关东的文化内涵却传承了下来，那就是不屈不挠、艰苦创业的民族精神，是激励后人奋发图强的一笔宝贵的精神财富。

阅读链接

过去，在胶东有些地区，几乎村村、家家都有"闯关东"的人，甚至村里青年人不去关东闯一闯就被乡人视为没出息。"闯关东"作为一种社会生活习俗而被广泛接受，这不能不说是一种文化现象了。

"闯关东"持久而普遍，意味着血缘、地缘关系的延伸和社会关系的扩大。

关东是山东人的第二故乡，那里有他们的父老乡亲。一旦生活发生困难或遭遇天灾人祸，山东人便首先想到"闯关东"，投亲觅友，以求接济。

中华巨龙

长江文明与历史渊源

壮丽山川

长江是亚洲第一大河，世界第三大河，已有1.8亿年历史。长江和黄河并称为中华民族的"母亲河"。长江文化是中华文化的重要链条，也是中华民族长江文明与精神的源头。

长江发源于青藏高原唐古拉山主峰各拉丹冬雪山，途中流经三级阶梯，自西向东，长江支流众多，长江流域东西宽约3219千米，南北宽约966千米，流经11个省、自治区、直辖市，最后在上海注入东海。长江全长6397千米，具有极为丰富的自然资源和水资源。

青黄二龙大战魍魉造长江

传说有一年，人间大旱，山神土地们纷纷告急天界。如来佛祖知道青龙、黄龙两条孪生龙深谙人间世道，便差遣它们来到人间，为人间除害。

长江源头

■ 唐古拉雪山

　　青黄二龙来到人间，经过仔细查探得知，又是住在东海之滨的作恶多端的"魍魉"二妖在人间作怪。这两个妖精让它们的魔子魔孙分散到人间，到处放火，又施法术让每个人心里藏一种"疠火"，使人们互相作恶，搅乱了人间世界。

　　青黄二龙看到人间如此情景，痛心不已，决心替人间除去恶魔，重整人间正道。于是，他们化装成两个出家人，以治疗邪病为名，以祛除人们心中的恶念之疾。

　　由于受"魍魉"的毒害，当时的人普遍患了一种叫"魇"的病，只有暗算别人或做一些损人利己的事，才能暂时缓解这种病痛带来的巨大痛苦。

　　化装成和尚的青黄二龙，先让人们服用一些朱砂、珍珠和海藻，教人们念驱除"疠火"的咒诀。经过这样的调治，很多人很快就恢复了善良的本性，解

如来佛　释迦牟尼佛，即如来佛祖，原名悉达多·乔达摩，佛教创始人。成佛后被称为"释迦牟尼"，尊称为"佛陀"，意思是大彻大悟的人。民间信徒称他为"佛祖"。本是古印度迦毗罗卫国的太子，是释迦族人，属刹帝利种姓。

除了心疾之痛。

有关出家人给人治病的事情 一传十，十传百，人们奔走相告。3个月以后，成千上万的人开始重新过上了正常人的生活，人们纷纷传说人间来了两位活神仙。

居住在东海之滨的"魑魅"，听说有人破了它们的法术，便派手下两员得力的干将鳄鱼精和蛤蟆精前来人间探听虚实。

蛤蟆精狡诈且诡计多端，它说服头脑简单而又凶悍的鳄鱼精，扮成两个前去疗疾的病人，混在人群里，来到两个和尚居住的地方。

已有千年道行的蛤蟆精在山头远远望去，它看到一片树荫下，两位和尚头上放出青黄两道光，直通太虚仙境。蛤蟆精知道对方来头不小，便心生一计。

它告诉鳄鱼精，这是两个小毛神，不必放在心上。它让鳄鱼精先坐在地上歇息，它一个人去就可以手到擒来，把两个小毛神抓回去见主子。

鳄鱼精听后大怒道："这便宜不叫你蛤蟆精一个人占了吗？"说

秀丽如画的江河湖泊

长江源头

■ 长江源头纪念碑

着，它便现了原神，张开铡刀般大嘴直扑两位和尚。

　　两位和尚早知是两个妖精来了，坐在那里不动声色。他们见鳄鱼精现出原形直扑过来，其中一位手中打出一个弹子大小的龙珠，对准鳄鱼精，只一下便把它打翻在地。

　　鳄鱼精见势不妙，正要翻身逃跑，另一位和尚把手一翻，便把它抓了个脑浆迸裂。蛤蟆精却趁此机会驾一阵风急忙跑回东海之滨，告诉"魍魉"那两位和尚是青黄二龙。

　　"魍魉"听后大怒，亲自点魔兵5万前来挑战。青黄二龙先让人们隐藏起来，然后驾云布阵，在空中迎战"魍魉"。青黄二龙各施法力，与魔兵大战了七天七夜。"魍魉"二妖眼见自己的魔兵越来越少，又

魍魉 古代传说中的山川精怪。一说为疫神，传说颛顼之子所化。严格地说，是"山精"，是"木石之怪"的总称呼。还有一说，魍魉是颛顼的二儿子，这个儿子死得很早，冤魂不散，所以化作魍魉到处为害。

商量了一个歹毒的主意。

"魍魉"二妖各施魔法，召集所有死心塌地跟随它们的人，由自己驾驭，分南北排成两条长蛇阵。从远处望去，妖雾缭绕，像盘踞在大地上的两条喷火的滚滚巨龙，缓缓向中间挤来。巨龙所过之处，万物皆为焦土，二妖决心把青黄二龙和挣脱它控制的人一齐灭掉。

青黄二龙已经和魔兵苦战了几天几夜，身疲力竭。当他们看到"魍魉"妄图毁掉自己救出的人时，便下定决心保护他们。

于是，他们不顾安危，化成青黄两条冰凉的大河，分别迎着两条火龙而去。当它们与"火龙"接触时，死心塌地跟随"魍魉"的人与魔子魔孙纷纷被巨大的漩涡卷入河中。

又经过了三天三夜，青黄二龙终于把两条"火龙"赶出数千米之外。青黄二龙用他们巨大的身躯，渐渐地把"火龙"压在身体之下。

最后，两条龙伤了元气，渐渐嵌入地下，形成了两条长达数千千米的大河。后来，人们为了纪念青黄二龙，就把两条河流分别取名为"长江"与"黄河"。

直至后来，长江和黄河两岸的炎黄子孙，仍靠两条大江大河养育，生生不息地繁衍着。

阅读链接

在中国古代文献中，常用"江"来特指长江。东晋王羲之和孙绰是较早用"长江"之名的。在《晋书·王羲之传》中，王羲之写信给殷浩说："今军破于外，资竭于内，保淮之志非复所及，莫过还保长江！"这段话的意思是，现在敌军在外部进攻，而内部的军资已经用尽。保淮河流域的设想已经不能再实现了，还不如退回去保住长江流域。

在《晋书·孙绰传》中，孙绰上疏道："天祚未革，中宗龙飞，非唯信顺协于天人而已，实赖万里长江画而守之耳。"

造山运动造就万里长江

青黄二龙大战"魍魉"造长江的故事只是一个神话传说，长江真正起源于地球三叠纪末期的一次造山运动。

长江的历史源远流长，沿程贯穿着若干不同线系的山地和不同时代的构造盆地，它的形成与发育历史以及地质构成都十分复杂。

造山运动遗迹

造山运动形成山川

早在远古时代，长江流域的绝大部分都被海水淹没。在2亿年前的三叠纪时，长江流域大部分仍被古地中海，即特提斯海所占据。

在当时，西藏、青海部分、云南西部和中部、贵州西部都是茫茫的大海。湖北西部是古地中海向东突出的一片广阔的海湾，海湾一直延伸到后来的长江三峡中部。长江中下游的南半部也浸没在海底，中下游的北部和华北、西北亚欧古陆的东部，地势较高。

发生在 2.05亿年前三叠纪末期的印支造山运动，促使了古长江的形成。那时，地球上开始出现了昆仑山、可可西里山、巴颜喀拉山、横断山脉，秦岭突起，长江中游南半部隆起成为陆地，云贵高原开始呈现。在横断山脉、秦岭和云贵高原之间，形成断陷盆地和槽状凹地。

这一时期，云梦泽、西昌湖、滇湖等相互串联，从东向西，经云南西部的南涧海峡，流入地中海，与后来的长江流向相反，这便是古长江的雏形。

在1.42亿年前的侏罗纪时期，发生了一次造山运动。这次运动使得长江上游形成了唐古拉山脉。此时，青藏高原缓缓抬高，形成许多高山深谷、洼地和裂谷。

当时，长江中下游的大别山和川鄂间巫山等山脉开始隆起，四川

176
秀丽如画的江河湖泊

盆地开始凹陷，古地中海进一步向西部退缩。直到距今1亿年前的白垩纪时期，四川盆地才缓慢上升。由于夷平作用的不断发展，云梦盆地和洞庭盆地又继续下沉。

大约在4000万年至3000万年前的始新世，地壳又发生了强烈的喜马拉雅山运动。伴随着这次强烈的地质运动，青藏高原隆起，古地中海消失，长江流域普遍间歇上升。其上升程度，东部和缓，西部急剧。金沙江两岸高山突起，青藏高原和云贵高原显著抬升，同时形成了一些断陷盆地。

在长江的上游有一条江，沿江盛产沙金，因为江中出现大量淘金人而称"金沙江"。金沙江的主要支流是流域面积超过10万平方千米的雅砻江，此外还有左岸的松麦河、水落河和右岸的普渡河、牛栏江、横江5条流域面积在1万平方千米以上的支流。

■ 金沙江第一湾

关于金沙江还有一个美丽的传说呢。传说金沙江是一位聪明善良、美丽动人、追求理想的姑娘。姑娘的父亲是天神雷公，母亲是马头山姆。她的母亲怀胎9999年后，她才出世，她由月亮洗过后，就开始走自己的前程。

当金沙江走到纳西族居住地时，人们给她取名为"依丙"，从此她和纳西族结下了不解之缘。后来，她要去东边的大海找妈妈。

就在她即将到达石鼓的时候，她被凶恶的石岩挡住，她一次次地猛推，石岩阻挡她，汹涌的水流便淹没了田园村落。她不忍心，便一口将洪水吸干，解救了身陷水患的人们。

天上的主神天帝见金沙江如此善良，就派一员大将把石岩射开，劈开一条道路，金沙江才离去。她走的时候依依不舍，一步三回头，过了3339年后又返回来，这段江河便形成了曲曲弯弯的河道。

传说终归是传说，大自然的鬼斧神工却是真实的存在。在河流的强烈下切作用下，大地上出现了许多深邃险峻的峡谷，原来自北往南流的水系相互归并，折向东流。

奔腾的金沙江

长江中下游上升幅度较小，形成中低山和丘陵，低凹地带下沉为平原，如两湖平原、南襄平原、都阳平原和苏皖平原等。到了300万年前时，喜马拉雅山强烈隆起，才使得长江流域西部进一步抬高。

说起喜马拉雅山，要从20亿年前说起。当时的喜马拉雅山脉地区还是一片汪洋大海，称"古地中海"，它经历了整个漫长的地质时期，一直持续到3000万年前的新生代新第三纪末期。

到了新第三纪末期，地壳发生了一次强烈的造山运动，在地质上称为"喜马拉雅运动"，使这一地区逐渐隆起，形成了大地上最雄伟的山脉。但是，喜马拉雅的构造运动尚未结束，在第四纪冰期之后，它又升高了1300米至1500米，而且在漫长的岁月中，它还一直在缓缓地上升。

喜马拉雅山脉是从阿尔卑斯山脉到东南亚山脉，这一连串欧亚大陆山脉的组成部分，所有这些山脉都是在过去6500万年间，由地壳造成巨大隆起的环球板块构造力形成的。在侏罗纪时期，一条深深的地槽特提斯洋与整个欧亚大陆的南缘交界了，古老的贡德瓦纳超级大陆

■ 清澈的金沙江

京杭大运河 是中国，也是世界最长的古代运河。北起北京，南至杭州，流经天津、河北、山东、江苏和浙江，沟通海河、黄河、淮河、长江和钱塘江五大水系，全长1794千米。京杭大运河对中国南北地区的经济、文化发展与交流，特别是对沿岸地区工农业经济的发展均起到了推动作用。

开始解体。

在其后的3000万年间，由于特提斯洋海底被向前猛冲的印澳板块推动起来，它的较浅部分逐渐干涸，于是形成了西藏高原。在高原的南缘，外喜马拉雅山脉成为这一地区的首要分水岭，并成为一个天然屏障，水流才得以在此汇聚。

后来，又经过了若干世纪，从湖北伸向盆地的古长江溯源侵蚀作用加快，切穿了巫山，使东西古长江贯通一气，江水浩浩荡荡，注入东海，长江最终形成，并成为中国的第一大河。

长江水系分为上、中、下游3段。长江在湖北宜昌以上为上游，包括沱沱河水系、通天河水系、金沙江水系和川江水系等。

中游自宜昌至鄱阳湖湖口，包括清江、洞庭湖水系、汉江、鄂东诸河等支流，曲流发达，多湖泊，其中以鄱阳湖和洞庭湖两湖最大。

下游自鄱阳湖湖口至长江口，包括鄱阳湖水系、皖河、巢湖水系、青弋江、水阳江、滁河、淮河入江水道以及太湖水系等支流，江宽，江口有冲积而成的崇明岛。长江下游水道更宽，水深更深，下游所流经的地方有"鱼米之乡"的美称，并可通航5000吨级以下船只。

长江流域是中国人口密集、经济繁荣的地区，沿江重要城市有重庆、武汉、南京和上海等。长江在四川奉节以下至湖北宜昌为雄伟险峻的三峡江段。

长江是中国水能和资源最富集的河流，长江干流通航里程达2800多千米，素有"黄金水道"之称。长江年平均入海水量约9600多亿立方米。

长江流经西藏、四川、重庆、云南、湖北、湖南、江西、安徽、江苏等地，在江苏镇江同京杭大运河交汇，在上海注入东海。

阅读链接

关于金沙江还有一个美丽的传说。传说远古造山运动时期，珠穆朗玛崛起成了万山之王，王城就在神州西方。王妃唐古拉山有个女儿叫金沙江。

一天，金沙江偷偷乘夜出行，却误入滇西。她只好来到玉龙雪山和哈巴雪山镇守的王城边关。因有王命，不能随便入关，待到夜深时，哈巴雪山对金沙江说："姑娘，你走吧！趁着美丽的夜色。"

于是，金沙江告别哈巴雪山，冲出百里长峡。哈巴雪山自知罪责难逃，便自刎在江边。

后来，珠穆朗玛和唐古拉王妃听说这件事后非常悲伤，立即派人带着嫁妆赶去四川，在宜宾和江南为女儿金沙江操办了婚事，从此以后金沙江就叫"长江"了。

源于唐古拉山脉的大河

　　在美丽的青藏高原，有一处奇特的山峰各拉丹冬雪山，这里景观奇特壮观。山上是冰雪的世界，到处银装素裹。山下草原上盛开着五颜六色的野花，姹紫嫣红，草原上点缀着成群的牛羊。这里就是绵延万里的长江发源地，也是中国最具特色的冰川雪山之一。

　　各拉丹冬位于唐古拉山中段，藏语意为"高高尖尖的山峰"，海

沱沱河景区

唐古拉山脉

拔约6600米，是唐古拉山脉的主峰。各拉丹冬突耸于青海省西南部青藏边境，系由一大片南北长达50余千米，东西宽30余千米，攒聚约50余条巨龙般之山岳冰川群所组成。

长江上游河段西起青藏高原各拉丹东，东至湖北宜昌，全长4511千米。该段干支流流域覆盖面积宽广，包含青藏高原，东至湖北宜昌，北到陕西南部，南至云南以及贵州北部的广大地区。

长江自江源各拉丹冬峰西南侧的姜根迪如南支冰川开始，冰川融水与尕恰迪如岗雪山东南一交融水相汇合，称"纳钦曲"。往北穿过古冰川槽谷，出唐古拉山区与切苏美曲汇合后，称为"沱沱河"。

沱沱河便是长江的上源，出自青海的唐古拉山脉各拉丹冬雪山，经当曲以后称为"通天河"。南流到玉树县巴塘河口以下至四川宜宾这一段称为"金沙江"，宜宾以下始称"长江"。

沱沱河河谷开阔，岔流发育呈辫状，北流至祖尔肯乌拉山区，折转东流，旁蚀发展，宽浅多汊，变化不定，为典型的宽谷游荡型河流。至囊极巴陇附近，当曲从右岸汇入后，始称"通天河"。

■ 奔流的通天河

通天河向东南流，河床逐渐束窄，两岸山岭相对高差可达500米左右，河谷呈宽"V"字形。登艾龙曲口以下入峡谷区，河槽归一，水深增加。至青海直门达，长江干流沱沱河和通天河全长1100余千米。其中沱沱河长350多千米，落差近2000米。

江源西部地区，人迹罕至，有"无人区"之称。东部人口稍多，居民主要为藏族，从事畜牧业，玉树附近始有农业和林业。

直门达以下江段称为"金沙江"，南流至云南丽江石鼓，为金沙江上段，长950余千米。本段为典型的深谷河段，相对高差可达2500米以上，除局部河段为宽谷外，大部分为峡谷。两岸人烟稀少，矿产资源有铜、铁、云母、石棉、金等，大部分未开发。

石鼓至四川宜宾为金沙江下段，横跨川滇两地，全长1300多千米，落差1500米。南流金沙江过石鼓后，急转弯流向东北，形成了"长江第一弯"，南北

藏族 中国56个民族中的一个，主要聚居在西藏自治区以及青海、甘肃、四川、云南等处，有自己的语言和文字。藏语属汉藏语系藏缅语族藏语支，分卫藏、康巴、安多3种方言。现藏文是7世纪初根据古梵文和西域文字制定的拼音文字。

两岸为海拔5000多米的玉龙雪山和哈巴雪山。

然后，金沙江穿过举世闻名的虎跳峡大峡谷。虎跳峡大峡谷峰谷高差达3000多米，峡谷全长近20千米，落差200多米，是金沙江落差最集中的河段。水落河口以下，又掉头向南流到金沙江，后再折转向东。这里两岸山岭稍低，河谷有所展宽，但峰谷之间高差仍达1000米左右。

四川西部是山的世界，大部分地区是崇山峻岭，悬崖峭壁。雅砻江就发育在这块奇异的土地上。

雅砻江干流总长约1500千米，在尼坎多以下流入四川后，基本是向南流，在连绵不断的峡谷中咆哮、怒吼着，以势不可当的气概，向南穿过以黄金产地闻名的新龙县。

然后，它又飞过海拔约7600米高的贡嘎山后，来到盛产良木的木里县白碉附近，环绕着锦屏山绕了个100多度的大急弯，形成著名的雅砻江大河湾。

雅砻江流域内地形异常复杂，上游地面为波状起伏的浑圆山丘及

■ 雅砻江江湾

秀丽如画的江河湖泊

缓坡，河谷多为草原宽谷。在这里，江水较为平缓。在宽浅的河谷中悠悠缓行，江水清澈见底，在阳光的照耀下泛出五彩光斑。

它的北岸是海拔4000米以上的石渠、色达、若尔盖丘状高原，呈现"天苍苍，野茫茫，风吹草低见牛羊"的草原景观。

但进入雅砻江中游，地形切割越来越深，河谷越来越窄，江水也如飞箭离弦，狂奔乱跳，特别是在雅江以下，峭岩深谷紧密相间，峰顶谷底高差达两三千米，大有"黄鹤之飞尚不得过，猿猱欲度愁攀援"之势。

江中，险滩连绵，礁石林立，浪花飞溅，涛声如雷。真可谓"飞湍瀑流争喧豗，砯崖转石万壑雷"。过了盐源金河，雅砻江岸坡才较为平缓，江面也逐渐开阔起来。

长江自宜宾至宜昌这一河段，通称"川江"，流经四川与湖北，全长1000多千米。这一河段有岷江、沱江、嘉陵江、乌江四大支流汇入。

奉节至宜昌200多千米的河段，就是峰峦叠嶂、雄伟壮丽的长江三峡。关于三峡的巫山十二峰，还有一个美丽的传说。

传说在很久以前，瑶池宫里住着西天王母的第二十三个女儿，名为瑶姬。她在紫清阙里，向三元仙君学得了变化无穷的仙术，被封为云华夫人，专司教导仙童玉女之职。

瑶姬生性好动，耐不住仙宫里的寂寞生活。终于有一天，她带着侍从悄悄地离开了仙宫，遨游东海。但是，当她看见大海的暴风狂涛，给人间造成严重的灾难时，便出东海腾云西去。

一路上，仙女们飞越千峰万岭，阅尽人间奇景，好不欢快。岂料来到云雨茫茫的巫山上空，却见12条蛟龙正在兴风作浪，危害人民。

瑶姬大怒，她决心替人间除龙消灾。于是，按下云头，用手轻轻一指，但闻惊雷滚滚，地动山摇。

待到风平浪静，12条蛟龙的尸体已化作12座大

■ 腾冲龙川江

山，堵住了巫峡，壅塞了长江，使得滔滔江水，漫向田园、城郭，四川一带变成了一片汪洋大海。

为了治理水患，治水英雄大禹立刻从黄河赶到长江。然而，山势这般高，水势这般急，采用开山疏水之法，谈何容易？

瑶姬被大禹百折不挠的精神深深感动。正当大禹焦急万分的时候，她唤来黄摩、童津等6位侍臣，施展仙术，助大禹疏导了三峡水道，让洪水畅通东海。从此以后，长江三峡才真正贯通起来。

大禹得知神女暗中相助，便登上巫山，找瑶姬致谢。大禹来到山上，只见眼前有一块亭亭玉立的青石，并无神女。

正在他疑惑不解之时，青石化为一缕青烟，袅袅升起，继而形成团团青云，霏霏细雨，游龙、彩凤、白鹤飞翔于山峦峡谷之间……大禹正在纳闷，美丽动人的瑶姬却出现在他的面前。

瑶姬说："你治水有功，但还要懂得天地间事物变化的道理。"瑶姬边说边取出一部治水用的黄绫宝卷送给大禹。从此以后，长江的水患解除了。

阅读链接

据民间传说，长江的水患虽已治理，但瑶姬并未离去，她仍然屹立在巫山之巅，为行船指点航路，为百姓驱除虎豹，为人间耕云播雨，为治病育种灵芝。

就这样，日复一日，年复一年，瑶姬忘记了西天，也忘记了自己，终于变成了那座令人向往的神女峰。她的侍从也化作一座座山峰，像一块块屏障，一名名卫士，静静地守立在神女的身旁。

神女峰的传说，在巫山地区流传甚广，其说不一，古代巫山百姓为纪念他们心中的"神女"，尊称她为"妙用真人"。人们还在飞凤峰山麓，为她修建了一座凝真观也就是神女庙。据说，在山腰上的一块巨型平台，就是神女向夏禹授书的授书台。

极目长江楚天舒之三峡

伟大的长江被誉为中华民族的"母亲河"，它为世人留下了许许多多独一无二的人文景观。而在众多景观中，举世闻名的要数长江三峡。

长江三峡是瞿塘峡、巫峡和西陵峡3段峡谷的总称。它西起四川奉节白帝城，东到湖北宜昌的南津关，全长204千米。长江三峡是中国十大风景名胜之一，居中国40佳旅游景观之首。

■ 三峡景区内的白帝城

秀丽如画的江河湖泊

■ 瞿塘峡沿岸风光

瞿塘峡为长江三峡之一，西起奉节县白帝山，东迄巫山县大溪镇，总长8千米，是三峡中最短的一段，但最为雄伟险峻。

瞿塘峡以"雄"著称。西端入口处，两岸断崖壁立，高数百米，宽不及百米，形同门户，名为"夔门"，素有"夔门天下雄"之称。左边的名为"赤甲山"，右边的名为"白盐山"，不管天气如何，总是映出一层层或明或暗的银辉。

奔腾咆哮的长江，一进峡谷便遇上气势赫赫的夔门，夔门两岸的山峰，陡峭如壁，拔地而起，把滔滔大江逼成一条细带，蜿蜒于深谷之中。

这里河宽只有一二百米，最窄处不过几十米。两岸主峰却高达1000米至1500米。在这里峡深水急的江流，绵延不断的山峦，构成了一幅极为壮丽的画卷。

在长江的白盐山上，有一块岩壁的颜色和其他地方不同，呈现出粉红色，这里就叫作"粉壁墙"。而

白帝城 位于重庆奉节县瞿塘峡口的长江北岸，奉节东白帝山上，三峡的著名游览胜地。原名"子阳城"，为西汉末年割据蜀地的公孙述所建，公孙述自号白帝，故又称为"白帝城"。白帝城上是观赏"夔门天下雄"的最佳地点。

在粉壁墙上，则有著名的瞿塘摩崖题刻：

夔门天下雄，舰机轻轻过。

一语道出了瞿塘峡特色所在。瞿塘峡的名胜古迹多而集中。峡口的上游有奉节古城、八阵图、鱼复塔。峡内北岸山顶有文物珍藏甚多的白帝城，惊险万状的古栈道，神秘莫测的风箱峡；南岸有历代题字刻满粉壁墙，富于传说的孟良梯、倒吊和尚、盔甲洞、洞幽泉甘的凤凰饮泉等。

在风箱峡下游不远处的南岸，有一座奇形异状的山峰，突起江边，人称"犀牛望月"，栩栩如生。出瞿塘峡，峡口南岸有著名的大溪文化遗址。

巫山县因巫山得名，在巫山有著名的巫峡。巫峡位于重庆巫山和湖北巴东两县境内，西起重庆市巫山县城东面的大宁河口，东迄湖北巴东官渡口，绵延40多千米，包括金盔银甲峡和铁棺峡，峡谷特别幽深曲

八阵图 三国时诸葛亮创设的一种阵法。相传诸葛孔明御敌时以乱石堆成石阵，按遁甲分成生、伤、休、杜、景、死、惊、开八门，变化万端，可挡10万精兵。这个由天、地、风、云、龙、虎、鸟、蛇8种阵势所组成的军事操练和作战的阵图，反映了诸葛亮卓越的军事才能。

■ 奉节古城

■ 巫山风光

折，是长江横切巫山主脉背斜而形成的。

巫山十二峰，分别坐落在巫峡的南北两岸，是巫峡最著名的风景区。它们上干云霄，壁立千仞，下临不测，直插江底；峡中云雾轻盈舒卷，飘荡缭绕，变幻莫测，为它们平添了几分绰约的风姿。而流传后来的种种美丽的神话传说，更增添了奇异浪漫的诗情。

巫峡名胜古迹众多，除有十二峰外，还有陆游古洞、大禹授书台、神女庙遗址、孔明石碑，以及那悬崖绝壁上的夔巫栈道、川鄂边界边域溪及"楚蜀鸿沟"题刻，还有那刻在江岸岩石上的累累纤痕，等等，无不充满诗情画意，历代文人都以他们的生花妙笔，为世人留下了灿若繁星的诗章。

巫峡谷深狭长，日照时短，峡中湿气蒸郁不散，容易成云致雾。云雾千姿百态，有的似飞马走龙，有的擦地蠕动，有的像瀑布一样垂挂绝壁，有时又聚成滔滔云纱。在阳光的照耀下，形成巫峡佛光，因而古人留下了"曾经沧海难为水，除却巫山不是云"的千

栈道 原指沿悬崖峭壁修建的一种道路。古代高楼间架空的通道也称"栈道"。三峡古栈道全长近60千米，包括道路、石桥、铁链、石栏等，高出江面数十米。过去，每至洪水季节，川江便禁航，三峡人民依绝壁一锤一凿，开凿出三峡栈道，这才使三峡的交通得到改善。

古绝句。

长江三峡中最长的峡谷是西陵峡。西陵峡西起秭归县香溪河口，东至宜昌市南津关，全长76千米。因其位于楚之西塞和夷陵的西边，故叫"西陵峡"。

西陵峡自上而下，共分四段，即香溪宽谷、西陵峡上段宽谷、庙南宽谷、西陵峡下段峡谷。沿江有巴东、秭归、宜昌3座城市。

西陵峡可谓大峡套小峡，峡中还有峡，如破水峡、兵书宝剑峡、白狗峡、镇山峡、米仓峡、牛肝马肺峡、灯影峡等。西陵峡两岸有许多著名的溪、泉、石、洞，屈原、昭君、陆羽、白居易、元稹、欧阳修、苏洵、苏轼、苏辙、寇准、陆游等众多的历史名人，都曾在这里留下千古传诵的名篇诗赋。

西陵峡也是三峡最险要处，礁石林立，浪涛汹涌，两岸怪石横陈，以滩多水急著称，如著名的新滩、崆岭滩等。这些险滩，有的是两岸山岩崩落而成，有的是上游沙石冲积所致，有的是岸边伸出的岩

陆游（1125—1210），字务观，号放翁，浙江省绍兴人。南宋著名诗人。少时受家庭爱国思想熏陶，曾在朝中任职，晚年退居家乡。他一生诗歌作品很多，存诗歌9000多首，著有《剑南诗稿》《渭南文集》《南唐书》《老学庵笔记》等。内容极为丰富，表现出他渴望恢复国家统一的强烈爱国热情。

193

大美之江

壮丽山川

■ 西陵峡风光

秀丽如画的江河湖泊

■ 西陵峡风光

脉，有的是江底突起的礁石。滩险处，水流如沸，泡漩翻滚，汹涌激荡，惊险万状。

在西陵峡北的秭归就是屈原的故乡，相邻还有汉代王昭君的故里。

长江三峡是川鄂人民生活的地方，主要居住着汉族和土家族，他们都有许多独特的风俗和习惯。每年农历五月初五的龙舟赛，是楚乡人民为表达对屈原的崇敬而举行的一种祭祀活动。

此外，巴东的背篓世界、土家族的独特婚俗，还有那被称为"鱼类之冠"、神态威武的国宝中华鲟，令无数人对长江三峡心驰神往。

长江三峡的大气兼秀美，让人流连忘返，宜昌三游洞、秭归巴东神农溪、巫山小三峡、奉节白帝城、云阳张飞庙、忠县石宝寨、丰都鬼城、山城重庆、大足石刻等闻名遐迩。

宜昌，古称"夷陵"，是一座古老的城市，位于宜昌西陵峡的三游洞，洞奇景美。山水秀丽，唐代诗

农历 是中国长时期采用的一种传统历法，以朔望的周期来为定月，用置闰的办法使年的平均长度接近太阳回归年，因这种历法安排了二十四节气以指导农业生产活动，所以称为"农历"，又叫"中历""夏历"，俗称"阴历"。

人白居易与其弟白行简同行。路遇诗人元稹，三人同游此洞，饮酒赋诗，并由白居易作《三游洞序》写于壁上。三游洞因此得名。

宋代苏洵、苏轼、苏辙父子三人也游此洞并赋诗于壁上，自此，称白居易三人为"前三游"，苏洵父子三人为"后三游"。

三游洞下临深谷，峭壁百丈，冬暖夏凉，高6米多，深30米，宽20米。洞内景色奇丽，洞壁间有无数小洞，洞中有洞，因此被誉为"仙洞幻境"。

巴东神农溪源于湖北神农架，地处长江以北，流经巴东县境内，在巫峡东口附近注入长江。漂流溪段长约20千米，由鹦鹉峡和龙船峡组成。

沿溪两岸风景奇幽，峡谷幽深，苍翠欲滴。溪流清澈见底，乘"豌豆角"人力小木船快速漂流，惊险刺激。漂流过程中时常见到古栈道、古岩棺、溶洞、

■ 三游洞碑刻

神农溪古庙

七色泉，以及金丝猴、鸳鸯等珍贵动物。

另一处景观便是巫山小三峡。大宁河古称"巫水"，发源于川、鄂、陕交界的大巴山南麓，于巫峡西口注入长江。这里河道蜿蜒，重岩叠嶂，山水奇异，构成独特的大宁河风光。大宁河小三峡由龙门峡、巴雾峡和滴翠峡组成，以山雄、水清、峰秀、滩险、石奇、景美著称，这里虽然不是三峡，却胜似三峡。

滴翠峡是小三峡中的一峡，从双龙至涂家坝，全长20千米，有"幽哉，滴翠峡"之赞。小三峡之美荟萃于此，故有"无限秀美处，最是滴翠峡"之誉。

关于滴翠峡还有一段美丽而动人的传说呢。相传，在很久以前，大昌镇的双龙村上住着一对打柴的老夫妇，膝下只有一子，名叫护峡。每天鸡才叫过头遍，老两口就把儿子喊起上山打柴。

一天早上，在明媚的阳光下，老夫妇脸上露着欢快的神情，笑吟吟地在树林里穿行，总舍不得砍，弄得儿子莫名其妙："爹，娘，你们怎么啦？今天我们不打柴了吗？"

父亲望着儿子，温和地说：“护峡，我们打柴人也要爱树木。是它们给人类香甜的花果，建房的栋梁，还招来了可爱的飞禽走兽，把峡谷打扮得这么美丽，生活在这里多么美好啊！”

父亲又说：“记住，培植一棵树要十年、百年，砍掉一棵树只要一会儿。如果今天砍一棵，明天砍一棵，会把美丽的峡谷砍成光秃秃的黄土坡。我们打柴人，砍的是那些不成材的树。记住，这是老祖宗传下来的规矩。”

小儿子搂着爹的脖子说：“我记住了。”

老夫妇这才拉起儿子，拿了斧头，扛着扁担，向着密林深处走去。他们专砍不成材的树木，把好树全部保留下来。

老夫妇带着儿子每天打柴。日久天长，他们和猴子混熟了，猴子跳下树来帮他们捡柴送柴，给他们摘野果子解渴。经猴子的带引，山中的飞禽走兽都成了他们的朋友。

日子就这样一天天过去，护峡不觉长成了一个大小伙子。他和林

滴翠峡栈道

里许多鸟兽结交成亲密的朋友。一天，老夫妇突然听见儿子在一棵桂花树下，对着三只大雁唱歌：

> 三只大雁飞下山，一对双来一个单。
> 双的宁河去戏水，单的孤独立江边。

老夫妇听了歌声，商议道："是啊，儿大该娶媳妇了。但住在这峡谷里，没有一个姑娘啊！"老夫妇犯起愁来。

护峡听到鸟兽们说，大昌镇上的张员外家有个18岁的小姐。这真是难以想象的事，因为张员外有钱有势，哪能把小姐嫁给无钱无势的打柴郎呢？

护峡只好每次在去镇上卖柴的时候，溜到张员外的后花园外，朝着小姐绣楼呆望。有时摘片树叶，吹出百灵鸟叫般动听的歌儿。日子久了，小姐被歌声迷住了，如若一天听不到护峡的歌声，她就觉得吃饭不香，睡觉不安。

一次，护峡生了7天病，没来镇上卖柴，小姐听不到歌声，像丢了魂似的，终日恍惚。等到护峡用树叶吹出的歌声从后花园外传来的时候，她忙撩开绣楼的红纱窗帘，伸出头来张望。看到小伙子长得眉清目秀，魁梧英俊，不觉爱上心头。

护峡看到小姐也动了心。正在他不知如何是好的时候，小姐从窗口丢下一块绣着鸳鸯图案的手帕。护峡捡起那块手帕回到家，躲在无人处打开细看。久而久之，他害起相思病来了。

老夫妇发现了鸳鸯手帕，既同情儿子又可怜儿子。儿子却苦苦求道："爹娘呀！去向员外求亲吧，看他们意下如何？"

老夫妻拗不过儿子的要求，只好换上一身干净衣服，去到员外家，把儿子的心思说了。

张员外知道护峡是个英俊的小伙儿，但贫富悬殊，不门当户对，便有意为难，笑着说："要想娶我女儿，不难！只要你送来龙肝、虎胆、夜明珠三件宝物做聘物，我一定用花轿把小姐抬到你家去。"

■ 滴翠峡峭壁

老夫妻听完，垂头丧气地回到家，如实相告儿子，并劝道："儿呀，就死了这条心吧，这是永远也办不到的事啊！"

护峡听了，从床上坐起来说："员外既然开口说了条件，可见这婚事有盼头了，儿就是走遍天下，也要弄到订婚的信物，把小姐娶过门来。"

说完，护峡穿好衣服，径直朝员外家走去。拜见了员外后说道："我要是按您提出的条件，送来这三件宝物，望大人不要反悔！"

员外取笑护峡痴呆，当着家役们说："我是一言既出，驷马难追。所提聘物，恐怕你就是粉身碎骨，也难办到吧！"

"那好，只要大人说话算数就行了！"

护峡要娶小姐心切，告辞员外就走了，他走进峡谷时，山中的飞禽走兽和花草树木朋友们都围拢过来，和他共商良策。大家一致认为：要寻取这三件奇珍异宝，必须去求巫山神女相助。

接着，众鸟兽争先恐后要求与护峡一起去求见神女，寻回宝物。护峡只点了猴王、树王和鹰王一同前往寻宝。

第二天，护峡辞别了双亲，带着"三王"朝着东面大山进发了。

员外见护峡寻宝离去，来到女儿绣楼，把护峡求婚之事告诉女儿，哪知小姐一听气哭了，泪流满面地说："爹爹呀，你怎么能这样苛求人家呢？这明明是叫他上天摘星、下水捞月啊！出这样的难题，

■ 险峻的滴翠峡

滴翠峡崖刻

会叫他吃尽苦头，甚至会失去性命呀！"

员外被女儿一席话说得哑口无言，后悔不该这样刁难护峡。可是他已经出发了，要派人去追，也不知去向。

从这天起，小姐常常站在绣楼窗口边独自凝望远方，不知流下了多少悲伤的眼泪，人也忧虑成疾了。一天，护峡的朋友"五彩夫妻鸟"知道了此事，忙飞到绣楼红纱窗口，对小姐唱道：

护峡寻宝走天涯，小姐不必泪花花。

有话只管对我说，将你话儿传给他。

从此，护峡和小姐，就靠这对五彩夫妻鸟取得了风吹不断、雨打不消的空中联系。

护峡和他的朋友"三王"，历尽千辛万苦，走了14天的陡峭山路，来到一个遮天蔽日的大森林里。经过重重磨难，他们总算走到了神女峰前。

滴翠峡景区天坑

　　神女峰全是绝壁悬崖，哪里有神女呢？他们就沿山寻找，后来在绝壁上出现一座金碧辉煌的殿宇，从殿内走出一位文雅圣洁的姑娘，把他们迎进殿去。

　　护峡把请求神女帮他寻宝聘妻的事，一五一十地细说了一遍。精诚所至，金石为开。神女被护峡的精神深深感动了，决定成全他的姻缘。护峡赶忙叩拜神女。

　　神女取下一把宝剑，告诉他去取三件宝物的方法，并手舞银帕，在他们头上各拂了三下，说："你们把宝物取得之后，都要留在峡谷，保护山林。"刚说到这儿，只见一团云烟冲天而起，殿宇和神女姑娘全不见了。

　　护峡和朋友们高兴得又唱又跳，然后决定派"五彩夫妻鸟"先回去把好消息告诉小姐。

　　护峡乘坐在拂了仙气的鹰王背上，眨眼之间就飞到了毒水河。经神女指点，他们在毒水河上找到一块大石头，鹰王一嘴啄开石头，衔出一颗夜明珠。接着来到双龙峡，找到独角巨龙。巨龙被护峡飞剑劈成两节，护峡取出龙肝。山洞中的一只大虎，护峡一剑结果了它的性命，剖腹取出虎胆。一匹飞马见状，吓得奋力向大山岩钻去。这便是流传久远的"龙进虎出马归山"的传说。

护峡得到三件宝物后，便同猴王、树王欢天喜地地骑在鹰王背上起飞。黄昏时候，夜明珠放出金光，从宁河上空照下来，把峡谷映得分外明亮娇美。

当夜飞到大昌镇上空时，员外和小姐以及镇上的百姓都跑出来看稀奇。当他们平平稳稳地落在员外家的天井坝时，鼓乐齐鸣，员外亲自把护峡他们迎进了客厅。

员外心想：这样英勇的女婿，打起灯笼都难找呀！便同意把小姐许配给他。并且派了彩船，到双龙

203

大美之江
壮丽山川

■ 长江文化雕塑

村把护峡的双亲接到他家。

当护峡和朋友们把三件宝物献给员外时，小姐从屏风后面走了出来，与护峡双双向员外和爹娘行三拜九叩的大礼。

员外家张灯结彩，鸣炮吹打，好不热闹。夜间，夜明珠把客厅和大昌镇的大街小巷照得通明透亮；龙肝和虎胆放入一口大锅熬着，散发的热气异香扑鼻。镇民们嗅到香气，得了病的人立即恢复了健康。

第三天，员外把三件宝物送还给女儿和女婿，连同嫁妆，一并派彩船护送他们回峡谷。整个峡谷热闹了三天三夜。

从此，峡林中更加生机盎然。鹰王担任了对夜行人的报警之责，大树落地生根繁茂生长，猴子在树林中繁衍生活。护峡与小姐一起护林造林，把这段峡谷打扮得苍翠欲滴，美丽如画。后来人们便给此段峡谷取了个名字"滴翠峡"。

除了滴翠峡，另一处著名的景观就是白帝城。白帝城位于奉节城东4千米处的瞿塘峡西口，长江北岸草堂河与长江汇合处的紫色丘陵上。

白帝城

秀丽如画的江河湖泊

■阆中古城张飞庙

　　自古以来，众多文人来此参观游览，并留下了著名的诗句，素有"诗城"之称。这里有众多古迹，如武侯祠、观星亭、明良殿等。"火烧连营七百里""白帝城托孤"等传说，更增添了白帝城的名气。

　　张飞庙位于长江南岸飞凤山麓，离重庆市区382千米，与云阳县城隔江而望，是为纪念三国名将张飞而建的祠宇。据史载，张飞庙始建于蜀汉末年，后经宋、元、明、清历代扩建，已有1700多年的历史。

　　张飞庙面江背山，气势恢宏壮丽，庙内塑造有张飞像，珍藏有大量的诗文碑刻书画以及其他文物数百件，多为存世珍品，号称"文藻胜地"，为巴蜀一胜景。

　　石宝寨位于重庆境内的长江北岸边，孤峰拔地，四壁如削，形似玉印，故名"玉印山"。传说它是女

张飞（？—221），三国时期蜀汉的重要将领。官至车骑将军，封西乡侯。史书记载张飞是贵族，有智有谋。在中国传统文化中，张飞以其勇猛、鲁莽、疾恶如仇而著称，虽然张飞的这一形象主要来源于小说和戏剧等民间艺术，但已深入人心。

丰都鬼城

娲炼石补天遗留下的一块五彩石，称为"石宝"。

清代康熙年间，当地能工巧匠在玉印山南侧依山而建的楼阁，依岩取势，建筑精巧，被称为"世界八大奇异建筑"之一。

石宝寨塔楼倚玉印山修建，依山傍势，飞檐斗拱，造型奇异。整个建筑由寨门、寨身、阁楼组成，共12层，高56米，全系木质结构。

始建于明万历年间，经康熙、乾隆年间修建完善。原建9层，隐含攀登"九重天"之意。石宝寨自古有"江上明珠"之美誉。

另一处景观是丰都鬼城。丰都位于长江北岸，距重庆市区172千米。"鬼国幽都"之说由平都山而起。传汉代两方士在此修炼成仙，道家于此山设天师，并将其列为"三十六洞天，七十二福地"之一。

鬼城名山古寺多达27座。"阴曹地府"分别模拟人间诉讼、法庭、监狱、酷刑等，集中反映了中国的神和鬼、天堂和地狱的观念。

重庆位于四川盆地东南部，是中国长江上游的重镇。重庆古称巴，地处中国内陆之西南，城市依山而建，人称"山城"，冬春云轻雾重，又号"雾都"。重庆最早称"江州"，也称"巴郡""楚州""巴州""渝州""恭州"。

重庆是中国著名的山城。每当入夜，万家灯火由山上倒映江中，形成著名的"山城夜景"。在其近郊有石云山、北温泉和钓鱼城等景点，远郊有著名的大足石刻。

大足石刻位于距离重庆市区120千米处的大足县境内，是分布在全县76处石刻造像的总称，共计6万尊造像。其中宝顶、北山两处摩崖造像规模宏大，内容丰富，雕刻精细，是"全国重点文物保护单位"。

大足石刻是中国石窟艺术中的优秀作品，它不但内容丰富，"融儒、释、道，纵贯千余载"，而且雕刻技艺精湛，手法娴熟，巧妙地将力学、采光、透视等科学原理与造像内容和山形地貌相结合，被誉为"唐宋石刻艺术圣殿"。

阅读链接

关于三峡的形成有很多传说，最典型、流传最广的是"大禹开江"的说法。传说长江的主流最早不是流经后来的三峡，而是流经古之南江的"涔水"。

由于当时天下洪水泛滥，大禹决巫山，令江水从东过，终于使长江东流，注入中下游的洞庭湖、鄱阳湖、太湖、洪泽湖和巢湖五湖，三峡之水从此畅通，长江的主流才改从后来的河道北江流淌。

大禹导江治三峡，是有史料记载的。春秋孔子、汉代诸葛亮、晋代郭璞、北魏郦道元等历代名人都有论述。这些关于三峡形成的美丽的神话传说反映了古代人民在与洪水长期斗争中的强烈愿望。

风景如画的长江中游景观

　　万里长江以滔滔不绝之势向东流去，长江自宜昌以下就进入中下游平原。这一江段，河床坡降小，水流平缓，大小湖泊密布，沿江两岸均筑有堤防，形成众多的湖泊河网。

　　在湖北枝城至湖南城陵矶河段称"荆江"。其中，枝城至藕池口为上荆江，长约170多千米，属一般性弯曲型河道。藕池口至城陵矶为下

九曲回肠的荆江

荆江，长约160千米，属典型的蜿蜒型河道，素有"九曲回肠"之称。

荆江以北为地势低平的江汉平原，汛期全靠平均高10多米的荆江大堤抵御长江洪水。荆江南岸有松滋、太平、藕池、调弦四口，分长江水入洞庭湖，水道繁杂。

长期以来，这里就是长江的蓄洪池和经过之道。长江从荆江段直接流入湖中，在云梦泽里徘徊沉积后从汉口汇入长江流入东海。其形就像一串大糖葫芦，也有点像铁扇公主的芭蕉扇，而长江就是贯穿这云梦泽的葫芦签和扇柄。

不过，这是一个不大对称的葫芦签，它北边要大于南边，北边那个最大的就是云梦泽，也就是后来的江汉平原，其次是洪湖、东湖等诸多湖泊，而南边则是西湖、洞庭湖、赤山湖、青草湖和大通湖等诸多湖泊。

这些湖泊在平时，尤其是枯水季节就明显地露出了它的独立性，但一到汛期，尤其是涨大水的时期，便连成了一个整体，成为汪洋泽国，因其中的云梦泽最大，故连成一整片时，人们便统称其为"云梦泽"。

又因长期以来，受长江从上游挟带来的泥沙沉积影响，河湖淤

鄱阳湖湿地

浅，荆江两岸地势南高北低，蜿蜒的荆江河床泄洪不畅，防洪形势非常严峻，故有"万里长江，险在荆江"之说。

城陵矶以下至湖口，河道分汊繁多，主流摆动，航槽变迁，这给当地的航行带来极大的不便。

长江中游一带水力资源极为丰富，同时，这一地段的矿产资源也极为丰富，尤以铁、铜、钨、磷、硫、石膏等最为著名。

长江中游航运条件优越，内河航运发达，武汉以下可通行5000吨级船舶，临湘以下可通行3000吨级船舶。汉江、湘江和赣江拥有较重要的支流航道。

长江中游段，大支流较多，南岸有清江、洞庭湖水系的湘江、资水、沅江、澧水和鄱阳湖水系的赣江、抚河、信江、饶河、修水；北岸有汉江。

这一地带气候温和，土壤肥沃，光热资源充足，盛产水稻、棉花、油料、茶叶、水果等，是中国重要的农业生产基地。洞庭湖、鄱阳湖等湖泊水产资源极为丰富。

鄱阳湖是中国第一大淡水湖，也是中国第二大湖，位于江西北部、长江南岸。有诗赞道：

浩渺鄱湖水接天，波翻浪涌竞争先。

连江通海胸怀广，滋养生灵岁复年。

鄱阳湖上承赣、抚、信、饶、修五河之水，下接长江。每到丰水季节浪涌波腾，浩瀚万顷，水天相连。湖畔峰岭绵延，候鸟翩飞，牛羊徜徉。美丽富饶的鄱阳湖养育了世代生长居息湖畔的万物生灵。

每年秋末冬初，鄱阳湖有成千上万只候鸟，从俄罗斯西伯利亚、蒙古、日本、朝鲜以及中国东北、西北等地来此越冬。这里鸟类有300多种，近百万只，其中白鹤等珍禽50多种。鄱阳湖被称为"白鹤世界""珍禽王国"。

鄱阳湖又叫"彭蠡湖"。关于湖的来历，还有一个美丽的传说呢。相传在远古时期，江西这块地方并无大的湖泊，每年不是大旱便

■鄱阳湖水鸟

■ 鄱阳湖风景

是洪涝，民不聊生。人们流离失所，十分悲惨。

后来，赣北出了一位叫彭蠡的勇士，力大无穷，且勤劳、善良、聪明，总为他人解难。百姓连年逃荒要饭，他看在眼里，记在心上。于是，他立志要开挖一座大湖泊造福于民。

说时容易做时难，他首先说服家人，动员附近乡民，跟他一起去挖地造湖。谁知就在众人开挖时，却遇到一条修炼千年成精的蜈蚣，因蜈蚣怕水，得知彭蠡在带领乡亲们挖地造湖，就设法去阻挡。

彭蠡发现他们头天刚挖好的地方，在一夜之间就被填塞完整，一连数日，造湖之举毫无进展，彭蠡犯疑，不知何故。一些乡民见到这样的场景不觉心灰意懒，怨天恨地，有的甚至干脆走开不干了。

可是，彭蠡决心已定，毫不气馁，他带领家人和少数乡邻继续坚持开挖不止，他的双手虎口被震裂，鲜血直流，却没有半点怨言。彭蠡的善举，感动了天

昂日星官　传说是二十八星宿之一，住在上天的光明宫，本相是2米多高的大公鸡。其母是毗蓝婆菩萨，他的神职是"司晨啼晓"。在西方白虎象里有一个星宿，天文学里称它"昴星团"，中国民间叫作"冬瓜子星"。当它在冬夜星空出现时，视力好的人可以看到里面有7颗星，因此又叫"七姊妹"。

上司晨的昴日星官，他决心助彭蠡一臂之力，除掉蜈蚣精。

于是，昴日星官当即命令自己的两个儿子大鸡和小鸡下凡帮助彭蠡除妖。大鸡和小鸡奉父王之命，合力大战蜈蚣精，在天空中各施神功，大战了四十回合，难分胜负。

此时，小鸡灵机一动，乘蜈蚣精眨眼之际，一挥宝剑刺向其左眼。瞬间，蜈蚣精左眼鲜血直流，大鸡乘其受伤之时，一剑刺中其身，蜈蚣精终于被两鸡战败，这也是后来民间传说蜈蚣怕鸡的由来。

话说那条战败的蜈蚣精，后来化作了松门沙山，僵卧在那万顷碧波荡漾的鄱阳湖中。大鸡和小鸡担心这条蜈蚣精再出来祸及人间，便化作大矶山和小矶山，伫立于湖边，世代守护着鄱阳湖，永保地方安宁。

蜈蚣 为陆生节肢动物，身体由许多体节组成，每一节上均长有步足，故为多足动物。它们行动迅速，具攻击性。大多蜈蚣亦为夜行性动物，白天隐藏在阴暗处，晚上外出活动，以别的节肢动物为食，体形庞大的蜈蚣甚至会捕食小型鼠类、蜥蜴等猎物。

213

大美之江

壮丽山川

■ 鄱阳湖景观

洞庭湖

　　蜈蚣精被制伏后，彭蠡和家人、众乡民一起继续造湖，由于有仙人暗中相助，不久大湖就造好了。鄱阳湖百姓再也不受旱涝困扰，连年五谷丰登。后人为纪念彭蠡造湖之功，便将该湖取名"彭蠡湖"。

　　长江中游另一个大湖泊就是洞庭湖，洞庭湖是中国第二大淡水湖，位于湖南北部，长江荆江河段以南，面积2820平方千米。洞庭湖南纳湘、资、沅、澧四水汇入，北由东面的岳阳城陵矶注入长江，号称"八百里洞庭"。

　　洞庭湖据传是"神仙洞府"的意思，可见其风光之绮丽迷人。洞庭湖浩瀚迂回，山峦突兀，其最大的特点便是湖外有湖，湖中有山，渔帆点点，芦叶青青，水天一色。春秋四时景不同，一日之中变化万千。湖北和湖南之称，就来源于洞庭湖。

　　在洞庭湖畔有一座小山，名为龙舌头，龙舌头有一处飞来钟，飞来钟下面有一口龙涎井。说到龙涎井，其由来已久，因为君山地形酷似乌龙卧水，龙涎井前方为龙口，张口向南，两边钳形山嘴，岩壁拱护，为龙的上、下腭，中间的小山为龙舌头，山势平舒，形态逼真，此山因此得名。

龙舌山下有水井，相传这里的井水清澈纯净，四时不涸，是龙舌头上面一点点滴下的涎水，故称"龙涎井"。

据传，当年湘妃寻夫至君山，口渴异常。她们对爱情的忠贞感动了洞庭湖中的乌龙。乌龙化成一座小山，张开双腭，伸出舌头，让龙涎滴出，滴在山脚下，化成一口古井。

湘妃见到古井，饱喝了一顿井中甘甜的龙涎，顿觉精神大振。后来，湘妃投江，乌龙悲伤过度，化身为龙舌山。

领略洞庭湖的美，最理想的去处便是洞庭湖畔的岳阳楼。岳阳楼位于湖南岳阳市西门城头，与黄鹤楼、滕王阁一起并称为"中国江南三大名楼"，历来有"洞庭天下水，岳阳天下楼"之称，堪称湖南第一名胜。

白居易、杜甫、孟浩然、刘禹锡等著名诗人，都先后登楼赋诗，留下了许多千古名篇。宋代名家范仲

■岳阳楼建筑

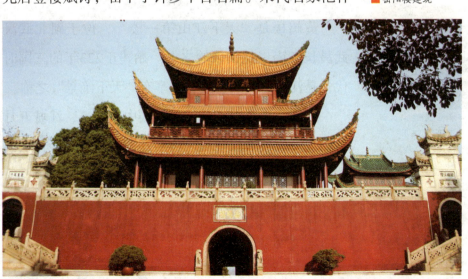

■ 武汉黄鹤楼

秀丽如画的江河湖泊

淹的《岳阳楼记》写道："衔远山，吞长江，浩浩汤汤，横无际涯。""先天下之忧而忧，后天下之乐而乐"的名句更是掷地有声，名扬中外，成为众多仁人志士的座右铭。

武汉是长江最大支流汉江与长江的交汇之处，形成武昌、汉口和汉阳三大重镇，素有"九省通衢"之称。武汉除长江、汉水在城中交汇外，市辖区内有166个湖泊，故又得名"百湖之市"。

黄鹤楼是"天下江山第一楼"，位于湖北武汉武昌长江南岸蛇山峰岭之上。始建于223年的三国时代，是江南三大名楼之首，享有"天下绝景"之称。

唐朝诗人李白一首"黄鹤楼中吹玉笛，江城五月落梅花"，使武汉江城之称名扬四海。崔颢一首黄鹤楼诗写道：

九省通衢 有人认为是泛指武汉通向外界的交通非常便利，并非实指九个省；有人说实指通过水陆交通，武汉市可与四川、陕西、河南、湖南、贵州、江西、安徽、江苏以及湖北九省相通。不论泛指、实指，都是指武汉处于交通枢纽地位。

昔人已乘黄鹤去，此地空余黄鹤楼。
黄鹤一去不复返，白云千载空悠悠。

已成为千古绝唱，更使得黄鹤楼声名大振。

蒲圻赤壁位于赤壁市北31千米处的长江南岸。赤壁山三山相连，面临长江，群山逶迤，势若奔马，苍翠如绘，幽静诱人，也是中国古代十大著名战役中唯一保存完好的古战场遗址。

洪湖是长江流域江汉平原上最大的水质无污染的淡水湖泊，是中国第七大湖泊，面积348平方千米，全湖呈多边几何形，湖岸平坦，湖水呈淡绿色。这里的白鳍豚拥有量占全球总量一半以上。洪湖有丰富的鱼类和野生资源，水上渔家的生活也极有情趣，令人流连忘返。

荆州位于中国湖北荆州江陵境内的长江北岸，是一座历史文化古城，也是中国南方著名的游览胜地。"闻听三国事，每欲到荆州"，提起荆州，人们便会想起三国中"刘备借荆州"和"关公大意失荆州"的故事。

荆州古城历史悠久，北据汉沔，南尽南海，东连吴会，西通巴蜀，历来是兵家必争之地，具有十分重要的战略地位，更是古代文人骚客荟萃之地。

阅读链接

长江中游有著名的城市群，也称"中三角"或"中四角"，是以中国内陆最大城市武汉为中心城市，长沙、南昌、合肥为副中心城市。该城市群是以浙赣线、长江中下游交通走廊为主轴，向东向南分别呼应长江三角洲和珠江三角洲。

武汉距长沙300千米，距合肥320千米，距南昌260千米，与长三角和珠三角平坦的地势相比，中三角间山水相阻，地形复杂，面积却为中国之最，是长三角的3倍，珠三角的5倍。

长江中游城市群是中国具有优越的区位条件、交通发达、科技教育资源丰富的城市群之一，在中国未来空间开发格局中，具有举足轻重的战略地位和意义。

美丽富庶的长江下游地区

　　长江下游经江西、安徽、江苏，在上海接纳最后一条支流黄浦江后注入东海，长约835千米。流域面积共约13万平方千米，是长江水量最大的河段，长江下游平原包括苏皖平原和长江三角洲平原，也是全流域最富庶的地区。

■ 中国最大的沙洲岛崇明岛

■崇明岛东滩湿地公园

　　长江下游段江阔水深，多洲滩。江阴以下，长江进入河口段。江面宽由1.1千米逐渐展宽到5千米以上，至崇明岛分隔而成的南支、北支江段，南北两岸之间江面宽接近100千米，是一片江海难分的景象。

　　崇明岛面积1000多平方千米，在中国沿海数以百千计的岛屿中，仅次于台湾岛和海南岛，又是中国最大的沙洲岛，已有1300年的历史。

　　江阴市，因地处"大江之阴"而得名，位于华东，江苏南部，长江三角洲太湖平原的北端。东接张家港，南临无锡，西连常州，北对靖江。

　　555年，在这里废县置郡，建治君山之麓，因地处长江之南，遂称"江阴郡"，为"江阴"名称之始。

　　江阴枕山负水，襟带三吴，处于"苏锡常"金三角的几何中心，城江同在，有"延陵古邑""春申旧封""芙蓉城"之称。

　　江阴地处长江咽喉，为历代兵家必争之地，是大

郡　古代行政区域，始见于战国时期。秦统一天下设三十六郡，秦代以前郡比县小，从秦代起郡比县大，称为"郡县"。后汉起，郡成为州的下级行政单位，汉代又增46郡，有103个郡国。隋朝废郡制，以县直隶于州。唐朝道、州、县，武则天时曾改州为郡。明清称"府"。

秀丽如画的江河湖泊

江南北的重要交通枢纽和江河湖海联运换装的天然良港。江阴市位于苏南沿江，总面积9.8万多平方千米。

崇明岛地处长江口，是中国第三大岛，被誉为"长江门户，东海瀛洲"，是地球上最大的河口冲积岛，最大的沙岛。崇明岛成陆已有1300多年历史，现有面积为1000多平方千米，海拔3.5米至4.5米。全岛地势平坦，土地肥沃，林木茂盛，物产富饶，是举世闻名的鱼米之乡。

传说，月光菩萨就降生于崇明岛。月光菩萨是药师如来的胁侍，又作"月净菩萨""月光遍照菩萨"。月光菩萨降生于崇明岛，这一传说给崇明岛披上了一层神秘的色彩。

每当人们来到崇明岛，水洁风清，身临其境，就像整个身心都被其洗涤、净化。这里到处都有未经人工斧凿的天然风光，旖旎多姿，美不胜收。

崇明岛的最大特色是岛身形状迁徙无常，始终处

崇明岛湿地

被长江环绕的古城南京

于迅速的演变过程中。崇明岛不像基岩岛屿，千百年来基本上维持着相对稳定的状态，它却自始至终演变不断。关于崇明岛还有一个美丽的古称"东海瀛洲"。

相传在远古东海之中有一瀛洲仙境，是神仙居处，但这个仙岛没有稳固下来，一直飘忽不定。秦始皇和汉武帝先后派人到东海之上四处寻找，都没有找到。后来到了明朝，朱元璋皇帝把"东海瀛洲"4个字赐给了崇明岛。从此，崇明岛便有了"古瀛洲"的美名了。

长江下游地区属北亚热带季风气候，雨量充沛，水道纵横，湖荡棋布，向来有"水乡泽国"之称。土地肥沃，产水稻、棉花、小麦、油菜、花生、蚕丝、鱼虾等，是中国人口最稠密的地区之一。

在长江下游有许多重要城镇，也很密集，南京历史悠久，有着6000多年文明史、近2600年建城史和近500年的建都史，是中国四大古都之一，有"六朝古都""十朝都会"之称，是中华文明的重要发祥地。

千百年来，奔腾不息的长江不仅孕育了长江的文明，也催生了南京这座江南城市。南京襟江带河，依山傍水，钟山龙蟠，石头虎踞，

长江西陵峡美景

山川秀美，古迹众多。

在安徽大通以下600千米处，长江受到潮汐的影响，成为坍岸最严重的河段。长江每年挟带大量的泥沙至河口，因流速平缓和受海潮顶托影响而沉积，形成沙洲、沙坝，使河口淤浅成"拦门沙"，河道分汊，两岸形成沙嘴，河口三角洲陆地向大海伸展。

长江口河道在径流、海潮、泥沙和地转偏向力等诸多因素的影响下，及由此引起局部河床的冲淤变化，均会导致河道经常演变，长江的主汛道南北往复摆动不定，这也给海运事业带来了诸多不利影响。

长江流域幅员辽阔，江湖众多，土地肥沃，气候温和，资源丰富。长江流域既是中华民族的重要发祥地，也是中国总体经济实力最为雄厚的地区。

阅读链接

在镇江附近交汇于长江的南北大运河，贯穿冀、鲁、苏、浙四地，沟通海河、黄河、淮河、长江、钱塘江五大水系。这项古代最伟大的水利工程，北至北京，南抵杭州，全长1794千米，其中里运河和江南运河在长江流域。

自镇江止于杭州的江南运河，长约400千米。沿途经过江南水网地区和常州、无锡、苏州、嘉兴等久负盛名的旅游城市。古代人民开凿的这条大运河，千百年来，一直发挥着重要作用。

远古遗存

长江流域是中华民族文明的发祥地之一，其特殊的自然地理环境，为中国古代文明的发育提供了较好条件。

河姆渡文化、马家浜文化、良渚文化、宝墩文化、三星堆文明、十二桥文化等大量古文化遗址，遍布长江流域，从广度和深度孕育了中华文明。

勤劳勇敢的长江先民开创了古老而伟大的长江文明，他们掌握了世界上最古老的烹饪技术，开始了世界上最古老的稻作文化，开启了中华文明的曙光。

玉蟾岩河姆渡时期始育水稻

    在长江中游流域，距今约1万年以前，在湖南的玉蟾岩地区生活着一个古老的民族，是他们开启了最古老的水稻种植历史。

    这一时期属于新石器时代的穴居时期，人们已经能够独立地人工栽培水稻。人们日常饮食以稻米作为主食，同时还吃一些野生动物等

■河姆渡遗址石雕

文明孕育

远古遗存

肉类。有时人们还把螺去掉尾端，把螺肉作为辅食。

■ 河姆渡人生活场景

人们还会制作粗糙的原始陶器，打制砍砸器、刮削器、切割器及锄形器等石器。除此之外，还广泛使用角铲、骨铲、骨锥与穿孔蚌器等。但是，当时的陶器火候很低，质地疏松，外表呈黑褐色，这也是中国已知最早的陶器制造民族。

在长江流域的新石器时代，距今约9000年至8300年，在湖南的彭头山有一个古老的民族，是他们开创了中国史前文化。

彭头山地处长江中游，位于湖南北部，是中国史前文化代表。此时人们在栽培水稻的同时还种植谷物作物，人们把稻谷脱壳后食用。

人们日常使用的器具大部分是打制石器，既有大型砾石石器，也有黑色细小隧石器，与本地旧石器时代晚期的石器制作传统区别不大。

砍砸器 是旧石器时代的一种形体较大，形状不固定的工具，器身厚重，有钝厚曲折的刃口，可起到砍劈、锤砸和挖掘等多种作用，因而可以用于砍树、做木棒、挖植物块根、砸坚果等工作。将砾石或石核边缘打成厚刃，用以砍砸。常见于旧石器时代和新石器时代的遗址中。

■ 河姆渡出土文物

除了石器，人们还使用陶器。此时的陶器制造特点是古朴简单，器坯全部用原始的贴塑法即用泥片粘贴而成，胎厚而不匀。在大部分陶器的胎泥中还夹有红褐色或灰褐色的炭屑。器物类型主要是深腹罐与钵，普遍装饰有粗乱的绳纹。

人们居住的房屋有地面式、浅地穴式2种，墓葬以小坑二次葬为主。人们还建筑了方形城池，以作为生活区。城池南北长110米，宽70米至80米。城内分布着成排房屋，其中有中国最早的高台建筑。城外还建有壕沟，把整座城池环绕起来。

后来，人们在澧县八十垱发现了该文化的城址，并命名为"彭头山文化遗址"。该遗址的发现为确立长江中游地区在人类稻作农业起源与发展中的历史地位奠定了基础。

在长江流域下游地区，大约7000年以前，在杭州湾南岸的宁绍平原及舟山岛等地，生活着一个古老而智慧的民族，他们创造了长江下游地区悠久而灿烂的史前文化。

当时，余姚市河姆渡镇附近有一座小山，东北面是一大片湖泊，湖水清澈明亮，土地肥沃，水草丰美。人们依据得天独厚的地理条件，建造最适合居住的干栏式建筑，作为日常起居的房屋。

干栏式建筑是当时典型的木建筑民居，主要木构

绳纹 古代陶器的装饰纹样之一。是一种比较原始的纹饰，有粗绳纹和细绳纹2种。绳纹是在陶坯缠上草、藤之类绳子，在坯体上拍印而成的，有纵、横，斜并有分段、错乱、交叉、平行等多种形式。是新石器时代至商周时期陶器最常见的纹饰。

件有木桩、原木、长方形木材、带丫杈的柱子和地板等。人们在居住地依山傍水，依照地势，建成了大小各异的村村落落。

干栏式住屋的最大特色是使居民能够临水而居。人们把地板设在地面上，既通风凉快又可防潮防湿，也可防止大雨过后的洪水泛滥，以及不卫生的蒸汽和低飞的昆虫聚集。生活中的残余弃物也可以从地板的空隙掷出，随水漂流。

在陆上的干栏建筑掷出物又可成为犬、猪的饲料，地面上又可燃起熏出浓烟的火以防蚊虫等。假如房屋建筑在地形崎岖之处，还可减免填土、挖掘，又因居高临下，可防止敌人袭击。

在房屋建筑中所使用的许多木构件，包括桩柱、立柱、梁、板等，以及构件上加工成的榫、卯、企口

干栏式建筑 古时流行于南方百越民族的居住区。中国其他民族的干栏建筑也有，但是受到汉式建筑和佛教建筑的影响较多。这种建筑以竹木为主要材料，分上、下两层，下层放养动物和堆放杂物，上层住人，适合居住于雨水多比较潮湿地方的人。

■ 河姆渡人居住房屋

■ 河姆渡人收集食物

榫卯结构 中国古建筑以木构架结构为主要的结构方式，由立柱、横梁、顺檩等主要构件建造而成，各个构件之间的结点不用钉铆以凹凸形式相吻合，构成富有弹性的框架。榫卯的发明早在7000年前。这种结构不但可以承受较大的荷载，而且允许产生一定的变形，具有一定的抗震力。

和销钉等，均显示出其时木作技术的杰出成就。

令人惊叹的是，当时人们掌握两种木构衔接法。

一种是企口板，企口可将两块木板拼接在一起而不露缝隙，遗址中发现的企口板两侧各有一道企口，可与另一块侧边削薄的木板相接。

另一种是销钉孔，带销钉孔的榫和梁柱的卯垂直相交，用销钉锁住，榫头就不会从卯口脱出了。这一方法直到后世仍被木工工艺所沿用。

这一时期，最突出的建筑技术就是在垂直相交的构件接点上，使用榫卯结构技术，这一技术为中国木结构建筑打下了基础。

人们建筑的房屋多是呈西北至东南走向。从单体来看，普遍采用连间长房子形式，最长一栋房屋面宽达23米以上，进深7米，房屋后檐还有宽1米左右的走廊过道。房屋建筑充分利用了当时的自然地理条件，布局合理，设计科学，可谓是这一时期长江流域民居建筑的杰出代表。

干栏式建筑是中国长江以南新石器时代以来的重要建筑形式之一，也是目前为止最早的人类建筑。

除建筑以外，人们还掌握了当时最为先进的打造水井技术。人们通常把水井构筑于直径约6米的锅形水坑底部，井壁是用边长2米的四排木桩围成的方形，井口处套有方木框作为围护。在水坑的四周还设有圆形栅栏，作为护岸之用。

当时，人们的居址周围河沼遍布，水体与海水相通，苦卤难以下咽，这给居民用水带来了极大的不便。水井的出现极大地方便了人们的生活，提高了人类的生活质量。

远古时期的长江下游地区，肥沃的土壤为原始农业的产生提供了良好的条件。栽培稻谷已成为当时最普遍的农作物，人们已经开始大量地进行人工栽培稻谷，日常主食也是以大米和谷物为主。

■ 种植水稻复原图

■ 河姆渡人制作木器

骨耜 是河姆渡文化的典型农具，用鹿、水牛的肩胛骨加工制成。用它挖土，既可以减轻劳动强度，又能提高劳动效率。河姆渡氏族遗址中出土了2920多件骨器，其种类有耜、镞、凿、针、匕等。其中，骨耜是河姆渡人从事水稻种植的主要生产工具。

人们从事农耕重要的生产工具是骨器，骨器按使用功能分为骨耜、骨箭头、骨凿、骨锥、骨针、骨哨、骨镰、骨鱼镖、管状针等，其中以骨耜最具特色。骨器的制作也比较进步，一些有柄的骨匕、骨笄上雕刻花纹或双头连体鸟纹图案，就像是精美绝伦的实用工艺品。

与骨器相比，石器的数量和种类并不多。按功能划分，石器可分为生产工具和装饰品两大类。这一时期，木器已被人们广泛用于生产和生活的各个方面，木器制作技术已达到相当高的水平。人们使用的最为重要的木器是纺织工具和木桨。有了纺织，先民们脱离茹毛饮血的野蛮生活，进入初具文明的历史阶段。

这时，宁绍平原的农业经济和家畜饲养都比较发达。人们从事农业生产所使用的农具除了翻耕土地的骨耜外，还有很少的木耜、穿孔石斧、双孔石刀和长近1米的舂米木杵等农业生产和谷物加工工具。

河姆渡部落的原始手工业也是比较发达的，制陶业、纺织业、骨器制作、竹木器加工、石器、手工艺等都比较进步。

河姆渡人的生活用器以陶器为主，并有少量的木器。人们已经普遍使用陶器，但较为特殊的陶器有陶灶和陶盉两种。聪明的原始先人发明了陶灶，陶灶发明以后，解决了木构建筑内煮炊防火的问题，这便是后世南方居民一直使用的缸灶的前身。

石器时代的河姆渡，密布如织的沼泽为水生动植物提供了良好的生活环境，为发展渔猎和饲养提供了必要的条件。人们已开始使用有柄叶连体木桨的舟楫。

渔猎是当时社会最重要的经济活动之一，河姆渡人已经开始广泛使用弓箭狩猎，有人利用弹弓发射陶弹丸击落飞鸟，也有人使用弓发射骨镞击杀走兽。

当时的气候是降水多，气温高，属于常绿阔叶林

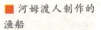
■ 河姆渡人制作的渔船

和亚热带落叶阔叶林，森林中有水鹿、野猪、牛等动物，其中以鹿科动物最多。鹿一类的动物抵抗力弱且数量多，喜欢成群结队地外出觅食游闲，是人们狩猎的首选目标。

男人们在外从事农业生产，妇女则在家纺织、照顾老小和做家务。女人们已经掌握了原始的织布技术，发明了原始的机械。当时的纺织工具主要有纺轮、两端削有缺口的卷布棍、梭形器和机刀等。

■ 河姆渡文化陶埙

埙 中国最古老的吹奏乐器之一，相传埙起源于一种叫作"石流星"的狩猎工具。3000多年前，古人把乐器分为金、石、土、革、丝、竹、匏、木8种，称为"八音"。八音之中，埙独占土音。在整个古乐队中起到充填中音，和谐高低音的作用。在古人心目中埙与钟、磬具有同等地位。

劳作之余，人们也有自己的业余生活，吹奏最为原始的乐器骨哨。骨哨不仅作为娱乐之用，也是一种狩猎时模拟动物声音的狩猎工具。

除了骨哨，陶埙也是当时一种乐器。埙身呈鸭蛋形，中空，一端有一小孔。人们在吹奏之时，端起酒具陶盉，边饮酒边娱乐，其乐无穷。

河姆渡居民已经会制造原始的艺术品。这些艺术品不仅数量大、题材广，且造型独特，内容丰富，主要表现在象牙雕刻、陶器纹饰上面，尤其是一些象牙雕器和刻器，线条流畅，造型美观，令人叹为观止。

其中人体装饰品种类也不少，包括璜、管、珠、环、饼等。除了一些以兽类的獠牙或犬牙、鱼类的脊椎骨制成的装饰品，珠、环等饰品大多是用玉和萤石制成，在阳光下闪烁着淡绿的光彩，晶莹美丽。

时光荏苒，数千年以后，人们在河姆渡地区发现了一处重要古人类遗址，并以首先发现地而定名为"河姆渡文化"。

在河姆渡遗址中出土了大量异彩纷呈的文物，从生产工具、日常生活器物到居住建筑、装饰品，种类很多。这些文物为后人呈现出独特的氏族村落文化。

这是目前世界上最古老、最丰富的稻作文化遗址。在遗址中出土的稻壳，总量达到150吨之多，在已经炭化的稻壳中还可见到稻米。经过科学分析，考古学家确认这是7000年以前的稻米。

河姆渡遗址共发现27座零星墓葬，较完整骨架有13具，其中未成年的儿童9具，成年人4具，有的头骨保存比较完整。根据测定，其中成年人年龄在30岁左右。另一具特征显示为未成年女性，年龄约13岁至15岁。其人种应为南方蒙古人种。

河姆渡文化是新石器时代除了上山文化之外，中国长江流域下游

■已经炭化的稻米

古人种植水稻

地区又一处古老而多姿的古文化。自然环境的不同，使河姆渡文化与华北黄河流域文化有所差别。

河姆渡遗址是中国新石器时代遗址考古中陶器出土最多、复原率最高的遗址之一，共计出土陶片40余万件，完整器和复原器1221件。

河姆渡是母系氏族社会时期的氏族村落遗址，反映了7000年前长江流域氏族的情况。河姆渡文化主要分布在杭州湾南岸的宁绍平原及舟山岛，它的年代约为公元前5000年至公元前3300年。

河姆渡文化分为早期和晚期。早期约为公元前5000至公元前4000年，晚期约为公元前4000至公元前3300年。

河姆渡遗址中也发现了大面积的稻谷、稻秆、稻叶和木屑、苇编构成的稻谷堆积层，最厚处超过1米。刚出土时稻谷外形完好，色泽金黄。河姆渡遗址出土的稻谷数量之多、保存之完好，在世界考古史上是绝无仅有的。它不仅为研究中国稻作农业的起源提供了珍贵的实物资料，而且纠正了中国栽培水稻是从印度阿萨姆地区传过来的说法，再次有力地证明了中国也是世界上最早栽培水稻的国家之一。

水稻的栽培使社会上大量余粮的囤积成为可能，随之而来的便是贫富差别的出现。人类的发展也由此进入了新的阶段。

属于河姆渡文化的还有田螺山遗址，位于余姚三七相岙村的田螺山周围。遗址总面积达3万多平方米，文化堆积最厚处超过3米，叠压6个文化层，形成年代距今约7000年至5500年。

在遗址区内，出土了多层次干栏式建筑及墓葬、食物储藏坑等遗迹，2000多件陶、石、玉、骨、角、牙、木等遗物，大量的动物骨骸、稻谷谷壳、炭化米粒、菱角、橡子、葫芦等遗存。

田螺山遗址是河姆渡文化遗址中地面环境最好、地下遗存较为完整的古村落遗址。从这个遗址进一步探明了河姆渡文化早期遗址在姚江流域分布的基本规律，有助于推进河姆渡文化的研究。

遗址中出土了多层次的一系列以柱坑为主要形式的干栏式建筑遗迹，真切地反映出以挖坑、垫板、立柱为特征的建筑基础营建技术的阶段性特征和发展水平，并出现了多重垫板的建筑基础营建方式。

在距地表5米多深的田螺山西南坡基岩表面，还发现了少量木炭颗粒，为在姚江流域寻找距今7000年以前的古人生活遗存、揭开河姆渡文化的起源之谜找到了宝贵的线索。

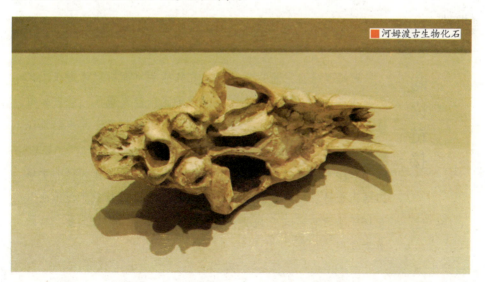

河姆渡古生物化石

田螺山遗址灰烬化石

这里出土器物十分丰富，种类繁多，展示了先民多姿多彩的生产生活场景。这里共出土各类文物760多件，质地有陶、石、玉、骨、角、牙、木和芦苇等，以及大量动植物遗存。出土文物密度之大，甚至超过了河姆渡遗址。总之，田螺山遗址大大丰富和深化了河姆渡文化的内涵，在河姆渡文化考古史上具有重要地位。

因此，河姆渡遗址并不是孤立的，早在7000年前，我们的祖先就在宁波富饶的土地上劳动生息，为中华民族的形成和发展做出了重大贡献。

阅读链接

河姆渡遗址发掘以后，浙江文物考古研究所对河姆渡文化的分布范围开展调查，在基本建设中也陆续发现了一些重要遗址。后来在宁绍平原共发现河姆渡文化遗址49处，其中以姚江两岸最密集，共有31处。

后续考古发掘的重要遗址有余姚丈亭鲻山遗址、三七市镇田螺山遗址、宁波市江北区傅家遗址。这3处遗址位于河姆渡以北10千米之内，文化内涵和河姆渡遗址一致，仅有少量文物是首次发现。

马家浜文化开启渔猎时代

在长江下游流域，距今约6000年左右的太湖地区、钱塘江北岸、江苏常州一带，生活着比河姆渡更为先进的原始先民。

这里的人们居住的房屋，较以前更加注重实用性和舒适性。人们使用榫卯结构的木柱，在木柱间编扎芦苇后涂泥为墙，再用芦苇、竹席和草束铺盖屋顶。

房址及屋内的地面都是经过夯实而建，在墙壁内还拌有沙石和螺壳以增强墙体的坚固性，有的房屋室外还挖有极为便利的排水沟，附近有石筑的长条形公共烧火沟。

有些大的房屋南北

■ 马家浜先民耕织场景

先民用的骨镞

7米，东西3米，门朝东，用一圈木柱围起墙壁，房屋东、西两侧各有5个柱洞，南面一侧有3个柱洞，在木柱洞底还垫放木板。在室内，人们用经过加工的黄绿色土作为地面，屋内摆放简单实用的木制家具。有的房屋面积很小，约6平方米，是用10个柱洞围成的近圆形的小型房屋。

农业生产是人们定居生活的基础，这里的人们主要从事稻作农业，已经普遍种植籼和粳2种稻。所使用的农用工具主要有穿孔石斧、骨耜、木铲、陶杵等磨制工具，其磨制技术也比较高。除了耕种稻谷，人们还饲养狗、猪、水牛等家畜。

在这一时期，渔猎经济占有重要的地位，主要的渔猎工具包括骨镞、石镞、骨鱼镖和陶网坠等。使用的骨镞以柳叶形的居多。

人们除了农耕外也从事采集劳作，他们采集野生的桃、杏、梅和菱角等作为辅食。捕猎的动物主要有梅花鹿、麋鹿、野猪、獐、貉和鸟类、草龟、鼋、鲫鱼等。其中，梅花鹿、麋鹿和野猪的数量较多。

随着农业、渔猎经济的发展，人们的生活水平得到了极大的提高，这为手工业的发展提供了必要的物质条件，尤其是手工制陶业的发达。但是，那时人们手工烧制的陶器大都火候不高，陶质较软，制陶技术还处于较低的阶段。

当时手制陶器主要有夹砂陶和泥质陶器2种。一般的陶器陶色不是很纯正，陶器表以素面的为多，纹饰有堆纹、弦纹、镂孔、圆窝纹、刻点纹、绳纹、篮纹等。

主要陶器有釜、鼎、豆、罐、瓮、盆、钵、陶炉、算和三足壶等，这在当时的其他地区并不多见。居民日常使用的陶器多是红色陶器，腰檐陶釜和长方形横条陶烧炉算等，陶烧炉算是当时这一地区的独特炊具。

此外，人们还用野生葛来加工布匹。以纬线起花的螺纹织物，密度是每平方厘米经线约10根，纬线螺纹部约26根至28根，地部13根至14根，可见当时的手工纺织技术达到了较高的水平。

布上织的花纹有山形斜纹和菱形斜纹，嵌入绕环斜纹，布匹还以螺纹织边。布匹织成后，人们再根据不同身材量体裁衣，取自天然的衣物就这样在4000年前形成了。

人们住着自建温暖舒适的房屋，饲养生活所需牲畜，用着自制的手工陶器，过着比以往更加悠闲自在的生活。

人们死后都会被埋入公共墓地，且有着数量不等的随葬品。随葬器物一般都很少，主要是日用陶器。有的墓还随葬玉璜、玉环、玉镯等装饰品以及鹿角、兽牙、

■ 马家浜文化陶器

蚌壳等。

在常州圩墩和吴县草鞋山等地的居民还有一种特殊的葬俗，每当亲人离世，用陶器覆盖人头骨或把人头骨置于陶器中。

有时，人们还把年龄相近的同性死者安排到合葬墓，这是母系氏族社会葬俗的典型特征。这里的墓葬，多为单人俯身葬，也有仰身直肢葬、屈肢葬和侧身葬等，死者多数是头朝北下葬。

6000年以后，在浙江嘉兴的马家浜发现了这处古人类遗址，并因其所在地而命名为"马家浜文化"。

马家浜文化是长江下游地区的新石器时代文化，是太湖流域母系氏族公社时期的文化，因首次发现于浙江嘉兴马家浜而定名。

马家浜遗址位于嘉兴西南7.5千米，面积约1.5万平方米。马家浜文化及其后续的崧泽文化、良渚文化的发现，充分显示出太湖地区的新石器文化的源远流长，自成系统。

属于马家浜文化范围的还有罗家角遗址。这个

嘉兴 地处东南沿海，素有"鱼米之乡""丝绸之府"之称。是马家浜文化的发祥地。春秋战国时期是吴越争战之地，有"吴根越角"之称。战国时划入楚境。秦时置由拳县，属会稽郡。东汉属吴郡。231年"由拳野稻自生"，吴大帝孙权以为祥瑞，改"由拳"为"禾兴"，242年改称"嘉兴"。

■马家浜文化三足盘

遗址位于浙江桐乡石门东北利星村的罗家角，东到小庄桥以西，东北秧田圩西南角一部分，斜田圩西南大部分；北濒大运河南岸的庄圩南部；西到陈家村的庵河圩东部；南达罗家角村。整个遗址东西长约400米，南北宽约300米，总面积12万平方米。

这是浙江最大的一处新石器时代遗址，整个文化层堆积厚20厘米至350厘米，叠压着4个文化层，包含物十分丰富，属马家浜文化类型，处于中国原始社会母系氏族公社时期。

■ 马家浜文化白陶

在遗址内共发现完整或可复原的石、骨、木、陶器等794件，第三、四层中的稻谷，经鉴定属于发现最早的人工栽培籼稻和粳稻。第四层中的建筑木构件，多有榫卯和企口等残迹。

出土石器有石斧、石锛、石纺轮等，陶器有釜、盆、盘、钵、豆、鼎、碗、壶、纺轮等，骨器中有骨耜、骨哨等。在陶片中有少量精美白陶，不亚于后来商代的白陶，有的白陶片上有鸟头纹，还有捏塑男性陶人像。在木器中，有2件拖泥板状的木器和残存木桨，还有一批加工方正的榫卯建筑构件。

马家浜文化陶器中尤其引人注目的是这个遗址出土的4片白陶片。白陶是瓷器的先祖，制作白陶的原

釜 是一种器物，圆底而无足，必须安置在炉灶之上或是以其他物体支撑煮物，釜口也是圆形，可以直接用来煮、炖、煎、炒等，可视为后来所使用的"锅"的前身。釜一般敛口束颈，口有唇缘，鼓腹圆底，口径小于腹径甚多，肩部有2个环状耳。

■ 古代陶器

料主要是高岭土，高岭土铁含量低而铝含量高，较红陶、灰陶耐得起高温，烧成后外形洁白美观，纹路清晰，坚硬耐用，人们对高岭土的认识和使用，为后来瓷器的发明和发展奠定了基础。可见，马家浜文化的白陶比大汶口和龙山文化的白陶早了1500多年。

从制作工艺和烧制方法上看，陶器制作一般都由手工捏制、泥条盘筑、轮盘旋制逐步发展的，焙制方式的演变则更加漫长，最早是原始的篝火式，把制好的陶坯堆放在一起，四周围上柴火烧制，但温度不高，难以烧制大的器皿。后来发展为炉灶式，逐步形成陶窑。

罗家角白陶的制作工艺应是轮制，否则不会这样光滑、均匀。焙制方法可能是用炉灶式，因篝火式达不到1000摄氏度以上。可见"马家浜人"的生产力水平比同时代其他部落要高得多。

罗家角遗址还发现了不少陶纺轮，是"马家浜人"用于纺织的工具。这种织物用的原料是野生葛、纬线起花的罗纹编织，表明当时的编织工艺具有了相当的水平。作为中国所发现的最早织物标本之一，证明了"马家浜人"不再是赤身裸体或披着兽皮树叶了，而是穿上了衣服。

红陶 是中国新石器时代出现的一种器表呈红色的陶器。人类发明陶器以红陶为主，灰陶、黑陶次之，红陶分细泥红陶和夹砂红陶2种，主要原料是黏土。它的烧成其原理是陶坯入窑焙烧时采用氧化焰气，使陶胎中的铁转化为三价铁，器表便呈红色。中国裴李岗文化、仰韶文化、马家浜文化等都以红陶为主。

从罗家角发现的遗物中，还有陶网坠等捕鱼工具，证实了马家浜文化在捕鱼方式上也达到了相当的水平。

最令世人瞩目的就是，罗家角遗址第三、四层中出土的156粒稻谷，是当时人工栽培的籼稻和粳稻。稻谷颗粒较河姆渡遗址发现的略小，距今已有7000年左右，是世界上最早的稻谷遗存。罗家角遗址发现的稻谷，在马家浜文化已发现的稻谷遗存中年代最早，较河姆渡遗址发现的稻谷遗存年代还要早300多年。

马家浜文化遗址分布较广，在嘉兴境内的重要遗址有：嘉兴的马家浜、吴家浜、干家埭、钟家港；桐乡的罗家角、谭家湾、张家埭、新桥、吴家墙门；海宁的郭家石桥、坟桥港；海盐的彭城，平湖的大坟塘，嘉善的小横港、大往遗址；等等。

陶纺轮 是中国古代陶制纺线用具，用灰陶或红陶制作，略呈圆饼形或凸圆形，中有孔，插入木柄或骨柄可以捻线，在新石器时代文化遗址中常见。陶纺轮为细质灰陶，轮制，器型皆算珠形，中有穿孔，大小不一。

■马家浜人缝制衣物

■ 马家浜人在渔猎

　　马家浜文化遗址在太湖流域分布有湖州邱城，杭州吴家埠，苏州越城，吴县草鞋山，吴江梅埝、袁家埭，上海青浦崧泽下层和常州圩墩、武进潘家塘的下层，等等。

　　马家浜文化还开启了中国以渔猎经济为主的新时代，推动了中国远古经济开始向多元分支的发展，因此具有划时代的意义。

阅读链接

　　1959年初春，在嘉兴南湖乡天带桥马家浜地方沤肥挖坑中发现大量兽骨和古代遗物。浙江文物管理委员会组成考古队进行了发掘，发现有与邱城下层同类的遗物并有房基、墓葬等遗迹。

　　马家浜遗址的发掘，引起了国内外考古界的重视。1959年，新华社发了消息，并记入《中华人民共和国要闻录》。

　　1977年在南京召开的长江下游新石器时代学术讨论会上，考古学家认为长江流域和黄河流域同是中华民族文化起源的摇篮，并确认嘉兴马家浜遗址为代表的马家浜文化是长江下游、太湖流域新石器时代早期文化的代表，从此，马家浜文化正式定名。

　　马家浜文化已载入《大不列颠百科全书》《中国大百科全书》，确定了它在史前文化考古中的地位。

崧泽文化开创制陶先河

在长江下游太湖流域崧泽一带，是与马家浜几乎并存于同一时期的另一处远古文化，也具有极为重要的地位。

在距今大约6000年至5300年间，古崧泽地域生活着一个古老而智慧的马家族先民，他们首先开创了轮制陶器，这在中国陶器制造历史中具有划时代意义。

■崧泽先民制作陶器

■ 崧泽文化陶罐

秀丽如画的江河湖泊

从地质发展历史上看，古老的太湖流域在7000年前就已经形成陆地，此时的崧泽濒临东海，是一片沼泽地，地下水位很高，在西边和南边都有山陵、土墩和林木，水草极为茂盛，非常适合远古人类繁衍生息。因而，崧泽人也被视为上海人最早的祖先。

到了6000年前，崧泽地区的人们已脱离了原始渔猎采摘生活，开始转向以畜牧和农业为主的时代。虽然生产工具仍以石器为主，但是已由原始的锄耕改为犁耕。生产工具的改进极大地提高了劳动效率，使水稻得以广泛种植，并能人工培植粳稻和籼稻。

此时的石器已由粗糙的石器转为精制的石器，从旧石器时代进入新石器时代。除了石器，人们已经开始加工玉器、骨器和陶器了。而这一时期的制陶业在中国新石器诸文化中，可谓是进入了一个划时代时期。是崧泽人首先开创了轮制陶器。

最初，人们采用泥条盘叠再加慢轮整修的制陶方法。陶器的器壁比较匀称，有不很挺直的轮旋纹。后来，人们便运用陶轮快速旋轮和捏泥坯成型的制造技术，使器型规整，器壁匀薄，这种方法往往会在内壁和内底遗留坯的旋痕。

轮制 将泥料放在陶车上，利用陶轮的旋转，用双手将泥料拉成陶器坯体。特点规整匀薄。在新石器时代晚期，中国很多地区制陶已采用此法。如龙山文化的匀而薄的黑陶，多是轮制的产物。轮制法的发明，是制陶工艺的一大进步。

而陶器中，除了夹砂陶炊器仍为红陶外，其他的器物多以灰陶为主。灰陶的烧成，是陶器在窑中将要烧成时，将陶窑封闭，使窑内形成高温和缺氧，迫使陶土中的铁元素还原，才能制造出灰陶。

伴随灰陶的烧制，还出现了一种灰胎黑衣陶，其制法是在窑中陶器即将烧成时，不但封窑，还塞入浸水的湿柴，使之在窑内闷烧冒烟，让黑烟渗入陶器的器表。这类黑陶，由于器表微小的孔隙为黑烟所渗填，因此具有不渗水的特点。

在众多泥质灰陶中有一种三口陶器，可谓是陶器中的经典。三口陶器高14.6厘米，是用来盛放液体的器皿，上部有3个瓶口，相连呈"品"字形；腹部微弧，也呈三角形，底略平，附3个扁足。

这件陶器可能是盛酒的器具，上部的3个瓶口，可同时供3人吸酒。类似这样的陶器，在上海地区的器物中极为少见。

这时的陶器不仅制造技术方法较以前有很大的提高，而且十分讲究造型和装饰。在造型上，人们充分运用弧线、折线的适当处理，使器型多种多样，如圆球形、扁圆形或葫芦形、塔形和动物形等。其中，仅鼎足就有扁凿形、圆锥形、扁方形、三角形、凹弧形、扁铲形和角尺形等。

有的陶器还在足根上捏2个凹眼，作兽脸形；有的足根外拐，仿人跨立；有的将边侧捏成波浪形；也有在外向的足面中间，加1条锯齿堆纹。可谓形态万千，举世罕见。

崧泽陶器的另一特色就是器具的圈足很有特点，往往剔

三口陶器

匜 先秦礼器之一，用于沃盥之礼。周朝沃盥之礼所用水器是盘、匜的组合。匜最早出现于西周中期后段，流行于西周至春秋时期。匜有金银匜器、漆器匜、玉器匜和青铜器匜，前有流，后有鋬，类似于瓢。为了防止在置放时倾倒，在匜的底部常接铸有三足、四足，底部平缓一些的无足。

刻成花瓣形，或分割成3块扁足。器盖的捉手顶端也做艺术处理，多有弧线或三角形类似小兽的凸起装饰。

器耳则制成各式鸡冠形，有的甚至是鸟首形。器表的装饰方法，有刻划、镂孔，附加堆纹和彩绘等多种。刻划的纹样，最常见的是弧线往来穿插的几何图案，形似藤竹编织，优美规整。

总之，崧泽文化陶器不仅器型种类多，尤其讲究造型和装饰艺术。器型有釜、鼎、罐、豆、壶、瓶、觚、杯、盆、匜等。

其中，壶的形式有塔形壶、鹰头壶、鸟形三足盉、六足陶龟、兽面钟形壶等。鼎的形制多样，有釜形、深钵形和盘形等。少数彩绘陶也比较突出，是在烧成的陶器上用红褐和淡黄色彩描绘。

在数千年以后，有人在上海的青浦地区的崧泽村挖塘时发现了这一古人类遗址，根据其发现地而将其命名为"崧泽文化"。

崧泽文化属新石器时代母系社会向父系社会的过渡阶段，上承马家浜文化，下接良渚文化，是长江下游太湖流域重要的文化阶段。

崧泽文化遗址共有4处，包括崧泽遗址、福泉山遗址、金山坟遗址和寺前村遗址，共出

■ 崧泽文化陶仓

土各类文物 800 余件。

此外，还发现了 2 口 6000 多年前的水井。水井均为直筒，井壁光滑，水源丰富，井内还遗有兽骨，这是中国迄今发现的最早的水井。水井的开凿工艺也较先进，其形制被后世一直沿用。

崧泽文化古水井

值得一提的是，在嘉兴南河浜遗址中，人们还首次发现了崧泽文化的"祭台"，并较好地揭示了该"祭台"的形成过程。结合特殊陶器的出现，这为进一步认识崧泽文化陶器的内涵提供了难得的信息。

阅读链接

1996 年 4 月至 11 月，为配合沪杭高速公路建设，浙江文物考古研究所决定组成考古队，对南河浜遗址进行抢救性发掘。南河浜遗址，位于浙江嘉兴秀洲大桥云西。遗址西距沪杭高速公路 100 米。

发掘分东、西两区进行，实际发掘面积约 1000 平方米，发现崧泽文化时期人工堆筑的土台 1 处，清理墓葬 96 座，房屋 7 座和灰坑 26 个，出土陶器、石器、骨器、玉器等类文物 700 余件，尤其是在崧泽文化发现和研究方面取得丰硕成果。

这是继上海青浦崧泽遗址发掘之后关于崧泽文化的又一次最重要的考古工作。遗址包含了从崧泽文化早期到晚期连续不断的发展过程，为认识崧泽文化的发展演变期提供了很好的资料，也为后人研究崧泽文化提供了一把有意义的时间标尺。

良渚文化开启铜石并用时代

良渚先民建造房屋

长江下游太湖流域除了马家浜文化和崧泽文化，距今约5250年至4150年，在杭州西北郊良渚一带，一群原始先民开创了另一处重要的远古文化。他们开启了中国一个重要的时代，这就是铜石并用时代。

这里的居民过着较为闲适的定居生活，有固定的居民区。居民区是一种级差式的聚落结构，内有明显的中心聚落、次中心聚落和普通聚落，这样的布局极大地方便了人们的生产和生活。作为文明初期最重要的人类聚落形式，人们开始建造古城，率先进入了成熟的史前文明发展阶段。

城中的民居大小不一，格局却大致相同，就是把固定房架的木桩按东西方向排列，正中用一根长木作为"檩脊"，然后在檩脊上盖上几层竹席作为屋顶。

居民们为方便饮水在居所附近开凿水井，其技术比同一时期其他地区更为先进。所造的水井皆套有木构井圈，井圈再用四五块长约两米的弧形木板凿孔连接而成。数千年以前，人们能够建造如此规格的水井，可见其技术的发达。在当时，中国农业已率先进入犁耕稻作时代，稻作生产相当发达，人们已经摆脱了一铲一锹的耜耕，率先迈入了连续耕作的犁耕阶段。

三角形石犁作为农耕的主要工具被人们广泛应用，这就极大地提高了生产效率，也为社会的繁荣发展奠定了雄厚的物质基础。

与以往相比，人们在稻种的驯化和培育上更加注重其优良性。在长期的农业生产中，人们积累了更为丰富的农耕经验，培育与湿润温和气候相适应的良种。

优良的稻种极大地增加了收成，这使余粮也越来越多，食物十分充足，这就使得规模庞大的人口有了稳定的食物供应。

食物供应充足了，人们衣食无忧，生产力的迅猛发展和进步，极大地推动了手工业的发展，手工业更趋于专业化。在位于湖州东南钱山漾地区，妇女们已经掌握了相当发达的养蚕和纺织技术。

■ 良渚文化彩绘陶盘

缫丝 将蚕茧抽出蚕丝的工艺。原始的缫丝方法是将蚕茧浸在热盆汤中，用手抽丝，卷绕于丝筐上。盆、筐就是原始的缫丝器具。中国在原始社会就存在缫丝，对野蚕茧和家蚕茧进行人工缫丝。进入文明社会后，缫丝技术发展成从蚕茧牵引出丝，再把丝绕到框架上形成丝绞的成熟阶段。

人们运用家蚕丝织造绢织物绢片、丝带和丝线等生活必需品。所用的材质家蚕丝也是经过缫丝的，其经纬密度达到每平方寸120根，足见当时纺织技术的精湛。

陶器制造业也十分鼎盛，陶器中以鼎、豆、盘、双鼻壶、带流壶、带流杯、尊、簋为典型器物。陶器以黑陶为特色制作精良，还在器物表面涂漆，外形精美。

当时，最先进的陶器制作方式是轮制，黑陶豆盘的形状有圆形和椭圆形，胎质细腻，造型规整，器种变化多样，用途分明，尤其是鼎、豆、壶的组合，构成了富有特色的器物群。

此外，良渚先民所创造的物质文化和精神文化的精髓便是玉器制造业的发达，开始出现了大型的玉器礼器。良渚文化玉器，达到了中国史前文化的高峰，玉器数量之多，品种之丰富，雕琢之精湛，在同一时期的中国乃至拥有玉传统的部族中，都独占鳌头。

玉器的种类有珠、管、璧、璜、琮和蝉等。人们还把崇拜的对象刻在玉器上，多是似神似兽的神人形象和神人兽合一的形象。

玉器上的纹饰除了神人兽面图像外，最多的图案是鸟。人们还习惯于把发生的事情刻画在器物上，这也是中国较早的"原始文字"之一。在诸多玉器中，用于祭礼的玉器堪称是玉中的极品。

在礼器中有一种玉琮，个体高达18厘米至23厘米，上面雕刻圆目兽面纹，工艺精湛，是古代玉器中的珍品，被誉为"玉琮王"。玉琮的形状为内圆外方，这与古代的天地相通思想相吻合。

礼器主要是供人们祭祀之用，人们在不同的地点建造了许多祭坛，典型的祭坛，如余杭祭坛。该祭坛平面呈方形，从里向外为红土台、灰土围沟和砾石台，外围的边长约20米。祭坛上有大墓，是人们祭祀先祖和天神的地方。

生产力的发展、手工制造业的进步，使社会大量的财富囤积成为可能，于是产生了贫富分化，这在人们死后也表现得格外明显。

人们死后都被安葬到公共墓地，但不同墓葬其规格和聚落布局都有严格的等级制度。贵族和平民的随葬品是不同的，在墓葬中随葬的玉器有璧、琮、钺、璜、冠形器、三叉形玉器、玉镯、玉管、玉珠、玉坠、柱形玉器、锥形玉器、玉带及环等。另外，也有少量的陶器作为随葬品。

到了后来，良渚地区进入中原夏王朝的统治时期。受到中原文化的影响，长江下游地区

祭坛 古代用来祭祀神灵、祈求庇佑的特有建筑。先人们把他们对神的感悟融入其中，升华到特有的理念，如方位、阴阳、布局等，无不完美地体现于这些建筑之中。祭祀活动是人与神的对话，这种对话通过仪礼、乐舞、祭品，达到神与人的呼应。

文明孕育

远古遗存行

■ 良渚文化玉制人面

■ 良渚文化遗址出土的玉钺

壶 盛酒器和水器，流行于商至汉代。壶使用的年代较长，式样也很多，大致有圆形、方形、扁圆形、八角形、弧形等。断面为扁圆形，深腹下垂，带扁方形贯耳和圈足的壶大多为商代器物，但商代也有长颈鼓腹的圆壶。

的各氏族部落在政治、经济、军事各个领域也都发生了巨大的变革，一些相对独立的"王国"应运而生了。

这时期，良渚地区逐渐形成一座面积达290多万平方米的城池，这座城池是中国长江中下游地区同时代最大的城池，在当时可谓是"中华第一城"。

5000年以后，浙江余杭良渚镇发现了这一重要古人类遗址，命名为"良渚文化遗址"。遗址总面积约34平方千米，是良渚文化的中心。良渚遗址实际上是余杭县的良渚、瓶窑、安溪3镇之间许多遗址的总称。

良渚是新石器时代晚期人类聚居地方，良渚文化是长江下游太湖流域一支重要铜石并用时期的古文明。良渚文化分为石器时期、玉器时期和陶器时期。

良渚遗址是中华文明传统中最有价值的部分之一，它不仅开创了曾经盛极一时的"良渚社会"，而且值得全人类保存和借鉴。

良渚文化还有寺墩遗址。遗址位于江苏武进三皇庙村，这里发现随葬玉制璧、琮较多的良渚文化墓葬。根据地层堆积及2座墓葬，寺墩遗址分2层：下层属崧泽文化，上层属良渚文化，距今约4500年。

遗址下层为崧泽文化遗存。陶器有圈足饰圆形和三角形镂孔的豆、折腹或球腹罐、花瓣足壶等。发现墓葬1处，墓主为女性，仰身直肢葬，随葬有鼎、豆、壶、纺轮4件陶器。

上层为良渚文化遗存，内涵比较丰富。有3座墓葬，自东向西排成一列，未见墓坑和葬具，系掩土埋葬。头向均朝南。东边的3号墓死者为20岁左右的男性，仰身直肢葬。人的肢骨和部分随葬的玉璧、玉琮、石斧上有明显的火烧痕迹，说明埋葬时举行过某种用火的玉敛葬仪式。

随葬品达124件，除陶器和玉石制的穿孔斧、有段石锛、斜柄石刀等生产工具以及玉质的镯、锥形饰、坠、珠、管一类装饰品外，突出的是24件玉璧和33件玉琮。玉璧素面无纹，琢磨光滑，分置于头部、胸腹和脚部，最大且制作最精的一件放在腹部。

玉琮中有一件兽面纹镯式的置于头部右上方。其他均为横槽分节、高矮不一的方柱体玉琮，大体围绕人骨架四周摆放，最高的一件有13节。另两座墓也都用玉璧、玉琮随葬。

这里玉器质料绝大多数是透闪石，属于软玉。根据玉璧上遗留的一层砂粒，可知当时以石英砂粒为解玉砂。从璧、琮的规格及表面弧形琢痕看，可能使用了石英砂石圆盘或轮锯的琢玉装置。

由此可见，良渚文化的琢玉技术已经相当先进，琢玉在

璧 古代用于祭祀的玉质环状物，凡半径是空半径的3倍的环状玉器称为"璧"。按古文献记载，璧的用途一为祭器，用作祭天、祭神、祭山、祭海、祭河、祭星等。二为礼器，用作礼天或作为身份的标志。三为佩饰。四做砝码用的衡。五做辟邪和防腐用。

255

文明孕育

远古遗存

■ 良渚文化玉璧

■良渚文化玉琮

当时已成为独立的手工业了。璧、琮这类贵重礼器在中国古代一直是权力、地位和身份的象征，它们在良渚文化厚葬墓中的发现，反映出当时的原始氏族制已濒临崩溃。良渚文化玉璧、玉琮的精美形制和繁缛兽面纹饰，还为商代文化所吸收并得到发展，构成了中国古代文明的重要因素之一。

良渚文化一向被誉为"文明的曙光"。在中国史前文明的各大遗址中，良渚遗址的规模最大，水平最高。良渚遗址群将成为实证中华5000年文明史的圣地。史前的长江文明，为华夏文明的兴起和发展奠定了坚实的基础。

阅读链接

公元前3000年的汉水流域，先人就在湖北天门市石河镇北，建起了规模宏大的古城。这座古城南北东西各有1000多米，面积达120万平方米。

这座史前巨城之大，让人目瞪口呆，仅现存的城垣西边的壕沟宽就有60米至80米。废城遗址中还有巨大的官殿或宗庙等特殊用途的大型建筑。

紧邻的土坑中出土了5000多件陶塑动物和人像。双膝跪坐的人像，大多是头戴浅圆帽，身着长裙，头后绾髻，端庄而虔诚。遗址中的一个陶罐上面刻画着一个神奇的人物，服装与巫师的服装截然不同，从形态看俨然是一位王者和统帅。从中可以看出，城中主要住的人是贵族、巫师和武士。

宝墩文化标志进入新石器时代

　　长江上游的重庆忠县哨棚嘴一带，大约从公元前4600年开始，就有人类在此繁衍生息。与此同时或稍晚一些，川西成都平原上也生活着一群远古人类，他们创造了成都平原最古老的史前文明。

宝墩人生活遗址

秀丽如画的江河湖泊

都江堰 位于四川成都都江堰市灌口镇，是建设于古代并一直使用的大型水利工程，被誉为"世界水利文化的鼻祖"。由秦国蜀郡太守李冰及其子率众于公元前256年左右修建的，是全世界迄今为止年代最久、唯一留存、以无坝引水为特征的宏大水利工程。

在古籍中曾对中国南方地区有过这样的描述：

江南地广，或火耕水耨。民食鱼稻，以渔猎山伐为业，果蓏蠃蛤，食物常足……饮食还给，不忧冻饿，亦亡千金之家。

这段史料生动地勾勒出包括长江流域在内的中国南方独特的自然环境，对人类生存活动的影响。当时属于新石器时代晚期，以川西成都平原的宝墩地区为中心，在川北的绵阳、广元，川东北的通江、巴中，川西南的汉源狮子山等地区也有人类生存。

人们依据奇特的地势，在宝墩一带建立了完整的村落。这一地区地形奇特，在一马平川的绿色沃野上凸现出以黄土垒起的城墙。城墙内阡陌纵横，沟渠交错，城内的房屋多是木骨泥墙，经火烘烤后坚固结实，经久耐用。

■古代城垣遗迹

城垣是古代文明起源的重要标志，这时期长江上游城垣主要是成都平原新津宝墩、郫县古城村、都江堰芒城、温江鱼凫村、崇州双河村和紫竹村6座城垣。

人们在6座城池四周都修筑了高大的城垣，城垣均采用夯土建成，夯层清楚，夯面紧密。如新津宝墩的龙马城垣，其周长3.2千米，宽达8米至31米以上，高度超过4米，可见其规格之大。

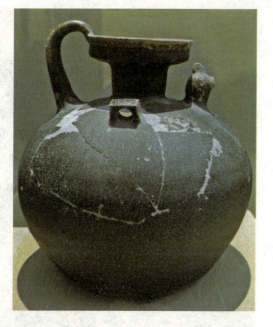

■ 宝墩文物

如此厚实的巨大城垣，连同城内的大片房屋，尤其是城中心的大型聚落建筑，都表明了以成都平原为中心的长江上游地区迈进了文明社会的门槛。

这6座城垣都是建在平原冲积扇河流形成的相对较高的台地上，布局规整，大多呈方形或长方形。各城的面积大小不等，最小的都江堰芒城有12万平方米，最大的宝墩龙马古城达60万平方米，其余在20万平方米至30万平方米之间。

城内有大量的建筑、灰坑和墓葬，其中很多房屋的面积在10平方米至50平方米左右。城垣的中心部分，地位高的人开始建筑面积很大、规格颇高的中心聚落，作为上层统治者活动或居住的处所。规模较大的建筑群面积约3000平方米。

在郫县古城村城池中也有一座大型宫殿或宗庙一

夯土 古代建筑的一种材料，结实、密度大且缝隙较少的压制混合泥块，用作房屋建筑。夯土是一层层夯实的，结构紧密，一般比生土还要坚硬，而土色不像生土那样一致，并含有古代的遗物，最明显的特点是能分层，上下层之间的平面往往有细砂粒。夯土也曾经被盗墓者作为依据，以判断墓穴的主人是否身份尊贵。

类的礼制性建筑，是一座大型上层统治者宗教祭祀和活动的中心。该建筑平面呈长方形，西北至东南方向，长约50米，宽11米，面积达550平方米。这座建筑与一般建筑不同，没有隔墙，房间是宽度不大、进深很长的通间。

这一时期，宝墩农业和手工业都很发达，人们过着农业定居兼狩猎采集的生活。生产工具主要是以磨制石器为主，有石斧、石锛、石凿、石刀和石铲等。

有了这些工具，无论是清除杂草、开荒垦地，还是农作物收割，都极大地提高了生产效率。所制石器选材考究，磨制细腻，如石凿，磨制精细且规整，石质较佳，个别似玉质，几乎可与玉器媲美。由于石器制作技术的娴熟，玉器的加工制造技术也更加精湛。

除了石器和玉器，这一时期制陶技术已经达到相当高的水平。陶器制作是用泥条盘筑加慢轮修整而成。经慢轮修整后器型规整，器表打磨光滑。很多器物采用分体制作，使用黏结的方法。陶器中圈足尊、喇叭口高领罐等器物及其纹饰制作都相当精细，尤其是喇叭口高领罐，因其火候较高，叩之有声，堪称极品。

农业和手工业的发展，增加了财富的积累，也加深了贫富的分化，这在墓葬规模和墓中随葬品方面表现得尤为突出。

当时的墓葬均为长方形竖穴土坑墓，不同墓中的随葬品不尽相同。有的墓中不但随葬品多，还随葬一些珍贵的物品。而有的墓中随葬品则十分简陋，有的甚至一无所有。可见，也只有极少数贵族统治者拥有巨大的财富。

这时成都方圆不过100千米内，有两三个城池几乎同时共存。成都平原只是在四川盆地西部的小盆地，《山海经》说，这里是"百谷自生，冬夏播种"的"三蜀沃野""天府之国"，但相对狭小地区内，

《山海经》 先秦时期重要古籍，是一部富于神话传说最古老的奇书，传世版本共计18卷，包括《山经》5卷，《海经》13卷。内容包罗万象，主要记述古代神话、地理、动物、植物、矿产、巫术、宗教等，也包括古史、医药、民俗、民族等方面的内容，其中的矿物记录，是世界最早的有关文献。

■宝墩房屋

■部落联盟场景

生产水平不会太高的龙山时代，城邑密集、人口膨胀，将会是灾难。

这些城邑存在的年代历时约200年，此兴彼废，各自兴盛一时。当时属酋邦制时代，酋邦不像国家以领土为疆域，而是以血缘氏族部落的聚邑为疆域，或者是村居或者筑小城聚居，部落联盟的酋长则据中心大城。人来筑城，族迁城废，天灾人祸，兴废消长，变化多端，因而给后世留下了大量的古城群。

据古籍《山海经》记载：

东海之外，大壑，少昊之国。少昊孺帝颛顼于此，弃其琴瑟。……长流之山，其神白帝，少昊居之。其兽皆文尾，其鸟皆文首，是多文玉石。实惟员神石夷氏之宫，是神也，主司反景。

这里的员神石夷氏，即为少昊，他由东方的太阳神变成了落日之神。少昊原来的居住地，在他迁移后，他的余部建立起了少昊之国。

当少昊西迁之后，氏族将原来东方的地名也带到了西方，所以在后代传说中，东西方均有所谓的扶桑、穷桑等地名，这些都与这场氏族大迁移有关。伴随着氏族迁移，各地文化也得到有效的融合。

星移斗转，历史也在不断向前发展。到了原始社会末期，在四川境内，部落众多，大小诸侯国林立。各部落为了扩充实力，不惜强取掠夺他人的资源和财富，因而战争烽烟四起，连续不断。

为了免受战争的惨祸，更为了抗击强敌的入侵，各部落首领纷纷在其住地周围筑墙挖沟，造城设关。于是，一大批规模空前的城址群，在西成都平原如雨后春笋般拔地而起。随着阶级对立的加剧，贫富悬殊的加大，战争变得愈加频繁和激烈。

社会处在剧烈动荡和进一步分化当中，同时也在迅速进步向前发展之中，随之而来的将是一个崭新的高度发达的社会文明。

263

文明孕育

远古遗存

■ 狩猎场景

又过了数千年，人们在成都平原发现了这一古老文化，其发现在宝墩而命名为"宝墩文化遗址"。宝墩文化既是这一时期成都平原最早的古城址的典型，也是四川即将跨进文明门槛的历史见证。宝墩文化的发现，对了解夏商时期的三星堆文明意义重大。

宝墩文化是文明孕育时期的文化，相当于中原的龙山文化时期。其6座古城与三星堆的第一期属于同期文化，它不仅大大丰富了三星堆一期的文化内涵，并且可与以三星堆古城为代表的夏商时期的三星堆文化或古蜀文明相衔接。

大量史实史迹证明，长江流域是中华文明的另一个重要的发祥地，长江与黄河一样，共同哺育了中华民族和中华文明。长江下游的原始文明逐渐发展扩大到上游地带，完成了整个长江史前文明的完整链条，而备受关注的宝墩文化的发现，更为长江上游的文明带来了新的曙光。

秀丽如画的江河湖泊

阅读链接

宝墩古城遗址位于四川成都新津城西北的龙马宝墩，地形奇特，在一马平川的绿色沃野上凸现出一圈不规则的脊梁似的黄土埂子。埂内阡陌纵横，沟渠交错。沟底和两侧往往会发现一些散碎的砖瓦器物。

1995年，对宝墩进行考古发掘，经4个月发掘后确认，黄土埂子圈起的地方是距今约四五千年的古城遗址，散碎的砖瓦器物是蜀地先民早在四五千年前就进入文明的物证，属成都平原古蜀文明的最早阶段。

石家河文化玉雕达到高水平

在长江中游流域与宝墩文化几乎同一时期，大约在距今约4600年至4000年间，在湖北天门的石河一带还处于新石器时代，生活在这里的人们衣食富足，已进入文明时代，玉器制造达到了精雕细刻的水平。

人们在邓家湾、土城、肖家屋脊等数十处，建立了较大的中心聚落。当时的经济生活以稻作农业为主，兼以饲养业。所饲养的禽畜有鸡、猪、狗和羊等。日常用具以陶器、铜器和玉器为主。

这一时期陶器的一大特色是出现了黑陶器具，但是也有很多的红色陶杯

石家河文化陶器

符号 是指具有某种代表意义的标识。来源于规定或者约定俗成，其形式简单，种类繁多，用途广泛，具有很强的艺术魅力。它是信息的外在形式或物质载体，是信息表达和传播中不可或缺的一种基本要素。符号通常可分成语言符号和非语言符号两大类，这两大类符号在传播过程中通常是结合在一起的。

和陶塑。在邓家湾还有专门生产小型陶塑的窑场，其形象有狮、大象、虎、鸡、鱼、龟、鳖以及抱鱼跪坐的人物等。

这些小塑像集中在窑穴之中，有的窑穴中多达1000多件，是用于原始巫术祭祀活动。当时，邓家湾作为小型陶塑专门产地，再通过交换输往其他各地。

这一时期的陶器多有刻画符号，其符号又以象形符号为主，大多以简练的笔画勾勒出某一事物的外部形态，并且一件陶器上只有一个符号。这也是此时陶器的显著特征。

陶器上所刻的符号绝大多数为单体符号，也有少数的合体符号。基本笔画为弧线和直线，间或用少数未戳穿的圆形小戳孔。少到2画，多至10余画，主要是用某种材料制成的锐器在大口尊、缸的坯体上刻画而成。

这些符号沟槽较深，有些残片往往沿沟槽断裂，沟槽内的颜色与器表一致，笔道深粗均匀，线条自然流畅。有些符号因刻画较深，坯体烧干后槽口张裂，其现存宽度往往大于刻时的宽度。

高领罐等泥质灰陶小件陶器则是在陶器烧成后或使用过程中刻画而成，笔道浅细，刻画处的颜色

■石家河文化陶罐

比器表要浅。随着制陶业的发展，冶铜业和琢玉工艺也得到了极大的发展，尤其是琢玉工艺崛起后，形成特色鲜明、雕工高超的玉器特色。

玉器种类繁多，有人面雕像、兽面雕像、玉蝉、玉鸟、飞鹰、猪龙、玦、璜形器、管形器等。这些造型丰富的玉器体积小，重量轻，纹饰简洁，做工却很精细。

玉器不仅用于观赏和生活，还作为随葬品的主要物件。有的大型墓葬长达3米多，随葬品中的玉器及玉石料达100多件。

一些成人瓮棺葬中的小型玉器随葬品常达数十件，是这一时期玉器墓之首。由此可见，当时人们视玉器为重要财富，对玉器是极为重视的。但是，此时已经处于原始社会的瓦解阶段。

在石家河玉器里，有如下几种特点：

第一是玉面人头像，分为獠牙和非獠牙2种。形状特点为方脸，橄榄眼，鹰钩大鼻，耳有大耳环，阔嘴。工艺上最突出的特点是剔地阳纹，也叫"压地"或"减地"阳纹。这种工艺做一条阳线，首先要刻出两条阴线作为阳线两边的轮廓，然后再分别剔除两边多余的部分将阳线凸起，最后还要平整除去部分的表面，工序相当复杂。

同时代良渚玉器工艺远不及石家河玉器。后代商玉双勾阴线也只是石家河玉工艺的第一步。直到后

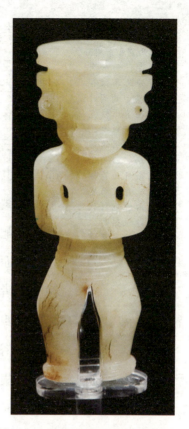

■ 古代玉雕

瓮棺葬 古代墓葬形式之一，以瓮、盆为葬具，大多将大人或小孩的尸体殓入其中埋葬。这种葬俗流行于新石器时代至汉代，是将未成年人、夭折后的婴儿尸骨放入陶瓮中，盖上盖子，埋于地下。这些陶瓮以及瓮盖不是专门烧制的，而是将日常生活中的储物器随机拿来用于埋葬之用。

商周 通常分为商朝、西周和东周3个时期，而东周又可分为春秋和战国2期。商周时期出现了比较完善的文字制度，进入了文明的历史时期。创造了灿烂夺目的青铜文化，并进而完成了由青铜时代向早期铁器时代的转变，并且城市在这一时期兴起。

世，制玉也因其工艺复杂、要求高而很少使用阳纹。

第二是玉片饰。石家河玉片饰则采用最先进的"拉丝"工艺方法，外廓起牙多，内部镂空多，留地少，多为规整直角。工艺和图案都媲美于红山、良渚。

第三是喇叭形器。良渚的玉琮、红山的玉箍形器都曾令世人瞠目，但石家河玉喇叭更该让人感慨。这小小的喇叭，不但有琮和箍形器的内部掏膛取芯，还要内外配合，琢磨成喇叭形，并雕出数道阳纹圈，然后将器面平整抛光，其工艺强度难度远远高于红山玉箍和良渚玉琮。

第四是石家河有很多玉虎头。说明石家河先人有崇虎习俗。玉虎头玲珑饱满，线条流畅，形象生动。工艺上集浮雕、圆雕、镂空雕于一身。这一高超的技艺是同时期其他文化所没有的。

石家河的玉器如同远古的和氏璧，如果剥掉玉皮，其灿烂辉煌不亚于良渚、红山。石家河的玉人头基本都具有"头戴冠帽、菱形眼、宽鼻、戴耳环和表情庄重"的特征，但在造型上富于变化。

■ 石家河文化玉虎头

这些玉制的人头形象可能代表着石家河先民尊奉的神或巫师的形象。相比人头形象，动物形玉器多为写实造型：展翅飞翔的玉鹰生动逼真、栩栩如生；玉虎头方头卷耳，生气勃勃；玉蝉写实的

形象，开创了商周时期玉蝉造型的先河。

　　数千年后，人们在湖北天门的石家河镇发现了这处古人类遗址，并命名为"石家河文化"。这是一个规模很大的遗址群，多达50余处。该文化已经发现有铜块、玉器和祭祀遗迹、类似于文字的刻画符号和城址，表明它已经进入文明时代。

　　石家河文化，以出土小型精致的玉器而备受关注。玉人头、玉鹰、玉虎头和玉蝉属于石家河文化玉器中的精华部分。它们大多出土于成人瓮棺之中，显示石家河先民具有特殊的原始宗教信仰。可以说，石家河的玉器代表了江汉平原史前玉雕的最高水平。

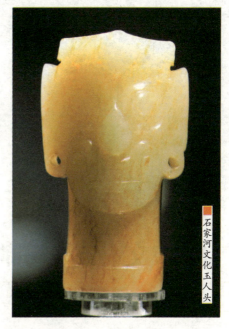

石家河文化玉人头

阅读链接

　　和氏璧是中国历史上著名的美玉，被奉为"无价之宝"。和氏璧最早见于《韩非子》《新序》等书。

　　春秋时期，楚国有一个叫卞和的琢玉能手，拿着在荆山里得到的一块璞玉去见楚厉王。厉王命玉工查看，玉工说这是一块石头。厉王大怒，以欺君之罪砍下卞和的左脚。厉王死后武王即位，卞和再次捧着璞玉去见武王，武王又命玉工查看，玉工仍说是一块石头，卞和因此又失去了右脚。

　　武王死后文王即位，卞和抱着璞玉在楚山下痛哭了三天三夜。文王得知后派人询问为何，卞和说：我并不是哭我被砍去了双脚，而是哭宝玉被当成了石头，忠贞之人被当成了欺君之徒，无罪而受刑辱。于是，文王命人剖开这块璞玉，见真是稀世之玉，便命名为"和氏璧"。

大溪文化迈入制陶新阶段

　　人类的进步及频繁的迁徙，既促进了经济的繁荣，也加速了各地区文化的融合。长江流域的远古文明也在不断的融合与发展中前进。

　　大约公元前4400年至公元前3300年间，是长江中游地区的新石器时代，生活在四川大溪地区的古人类制造的白陶和薄胎彩陶，代表了同一时期较高的制陶工艺水平。人们居住红烧土房屋并较多使用竹材建房，居住条件大为改善。

大溪人使用的原始陶器

　　在经济上，大溪的居民以稻作农业为主，主要种植粳稻。除了饲养猪、狗之外，鸡、牛、羊也已成为常见的家禽和家畜。

　　这一时期，虽然以稻

作为主，渔猎和采集等辅助经济仍占有一定的比重。人们在劳作之余捕捉鱼、龟、鳖、蚌和螺等水生动物以及到森林里捕猎野猪、鹿、虎、豹、犀和象等，作为饮食、生活用度的另一重要来源。

除了农业和副业的发展，在手工业上也有了长足的进步，尤其是制陶业方面，以白陶和薄胎彩陶最为突出，专业陶窑也较前代有了较大的改进。陶窑由斜坡状火道、火膛和出烟口3部分构成。

火膛下半部挖在生土中，上半部用大块红烧土垒成。火膛之上未见窑箅，围绕窑壁内侧有一周放置陶坯的平台，大多数陶器火候较低，烧成温度为750摄氏度至880摄氏度。

大溪的陶器以红陶为主，普遍涂有红衣，有些因扣烧而外表为红色，器内为灰、黑色。盛行圆形、长方形、新月形等戳印纹，一般成组印在圈足部位。

此外，也有少量的彩陶，多为红陶黑彩，常见的是索纹、横人字形纹、条带纹和旋涡纹。主要器形有釜、斜沿罐、小口直领罐、壶、盆、钵、豆、簋、圈

白陶 指表里和胎质都呈白色的一种素胎陶器，它是用瓷土和高岭土为制陶原料，烧成温度在1000摄氏度左右。白陶基本上都是手制，以后也逐步采用泥条盘制和轮制。商代晚期是白陶器高度发展时期，西周时期便不再烧造。其器型种类不多，大多为生活用品，其装饰方法有刻纹和浅浮雕2种。

足盘、圈足碗、筒形瓶、曲腹杯、器座、器盖等。

人们通常所用的白陶圈足盘，通体饰有类似浅浮雕的印纹，图案复杂精细。薄胎细泥橙黄色的彩陶单耳杯和圈足碗，胎厚仅0.1厘米至0.15厘米，并绘以棕红色的多种纹样，显得精美别致。

此外，匠师们还精心制作实心陶球和空心裹放泥丸的陶响球，以供把玩。这也是中国有陶器记载历史以来，极为少见的陶器玩具。

除了陶器，石器也作为日常用具广泛使用，尤其是石锄和椭圆形石片切割器等打制石器。在这一时期的石器中，两侧磨刃对称的圭形石凿颇具特色，也有很少的穿孔石铲和斜双肩石锛，还有长达三四十厘米的巨型石斧。

大溪居民的葬俗极为特殊，葬式复杂多样，跪屈式、蹲屈式的仰身屈肢葬是其主要特点。

墓地中的死者多以头向南安放，除个别墓葬是成年女性和儿童的合葬墓外，绝大多数实行单人下葬。葬式一类为直肢葬，数量占半数以上以仰身直肢为主。另一类为屈肢葬，其中多数是仰身屈肢，以双脚压在髋骨下的仰身跪屈葬和下肢向上屈的仰身蹲屈葬最为特殊。也有一些是将死者捆绑后埋葬的，下肢弯屈程度很大。

绝大多数的墓都有随葬品，最多的达数十件，而随葬品也是女性

■大溪文化圈足盘

墓较男性墓富有。有的是在死者臂骨上佩戴石镯、象牙镯等饰物，有的是整条的鱼骨和龟甲摆放在死者身上或是置于口边，也有的是两条大鱼分别垫压在两臂之下。

以鱼随葬的现象，在中国新石器时期是极为少见的。另外，还有少数的以狗为随葬品的墓葬，这在其他地区的墓葬规制中更为罕见。

数千年以后，人们在重庆巫山的大溪发现了这处奇特的古人类文化遗址，并据其发现地而将其命名为"大溪文化"。其分布东起鄂中南，西至川东，南抵洞庭湖北岸，北达汉水中游沿岸，主要集中在长江中游西段的两岸地区。

大溪文化的发现，揭示了长江中游的一种以红陶为主并含彩陶的地区性文化遗存。在大溪文化遗址中，共发现300余座墓葬。其中大溪墓地的最多，人骨保存较好。

大溪文化分为连续两个阶段，早期为母系氏族公社的繁荣阶段，晚期为父系氏族公社的萌芽阶段。早、晚两期墓葬所反映的社会性质有很大的差异。

大溪文化与仰韶文化比较，两者都有外形近似而各属自身系统的折沿盆、敛口钵、口瓮和小口直领罐等陶器，反映了在同一时期南、北所流行的器物形制和作风。

■ 大溪墓葬出土的象牙镯

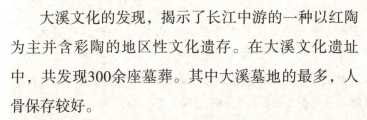

镯 是女子专门佩戴的饰物，质地有金、银、玉、水晶等贵重金属与石头。"镯"字从金，从蜀，"金"与"蜀"联合起来表示"金属制的网罩"。作为普通人手腕装饰品的"手镯"，原指一种带状有孔眼的腕饰。

■ 大溪墓葬发现的动物骨骼

另外，明显存在互相交流影响的因素。如淅川下王岗的早一期和早二期遗存中的陶、豆、盂、筒形瓶式细高器座等，是受大溪文化影响的产物。

大溪、关庙山、红花套等处发现的圆点钩叶纹和花瓣纹的彩陶罐、垂幛纹彩陶钵片、双唇小口尖底瓶片等，是仰韶文化庙底沟类型南下影响所及的实物例证。

此外，在湖南石门皂市、湖北宜都城背溪、秭归柳林溪，都有较早的新石器遗存。这些为探讨大溪文化的渊源提供了重要线索。

阅读链接

巫山大溪文化遗址三次发掘墓葬207座，其中9座有以鱼随葬的现象，有的鱼被放在身上，有的放在脚旁，有的放在双臂下，有的被含于口中。新石器时代的丧葬仪式就是巫术仪式，以鱼随葬也包含有原始宗教和巫术的意蕴。

鱼作为大自然提供给原始人的食物资源，有专门一部分人承担鱼类的捕捉和供给，因而这些人便具有了特殊的身份。他们的死亡，是村社部落氏族的重大损失。而在部落氏族社会的意识里，死者的灵魂依然活着，仍然会继续发挥出一种神秘的力量。

所以，以鱼随葬并不仅仅是供死者在另一个世界里享用，更重要的意蕴在于，祈望死者的灵魂在另一个世界里继续以其专门技术来为这个世界里活着的人提供生存和生活的帮助。

长江文明之源的三星堆

　　长江上游地区，在3700年以前正处于原始社会末期。那时，各部落烽烟四起，为了抗击强敌的入侵，部落首领们纷纷在其住地周围筑墙挖沟，造城设关。

　　这一时期，长江上游的三星堆地区，进入了一个文明发展时期。这时，哨棚嘴文化和宝墩文化相继衰落，代之而起的是一种以陶小平底罐、高柄豆、鸟首形器等为特色的新型文化。

　　三星堆是缘于其古城内3个起伏相连的黄土堆而得名，有"三星伴月"之美名。

三星堆人首鸟身像

　　三星堆位于成都平原广汉市境内的鸭子河与牧马河之间的台地上，是长江上游地区最

为重要的古代城垣。

三星堆城垣的东、南、西三面为人工夯筑城垣，北面以鸭子河做天然屏障，形成了面积达3500平方米的大型古城。这样大的城池在当时实属罕见，可见当时的建筑技术已达到相当高的水平。

古城的布局是南宽北窄，呈梯状，东城墙由主城墙、内城墙和外城墙3部分组成。城内大型夯土、土坯砖城垣和木构梁架建筑群开始陆续出现。

主城墙顶部是用土坯砖作为建筑材料，城内房屋的房面分为方形、长方形和圆形3种类型，多以方形和长方形为主。

有的房屋面积仅是一间10平方米的小房，也有面积超过60平方米的中等房屋。其中，最大的房屋进深8.7米，面阔23米，面积达200平方米，且数间相连，并具有木构梁架的大型宫殿式建筑。

在不同的房屋之间还设有散水设施和引水出城的沟渠。这样精心建造的规格如此高的大型聚落，便是上层统治者集团活动的处所。

当时，三星堆是一批社会地位颇高、且掌握一定权力的特殊阶层活动的中心。阶级发生了严重分化，已经出现了奴隶制，能工巧匠们经常把饱受摧残的奴隶形象雕成石雕。

在三星堆有2个大型的祭祀坑。坑内有次序地分层堆满了各种形制奇特、不同质地的玉石礼器、金器、青铜人像、象牙、骨渣等数以千

计的器物。

■ 三星堆金杖

　　这些器物中最引人注目的便是象征至高无上王权的金杖。金杖长1.42米，重约0.5千克，刻有精美的鱼鸟图案和人头像，这是最高权力的标志物。

　　此外，祭祀坑里还有代表各诸侯首领数十件与真人大小相仿、神态各异的青铜人像和人面像。其中高达2.62米，重180多千克的青铜大立人像，是中国最大的青铜雕像，有"东方巨人"之称，这是以巫师身份出现的王，集政权、神权于一身。由此可见，三星堆已是一个政教合一的国家实体。

　　在三星堆，两株高大的青铜神树作为沟通天地的祭祀用具非常引人注目。青铜和尊作为礼仪用器，其他各类铜器也都具有宗教祭祀的性质。

　　礼仪用玉器多达上千件，不同种类玉器各有其代表意义。玉琮、玉璧用于宗教仪典；玉斧、玉戈、玉矛、玉剑作为仪仗，象

三星堆青铜神树

■三星堆太阳轮型器

征威武的军权；玉璋代表礼仪用器；象牙、海贝等作为奉献给神灵的祭品。

这一时期，农业有了更大的发展，生产工具的数量和种类都有所增多，尤其是锄形器的出现，标志人类已正式进入锄耕农业阶段。谷物收割工具石刀也得到了极大的改进，更加提高了劳动效率。

农业的发展也带动了畜牧业的发展，多数居民还在住宅边上围起栅栏，饲养家畜。同时，大量余粮的出现，也促进了酿酒业的发展，这些都使人们的饮食结构得到了一定的改善。

随着农业的发展和进步，手工业从农业中分离出来，成为一个独立的行业。手工业门类齐全，铜器、玉石礼器和陶器的数量具有相当规模，其加工制作技艺更胜一筹，并且拥有独立的制造加工作坊和一大批专门从事各种手工业生产、技术熟练的工匠。

玉石器的加工制造向高精化发展，且数量大增。玉石器主要是璋、璧、圭、琮、矛、斧等高档用品。

当时陶器的制作呈现出鲜明的地方特色。高柄豆、小平底罐、圈足盘、壶、瓶、鸟首形器等，构成这一时期最重要的陶器物群。

部分陶器还采用了轮制技术，纹饰也十分丰富。在陶器生活用器中，陶酒器独领风骚，酿酒的高领大罐，饮酒的觚、杯，盛酒的瓮、罐、壶，温酒的器具，以及舀酒的勺，一应俱全。

陶食器数量也有很多，碗、碟、盘、豆、罐等日常生活用具，应有尽有。各种精美的陶塑工艺品如虎、象、牛、猪、羊、鱼、蛙等，在同时期的其他地区是绝无仅有的。

经济的发展也带动了纺织业的发展，人们日常所用的衣物皆用不同质地、多种形制的纺轮纺织而成。缝纫和刺绣织锦技艺已达到很高的水平，人们开始身着长襟的服饰。

纺织业发展的同时，金器加工、漆器制造业也得到了极大的发展，但是雕花镂空的漆木器等高档消费品被少数贵族统治者所垄断。

在这一时期，农业和手工业的高度发展，加速了商业贸易的迅速出现，也推动了社会生产关系的巨大变化。手工业从农业中分离出来以后，为了适应经济发展的需要，出现了商品交换和货币经济。

人们使用数量众多的海贝、铜贝和玉石璧瑗等到集市上交换自己所需的物品，人们生活在衣食基本无忧、秩序井然的礼制社会里。

雄厚的经济基础为三星堆的统治者提供了强大的物质保证。这时的三星堆已是一个规模宏大、功能设施齐备，具有了国都性质的政治、经济和文化中心。

数千年以后，三星堆发现了这一重要的古人类遗址，并以其首先发现地三星堆而命名为"三星堆文化"。

三星堆文化是由30余个文化点构成6个大的

镂空 一种雕刻技术，是在物体上雕刻出穿透物体的花纹或文字。镂空是外面看起来是完整的图案，但里面是空的或者里面又镶嵌小的镂空物件。镂空是应用陶瓷的传统装饰技法之一。指在陶坯体上透雕花纹。距今5000年前的新石器时代晚期陶器已有透雕圆孔为饰，清代时这一工艺达到顶峰。

■三星堆镂空金面具

象征三星堆发达文明的青铜神树

遗址组成、总面积达12平方千米的大型遗址群。三星堆遗址被称为"人类最伟大的考古发现"之一，昭示了长江流域与黄河流域一样，同属中华文明的母体，被誉为"长江文明之源"。

三星堆文明是一个崭新的、高度发达的长江上游文明，已成为中华文明的重要组成部分。三星堆时期，人们在承继宝墩文化因素的同时，又受到中原二里头文化的强烈影响。

中原二里头文化南浸，最初在长江中游鄂西地区稍作停留，然后由鄂西地区溯长江西上进入四川东部，再由此折而西北，最后向川西成都平原渗透，三星堆的居民就是在这股强大外力的作用下，推进并发展了举世瞩目的原始文明。

阅读链接

在中国，早在殷商时期就有"国之大事，在祀与戎"的观念。祭祀与战争相提并论，同时也被看作是国家的头等大事。三星堆高度发达的青铜文化和众多玉石器精华，以及大量金器、象牙、海贝等重器的出现，足见宗教祭祀在当时社会中举足轻重的地位。

三星堆遗址出土数十件青铜、玉石兵器，说明当时战争的激烈和经常化。当战争发展到一定程度和一定规模时，就产生了强大的军队。三星堆遗址出土的神器底座有武士雕像，反映了军队已经出现。军队的出现，标志着奴隶制国家已经建立。

青铜文化繁荣的十二桥文化

大约从公元前3100年开始，盛极一时的三星堆古城突然被废弃，举世瞩目的三星堆文明也随之终止了在该地的发展，神秘地消失在茫茫的历史长河之中。

这时，有着与三星堆同样发达的另一种古文化在成都的十二桥地区悄然兴起，一直到后世的春秋中期，形成了长江上游文明在成都平原继续发展的历程。

■十二桥原始人生活场景

■ 象牙堆积坑出土
的化石

宫殿建筑 又称
"宫廷建筑"，
是皇帝为了巩固
自己的统治，突
出皇权的威严，
满足精神生活和
物质生活的享受
而建造的规模巨
大、气势雄伟的
建筑物。这些建
筑大都金玉交
辉、巍峨壮观。
中国古代宫殿建
筑采取严格的中
轴对称的布局方
式，宫殿建筑物
自身也被分为
"前朝、后寝"
2部分。

到了商代，成都十二桥地区居住的人越来越多，随着人口的增多，房屋建筑也形成了较大的规模，小型房屋与大型宫殿建筑相互连接，互为配套，构成一个规模庞大的木构建筑群。这一建筑群总占地面积超过1.5万平方米，其中木结构建筑将近1万平方米。

这时的建筑形式也是多种多样，有木骨泥墙式建筑群，也有大型干栏式木构建筑群。这些房屋建筑中，有呈长方形的干栏式小型房屋，也有地梁直接与地面接触的带有庑廊的大型宫殿建筑。

大型建筑屋面为悬空设计，下方以木桩作为支撑，平面有长约12米的地梁，其上凿有规整的方形和圆形卯孔，柱洞纵横对应整齐，上部是较为规矩的大型梁架结构。

此外，人们在建筑群体内有一定规划和功能分区，每个区内又有一定的布局结构。一般是大型排房宫殿性建筑，其房屋布局也很有规律，长度都在20米以上，其中最大的一座房屋宽近8米，长度在54.8米以上，至少有5个开间，面积在430平方米以上。

在建筑群的南部是人们日常生活居住区、作坊加工区和小型墓葬区。这里有大量的红烧土堆积，有成排的陶窑群，陶窑均由工作面、窑门、火膛和窑室组成；有400多个灰坑，90多座墓葬，还有跪人、卧虎、盘蛇等众多圆雕石像。

在城东部是宗教仪式活动区，在这面积约8000平方米的范围内分布着大量精美绝伦的珍贵艺术品，有金器、铜器、玉石器等礼仪用器，以及众多的象牙和龟甲等祭祀用品。

在这里还有3处特殊的祭祀遗迹，一是象牙堆积坑。坑内有规律地平行放置大量象牙，最长的近1.5米。堆积坑共分8层，摆放着数以吨计的象牙，在象牙层中还放有玉器和铜器；二是石璧、石斧、石璋形器半成品分布区。面积约300平方米；三是成片的野猪獠牙、鹿角、象牙、陶器和美石的集中分布区，面积约300平方米。

人们能够建筑如此规模且分区明确的建筑群，得益于农业的飞速发展，社会财富的增加。这时，农业生产工具又有所增加，新出现了一种翻土工具，如鹿角器，并在农业中大量应用。

农业生产发展的同时，防洪灌溉技术日趋成熟，人们根据需要建造了多处农田水利工程和治水设施。这些水利工程的治水设施完全由

■ 十二桥文化陶猪

■ 十二桥出土玉铲

砾石是沉积物分类中的一种名称，由暴露在地表的岩石经过风化作用而成，常沉积在山麓和山前地带，或由于岩石被水侵蚀破碎后，经河流冲刷沉积后产生，砾石胶结后形成砾岩或角砾岩。

夹砂陶 新石器时代开始生产的一种陶器。为了使陶坯烧制受热时不易裂开，制陶工匠在陶土中掺入一定数量的砂粒和其他碎末，所以称这种陶器为"夹砂陶"。其质地较粗，成型方法是采用泥条盘筑法和轮制成型法。陶胎含砂不但能耐高温，且制成陶器再次受热也不碎裂，可做炊器。

人工完成，全用竹篾和卵砾石砌筑，也是成都平原最早的水利工程。

随着农业生产的发展，家畜饲养业也进一步发展。人们家养的动物有猪、狗、牛、羊、鸡等种类，其中家猪的饲养最为普遍，约占家养动物的75%。

家猪的饲养与农业生产的发展有着密切的联系，从另一侧面反映了当时农业生产水平的提高。

此时的陶器制作技术也有了进一步发展，陶器以夹砂陶、灰陶为主，种类更加丰富。典型陶器以尖底器、喇叭口罐为重要特色，并贯穿始终。不仅陶器制作技艺精良，玉石器加工制作也更加精细。

玉器历来作为贵重物品，上乘的玉器价值连城。此时期的玉器主要是礼器，数量多、品种全，几乎囊括了中国青铜时代玉器主要种类。玉器使用线割、锯割和板割等多种方法，打磨较以前更加规整、光洁。

此外，金器和铜器的加工制作技术更加精湛和娴熟，金冠带便是当时金器加工的代表作。金冠带是用金条锤打而成，长0.59米，宽0.04米，其组合图案与广汉三星堆金杖上的鱼鸟图案和人头像十分相似，具有王权的象征。

可见，居住在宫殿中的不是一般的部落首领，而是国家的统治者。铜器的制作更加精美，工序也较为复杂，多数器型偏小，很多器型也都是从三星堆文明沿袭而来。

3000年后，人们在十二桥地区发现了这一远古人类遗址，并依据发现地而将其命为"十二桥文化"。十二桥文化大型遗址群主要分布于成都平原的中心地带，绵延10多千米。十二桥文化完全是从三星堆文化中脱胎发展而来，前期承袭了大量三星堆文化因素。

十二桥文化仍以成都平原为中心，其分布范围为川西的青衣江大渡河流域、川中的嘉陵江流域、川东长江沿岸、长江中游的鄂西地区以及陕南汉中地区，这些地区都发现有相类似的古文化遗存。

十二桥、羊子山、金沙等重要遗址的遗迹和遗物，展现了长江上游文明发展前进的步伐。

由此可见，这一时期，成都已经形成一个综合国力十分强大的政治、经济和文化中心。这一时期阶级分化进一步加剧，奴隶制国家发展壮大，贫富悬殊也

灰陶 即灰色陶器。陶土中含有一定量铁的化合物，它起着助熔的作用，能降低陶器的烧成温度，灰陶就是在弱还原气氛中烧成的。灰陶在新石器时代早期的裴李岗文化遗址中已经出现，仰韶文化和龙山文化时期都有灰陶，到了二里头文化早期，灰陶和夹砂陶则占据主要位置。

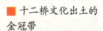
■ 十二桥文化出土的金冠带

原始铜戈

更加明显，在墓葬中表现极为明显。

在已发现的墓葬中，约有一半的墓葬没有随葬品，有随葬品的器物也不多，主要是陶器，只有5座墓随葬器物丰富。随葬品包括陶器和一定数量的铜器和玉器。

这一时期出现了大量的铜制和玉石兵器，如戈、矛、剑、钺等。彭县竹瓦街西周铜器窖藏的5件一组的列和戈、矛、剑、戟等兵器同放在一个大陶缸中，说明"国之大事，在祀与戎"的观念进一步得到了体现。

正是在这种情况下，四川盆地迎来了又一个青铜文化的高峰，墓葬文化异彩纷呈，长江上游文明进入了新的发展繁荣时期。

阅读链接

1956年，考古学家在成都羊子山发现了大型土台。羊子山系大、小羊子山的合称，大羊子山，实际上是一座人工堆砌的"回"字形三级四方台，土台用土砖砌成3道墙，内填土夯实，土台直径140米，高10米，这种土台是奴隶主贵族做祭祀、饮宴或观象之用。这座土台是目前中国发现的先秦时期最大的礼仪性地面建筑。

该土台为四方形台阶式建筑，台身占地面积约1万平方米，高10余米，厚6米，分上、中、下3层。边墙用泥砖垒砌，中用填土夯实。估算用泥砖约130万块，土方在7万立方米以上。

规模如此宏大，雄伟气派，俨然是一座国家级的祭祀土台，是当时这一地区举行祭祀活动的重要场所。

屈家岭文化的分间房屋建筑

在长江流域中游江汉平原的屈家岭一带，公元前2550年至公元前2195年间，一群新石器时代人类在这里创造了灿烂的古代文明。

这一时期，稻作农业以人工栽培的粳稻为主业。居民还饲养以猪、狗为主的家畜，同时兼事渔猎。生产工具最初有磨制的石斧、石锛、石凿、石镰、穿孔石耜、石镞和打制的凹腰石锄及彩陶纺轮等，磨制一般比较粗糙。后来，磨光石器也有所增加，双肩石锄成为人们

■屈家岭文化陶器

常用的农具之一。

为了便于生产和生活，人们还建造了圆形城池作为固定的生活区。其中，位于湖南澧县城头山的圆形城池，直径约310米，外侧建有护城河。

当时居民房屋大多是方形、长方形建筑，有红烧土居住面、木骨泥墙或直接用黏土混合烧土渣垒成墙壁，还有先挖墙基槽，然后立木柱建筑墙体，最后造房架。墙体有2种，即夹板堆筑法和土坯垒砌法。屋顶为侧面起脊。

屈家岭先民制作陶器

也出现了大型分间房屋建筑，大的房间长14米，宽5米多，室内面积约70平方米，单间房屋的面积一般10平方米左右。房屋地面都是用红烧土或黄沙土作铺垫，以便隔潮，表面再涂白灰面或细泥，并用火加以烘烤使之坚硬。在室内中部或偏一角处筑有火塘，火塘附近备有保存火种的陶罐。

人们在建房过程中，有时还把整条猪、狗埋在房基下作为奠基牺牲。这些建筑既有单间的，也有套间或各开屋门的双间屋，有的各间分别开门通向户外。多间式房屋的出现，显示出建筑技术的进步，同时反映了父系家族实行小家庭分居生活的情景。

人们死后有固定的氏族公共墓地。成年死者多采用土坑葬，儿童用瓮棺葬，多数墓中都有数量不等的随葬品，前期多小型明器，包括朱绘陶器和朱绘卷云纹石钺等。后期有个别墓随葬猪头骨。

墓葬形制以竖穴土坑墓为主。成人墓多是单人仰身直肢葬，有拔掉上侧门齿的现象。小孩墓多为圆形土坑瓮棺葬，葬具通常是在一个陶碗上对扣一个陶盆或用两个陶碗对扣，竖埋在小土坑内，一般都无随葬品。有的葬具底部中心特意凿出一孔，有可能是作为儿童灵魂出入的孔道。

这一时期，制陶业在手工业生产中占有最重要的地位，主要烧制黑陶和灰陶，也烧一些朱绘陶和彩陶。最有特色的是薄胎晕染彩陶，在陶器表面的陶衣上，用黑彩绘一些方格、桂叶形纹、带纹和垂幛纹等，精美而富有特色。

花纹色彩与陶衣上的色彩交互映衬，浓淡相间，仿佛云水相接，别有一番趣味。早期黑陶多，灰陶次之，黄陶和红陶较少。陶器表面多数为素面磨光。

陶器制作以手工为主，少量采用轮修工艺，但快轮制陶已普及。烧陶温度在900摄氏度左右。陶器大部分素面，少量饰以弦纹、浅篮纹、刻划纹、镂孔等。

彩陶很有特点，作笔有浓淡，不讲究线条，里外皆施彩。陶衣有红、白等色，施加陶衣后用黑色或赭色彩绘出带形纹、网格纹、圆点纹和弧三角纹。

陶器器型有高圈足杯、三足杯、圈足碗、长颈圈足壶、折盘豆、盂、扁凿形足鼎、甑、釜、缸等，其中，蛋壳彩陶杯和碗最具代表

垂幛纹 新石器时代晚期彩陶装饰纹样之一。因以边续的下垂波线组成画面如垂挂的帏幛，故名"垂幛纹"。是用黑、红二色描绘，在双耳壶、罐等器物的上腹部画出有规律性的辅助纹饰。早期为单线垂弧，是由马家窑类型的水波纹发展而来的，一般装饰在壶、罐类器物的腹部，在主体图案下沿一周。

■ 屈家岭文化彩陶

性。另有较多的彩陶纺轮，其横截面有椭圆形、长条形等，纺轮上先施米黄色陶衣，然后彩绘出旋涡纹、平行线纹、同心圆纹、卵点纹和短弧线纹。

屈家岭的陶器圈足器很发达，三足器较多，平底器较少，不见圆底器，器形有罐形鼎、高领罐、高圈足杯、薄胎杯和壶形器等。

岁月如梭，当时的一切早已成为历史。数千年后，人们在修建石龙水库干渠时发现了这处古人类遗址，因其具有鲜明的江汉平原的特点，有别于中国新石器时代的仰韶文化和龙山文化，因此将这种文化定名为"屈家岭文化"。

屈家岭遗址的分布范围可分为4区：江汉平原区、鄂西区、湘北区和鄂东区。经过发掘的屈家岭文化遗址包括京山屈家岭遗址、荆州阴湘城遗址、石首走马岭遗址、钟祥六合遗址、天门邓家湾、谭家岭和肖家屋脊遗址等。

屈家岭遗址的发现在中国考古界有着重要的意义，这一珍贵遗迹充分地说明了长江流域同黄河流域一样，是中华民族的摇篮。

秀丽如画的江河湖泊

阅读链接

根据考古挖掘勘测，屈家岭文化的北部外围分布区，已达到南阳地区伏牛山南麓一带。这里原是仰韶文化的分布范围，后来屈家岭文化扩展及此，并与黄河流域腹地的末期仰韶文化和早期龙山文化先后发生接触和交流。

在具有仰韶文化向龙山文化过渡性质的河南禹县谷水河第三期和郑州大河村第四期文化遗存中，分别出土有双腹豆、高领圈足壶、高圈足杯、盆形瓦足鼎等，都与屈家岭文化的器形相同或近似，显然是屈家岭文化影响的结果。

在陕县庙底沟二期文化遗存中和青龙泉中层、屈家岭，又都存在喇叭口红衣小陶杯、园底罐形鼎等相似的器物，也反映了相互间的联系。

中国文字可考历史是从夏代开始的，此后历代的兴衰更替彰显了华夏古老文明的发展历程，而长江文明在历史发展进程中也经历了从局部到整体、逐步融合的漫长历程。

夏商周时期吴文化、越文化、楚文化及春秋战国时期楚文化，创造了长江物质文明和精神文明的累累硕果。到秦汉时期，秦迁民巴蜀以及对蜀地政治、文化措施的加强，对巴蜀文化发展起到了积极促进作用，到隋唐时期江淮地区经济和文化迅速得以恢复。

五代十国时期，江西成为文化繁盛之地，经济发达，教育昌盛，人才荟萃。这一时期，巴蜀文化发展再次形成高潮，在绘画、文学、书法、音乐、舞蹈、科技等方面，都产生了具有重要影响的代表人物或流派。

开创辉煌

包罗万象的长江流域文化

巴蜀文化建筑

长江文化是一种以长江流域特殊的自然地理和人文地理为优势，以生产力发展水平为基础的文化体系。在长江文化这个大整体中，根据流域内局部和地区的多样性，可将其划分多个文化区。

主要有巴蜀文化区、滇文化区、贵州文化区、两湖文化区、闽文化区、江西文化区、江淮文化区、吴越文化区、岭南文化区和桂文化区。

在众多文化分区中，以巴蜀文化最为壮观和最值得注

■ 云南元谋土林

目，其青铜器更是较历代丰富。巴蜀地区就是现在的四川地区，是一个气候温和多雨的地域，十分有利于农业生产。

四川自古以来便有"天府之国"之称，但四川"其地四塞，山川重阻"，这种地理上的封闭性和其文化特征上的开放性，形成了巨大的矛盾，自然也对巴蜀文化的发展产生了极其深远的影响。从巴蜀文化的发展进程来看，巴蜀文化始终是长江文化中的主体文化，在长江文化中占有举足轻重的重要地位。

滇文化区，又称"云南文化区"，地形地貌错综复杂，气候属亚热带—热带高原性湿润季风气候，各地差异很大。是中国居住民族最多的一省。

滇文化的发展具有悠久的历史。"东方人"和元谋人的发现，表明在人类的"童年"时代，云南地区就有原始人群活动。而近年来该地区一大批新石器时

元谋人 1965年发现于云南元谋上那蚌村附近，共计左右门齿化石两颗。后来还发现了石器、炭屑和有人工痕迹的动物肢骨等。元谋人的距今年代为170万年左右，是属于旧石器时代早期的古人类，可能生活在亚热带草原至森林环境中。

代文化遗址的出土，则有力地推翻了云南地区在史前时期是"茫荒异域"的传统偏见。而这一时期生活在洱海区域的"稻作民族"，还创造了非常发达、丰富多彩的稻作文明。

在公元前1150年左右，云南剑门地区已走近文明社会的大门。而晋宁、江川、安宁、楚雄、祥云、大理、永胜等地相继发现的大批青铜器，表明云南古代存在一个光辉灿烂的青铜文化，其青铜器的技术水平较之中原和长江流域并不逊色。到后来，云南的"哀牢夷"和"白蛮"等民族在滇文化的基础上，又大量吸收了先进的汉族文化，创造了灿烂的民族文化——南诏文化和大理文化。

贵州文化区，又称"黔文化区"或"黔中文化区"。其境内的沅江、乌江和赤水河，都是长江的重要支流。贵州在古代被蔑称为"蛮貊之邦"。但据考古发现，贵州境内早在五六十万年前就有了人类生活。

其境内的旧石器时代观音洞文化，与湖北大冶发现的石龙头文化有一定的渊源关系。到公元前2000年左右的新石器时代，贵州境内已有越人先民的分布，他们主要集中在乌江以南地区。这一地区发现的双肩石斧和有段石，就充分表明了它与中国东南沿海地区古文化的关系。

两湖文化区在历史上先后被称为"荆楚文化区"和"湖湘文化区"。地处长江中游，以洞庭

观音洞文化

湖、湘江为中心，大致包括今天的湖北、湖南两省。自古以来，这里就是中国东西南北水陆交通的枢纽，有"楚塞三湘接，荆门九脉通"的说法。

两湖地区的历史，可以推溯到旧石器时代。"郧县人""长阳人"等的发现，表明早在几十万年前，这里就是远古人类的重要活动地区之一。

传说中的三苗就主要活动在这一地区。彭头山文化、城背溪

文化、大溪文化和较晚的屈家岭文化，以及更晚的季家湖文化、石家河文化，都可能是三苗的文化遗存。这里在夏商时期已进入文明时代。

■ 三苗诞生故事壁刻

闽文化区又称"福建文化区"。福建地区早在1万年以前就有古人类活动。到了新石器时代，距今约4000年的昙石山文化，在某些文化因素和特征上，已比较接近于邻近地区的良渚文化。

江西文化区又称"赣文化区"，位于长江中下游以南，邻浙江、安徽、湖北、湖南、广东、福建等省。其范围集中在江西省境内鄱阳湖和赣江流域一带。

江西地区的文化具有悠久的历史。在乐平县涌山岩和安义县城郊，发现旧石器晚期的打制石器，说明距今四五万年前，赣江流域已有远古人类活动。

江淮文化区又称"两淮文化区"。以巢湖为中心，

三苗 中国传说中黄帝至尧舜禹时代的古族名。主要分布在洞庭湖和彭蠡湖之间长江中游以南一带。当禹的夏部落联盟跨入奴隶社会时，三苗已有"君子""小人"之分，开始有了阶级分化。三苗有"髽首"的习俗，即把麻和头发合编成结。

■ 吴越文化石镰

秀丽如画的江河湖泊

其范围大致包括今天长江以北的江苏、安徽等地，处在长江文化与黄河文化交流的过渡地带，是连接中国南北文化的走廊与桥梁。

江淮地区有着悠久的历史文明和丰富的文化遗存。早在更新世晚期，江淮地区就有了古人类的活动。新石器时代，这里又出现了独具地域特色的潜山薛家冈文化和苏北青莲冈文化。

吴越文化区又称"江浙文化区"，以太湖流域为中心，其范围东临大海，西临彭蠡与两湖文化区、江西文化区接壤，北与江淮文化区隔长江相望，南邻闽台文化区。

吴越文化渊源可以追溯到旧石器文化时期。到了新石器时代早期，吴越文化区内相继产生了河姆渡文化、马家浜文化和南京北阴阳营文化等，三支自成系统的原始文化，其丰富多彩的文化内涵充分表明长江下游的吴越地区也是中华古代文明的主要发源地之一。

到了新石器时代晚期的良渚文化时期，吴越地区的文化已发展到相当高的水平，率先进入文明时代，"从而翻开了中国东方文明的历史"。并在宗教、礼制和工艺等方面，对中原地区的商周文化产生过深刻的影响。

进入夏商时代，作为良渚文化后继者的马桥文化

北阴阳营文化
长江下游地区的新石器时代文化，因南京市北阴阳营遗址而得名，年代为公元前4000年至公元前3000年。主要分布在薛家岗文化以东的南京、镇江，向西与薛家岗氏族为邻，向东与崧泽文化相接。主要遗址有江苏太岗寺、卸甲甸、庙山，江浦蒋城子，安徽朱勤大山，等等。

最终与湖熟文化融为一体，使整个吴越文化区的文化面貌趋于一致。春秋战国时期，吴越文化随着吴、越两国的强大，相继称霸于中原，著称于世。

青铜冶炼、造船、航海、纺织、稻作农业、渔业等物质文化，都在当时居先进行列。后来，吴越文化先后融入楚文化和中原文化之中，其特征逐渐开始淡漠。

魏晋南北朝时期，吴越地区在北方动乱不定之时保持着相对稳定的局面，故文化在经济发展的基础上也有了长足的进步，并成为南朝的文化中心，其水平已达到或超过了同时期的中原文化。

隋唐时期，随着大运河的开通和中国经济重心的南移，吴越文化的地位也日显重要，到唐中叶以后已成为全国最重要的文化区。

到了五代和两宋时期，吴越文化得到了全面的发展。而北宋，更有"国家根本，仰给东南"及"两浙之富，国用所恃"之说。

元明清时期，是吴越文化的鼎盛期，其水平在全国首屈一指，时有"东南财赋地，江浙人文薮"之称。

岭南文化区地处中国最南端，濒临太平洋，独特的地理特征，奠定了岭南文化的基本特征。岭南曾一度处于相对孤立、闭塞和落后的状态，很难从邻近文化区中获得先进的文化因素，并与其进行文化交流；又由于它濒临海洋，容易受到海外文化的强烈冲击和影响，使其具有一种开放性、兼容性、善变性文化

岭南文化高足杯

秀丽如画的江河湖泊

■ 岭南文化客家石磨

马坝人 是1958年在广东韶关曲江马坝西南的狮子山石灰岩溶洞内发现的旧石器时代中期的人类化石，属于早期智人。被发现的马坝人头骨可能是一位中年男性，呈卵圆形，无顶骨孔，眼眶上缘为圆弧形，与尼安德特人相似，鼻骨相当宽阔，与后来人有所不同。

特征，富有冒险创新精神。

岭南文化可以远溯到旧石器时代。在曲江县马坝区狮子岩出土的"马坝人"头骨化石，是目前广东境内发现最早的人类化石。

到了新石器时代，长江文化已经成为岭南地区的主体文化。如广东新石器中期遗址发现的彩陶，就与中国东南沿海或长江流域的彩陶有关。而广东新石器时代晚期石峡文化遗址发现的有肩石器、几何印纹陶、干栏式建筑及栽培稻等，都说明了它与长江文化的一致性。

大约在商代末年，岭南地区已进入青铜器时代。到了春秋战国时期，岭南的青铜器时代已经历了数百年的自身发展，加上吴越文化、楚文化等的影响和渗透，终于出现了奴隶制的生产关系，文化也得到了进一步发展。

秦代灵渠的开凿，不仅沟通了长江与珠江两大水系，而且成为岭南文化汲取内地先进文化成就的主要生命线，揭开了岭南文化史上的重要篇章。

魏晋南北朝时期，岭南文化在内地文化的影响下得到了进一步发展。唐代高僧禅宗六祖慧能，著有六祖《坛经》流传于世，使印度佛教中国化。

唐宋时期，岭南继续向前发展，并成为长江文化与域外文化交流的一个重要据点，初步形成了自身的文化特色，这就是具有平民倾向、充满商业色彩的市井文化。

明清时期，是岭南文化大发展的时期，岭南的戏剧、诗歌、小说、史学和科学技术等方面的成就，均居全国领先地位，在长江文化中占有举足轻重的地位。

桂文化区，又称"广西文化区"，地处中国南部边疆，南临北部湾。西南与越南交界，东、北、西三面分别与广东、湖南、贵州、云南等省接壤。长江支流延伸到广西境内，并通过灵渠进一步沟通了与广西地区的联系。它虽在地理上也属岭南地区，但其文化发展上有着自身的特色，因此应该单独划为一区。

"柳江人""麒麟山人"化石的发现，表明早在旧石器时代广西境内就已经有远古人类活动。到新石器时代，该地区的主体文化就是长江文化。

春秋战国时期，生活于中国东南沿海地区的越人驾驶着"双身船"，大批迁徙到广西东部，这就是文献所载的"骆越"和"西瓯"人。他们在这里创造出了名扬四海的铜鼓文化，并成为今日壮族侗族

■战国青铜器

■灵渠风光

诸民族的先民。

　　综上所述，长江文化是以巴蜀文化、楚文化、吴越文化为主体，包含滇文化、黔文化、赣文化、闽文化、淮南文化、岭南文化等亚文化层次而构成的庞大文化体系，这些不同的文化共同体，在相同的文化规则下聚合成一个共同的文化体，那就是长江文化。

阅读链接

　　在成都商业街有一座大型船棺墓。据推测，这是古蜀国开明王朝的王族墓地，数量之多，体量之大，堪称全国之最。该墓是一座大型长方形、多棺合葬的土坑竖穴墓，面积约620平方米。最大的棺木长18.8米。

　　整个葬具是用整根上等楠木刳凿而成，形似独木舟。船棺随葬器物也相当丰富，以漆木器数量较多，造型精美，保存好。独木棺为陪葬棺木，有少量陶器和铜器，其棺木也要比船棺简陋许多。在墓坑上还有规模宏大的地面建筑遗迹，范围与墓坑基本一致。

　　如此规模宏大的墓坑及其地面建筑、巨型船棺、多具殉葬的棺木、精美亮丽的漆器，尤其是大型编钟或编管漆基座表明，这是一处极为罕见的大型墓葬，充分显示了墓主人生前显赫的身份和崇高的社会地位。

吴城遗址见证商代铜业繁荣

到了商代，长江以南地区人丁兴旺，经济繁荣。在美丽富饶的赣江鄱阳湖平原上，分布着众多的商周城池，吴城则是商代规模较大、内涵极丰富的一座。

吴城是商代一处都邑，位于樟树吴城肖江二级台地山前地带，平面近似圆角方形，城内面积61.3万平方米，由4座连绵不断的山丘组成。据古籍记载：

吴城，又名铜城，有城垣、城门。

吴城垣体依自然山势和地势修筑，挖高补低。垒筑的方法是先平整地面，然后在主城墙

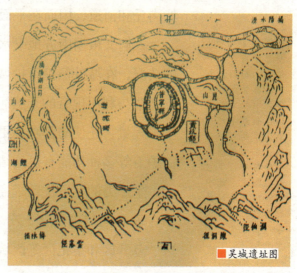

吴城遗址图

■ 吴城遗址发掘现场

甲骨文 指商朝晚期王室用于占卜记事，而刻在龟甲或兽骨上的文字。甲骨文是中国已知最早的、成体系的文字形式，它上承原始刻绘符号，下启青铜铭文，是中国汉字发展的关键形态，后来汉字即由甲骨文演变而来。

相应的地面处，向下挖出一道与城墙平行的口宽底窄、底部平坦的斗状沟槽，然后用纯净生土一层层堆垒，当土层筑到与沟槽口部相平时，则把城墙加宽，再逐层堆垒，泼水夯实，直至设计高度。

人们建城选址时充分利用小地形的条件，依托自然岗丘和河道，因而在平面形制上并不规则。

人们又根据南方地下水、地面水和降水量都较多的情况，在城外侧挖筑护城河，护城河的开挖，把人工开凿与利用现有的天然河道结合起来，这不仅减少了工程量，还使防御功能更为有效实用，将泄洪、防御护卫等多种功能有机地结合在一起。

生产力的发展推动了商业贸易的产生和繁荣。吴城古城有明确的分区，分为生活区、制陶区、铸铜区、墓葬区和祭祀区等区域。

城内居住着大量人口，生产者不直接从事农业劳动，而是以生产某一产品为业，他们把自己生产的手工产品拿到集市去交换、出售，换取货币之后再买回粮食和其他生活日用品。而城邑周围的百姓则主要从事农业生产，自给自足外多余的粮食再拿到市场上出售，然后买回小件青铜器和陶器等。

商代吴城最显著的特色是出现了文字，这也是人类文明进步的主要标志之一。吴城文字符号已经出现了由多个单字组成的词和句子，这些文字是一种已经失传的比较先进的供地方使用的古文字，但仅盛行于当时，到了西周时期就被淘汰了。

有些字尽管与西周金文相同或相近，但是这些字在中晚期卜辞已经出现相同或者相近的形体。由此可见，吴城陶文出现的时间要早于商代后期出现的殷墟甲骨文。

吴城文字符号是吴城居民在吸收了中原文化因素的基础上，创造出来的一种供地方使用的文字。吴城文字符号有不少与中原陶文、甲骨文、金文相同或类似，有的则保留一些原始因素，在甲骨文、金文等古文字中都没有出现过。

陶文 古人在陶器上刻画的文字符号。陶文有2种，第一种是新石器时代陶器上的"原始文字"，已具有"标记"和"表号"的性质，是汉字的最早雏形。第二种是战国时代陶器上的文字，一般只有几个字，大多是印文，内容为人名、官名、地名、督造者名、吉祥语和年月等。

■ 商代甲骨文

鬲　古代煮饭用的炊器，口沿外倾，有3个中空的足，便于炊煮加热。商代前期的鬲多无耳，后期口沿上一般有2个直耳。西周前期的鬲多为高领，短足，常有附耳。西周后期至春秋时期的鬲大多数为折沿折足弧裆，无耳。西周时还有方鬲，体为长方形，下部有门可以开合，门内可放入木炭。

从商代晚期到西周中期，人们逐渐掌握了用红铜铸器的原始工艺，而吴城古城则是当时一个极为重要的青铜器铸造中心。

当时的青铜铸造作坊，其规模之大、设施之完善、工艺之精湛，为前所未见。独特的红铜冶金术在中原被加以改进，又影响着南方其他各地，从而铸造了中国灿烂的青铜文明。

吴城除了铜业飞速发展，陶瓷制造业也十分繁荣。工匠们在陶器上饰以独特的陶纹，也是这一时期陶器的显著特色。在品类繁多的陶器中，有一种特殊的炊具，它就是鬲，其外形似鼎，中圆，足中空而曲，大小不一，形态万千。

其中有一件大型商代陶鬲，高0.478米，口径0.402米，腹径0.387米，为灰色夹细砂陶质，敞口，弧腹，三袋足，通体饰粗绳纹，颈部附加一道宽带绳索堆纹，腹至腿部亦附加绳索堆纹。这件陶鬲被称为"中国分裆鬲王"。

吴城内陶窑遍布，规模庞大。其青瓷器烧造考究，是中国青瓷器的发源地之一。许多陶瓷器物上还带有刻画的文字符号，这也是这一时期青瓷器的明显标志。

商代吴城陶器品种丰富，造型精美，制作精细，

■ 商代陶鬲

装饰纹样规整，也是罕见的。这也从另一侧面显示出吴城作为中心城池的显赫地位。

古代冶炼雕刻

吴城作为中心城池，给当地带来了前所未有的经济与文化的繁荣。吴城不仅地理位置优越，而且拥有铜、锡、盐等丰富的矿产资源。

商代吴城已明显出现"国家"的色彩，贵族居住在吴城古城内，垄断了铜矿资源开采、冶炼和铸造，玉器的琢制，陶瓷器生产以及周边的边境贸易。

数千年以后，人们在江西清江县发现了这一曾经辉煌的商代城邑，并命名为"吴城遗址"。吴城遗址是一处商代中晚期的都邑遗址，年代为距今约3500年至3100年。吴城遗址的发现，对于认识长江流域土著青铜文化的产生与发展具有重要意义。

吴城遗址是长江以南首次发现的大规模商代人类居住遗址，从出土文物上看，其反映的文化内涵，既受中原文化的强烈影响，又具有鲜明的地方特色。

遗址中陶文、原始瓷、铸铜遗迹、龙窑的发现，标志着吴城地区早在3500多年前就已进入了人类的文明时代，进而推翻了"商文化不过长江"的论断。

值得一提的是，在西周时期，还有一处重要的古文化遗存，这就是炭河里遗址。炭河里遗址位于湖南宁乡县黄材镇寨子村塅溪与沩水

青铜四羊方尊

交汇的台地上，是已知南方地区最早的西周城址，该地区共出土了包括"全国十大国宝"之一的"四羊方尊"在内的2000余件文物。

炭河里遗址面积约2万平方米，不仅是南方地区已知最早的西周城址，也是中国少有的西周城址之一。其城墙构筑方法、城壕及城内布局特点、宫殿建筑类型以及城外墓葬出土的大量铜器等，都是非常难得的史料。

阅读链接

商代的帝王非常迷信，如10天之内会不会有灾祸，天会不会下雨，农作物是不是有好收成，打仗能不能胜利，应该对哪些鬼神进行哪些祭祀，以至于生育、疾病、做梦等事情都要进行占卜，以了解鬼神的意志和事情的吉凶。

占卜所用的材料主要是乌龟的腹甲、背甲和牛的肩胛骨。通常先在准备用来占卜的甲骨的背面挖出或钻出一些小坑，这种小坑甲骨学家称之为"钻凿"。

占卜的时候，就在这些小坑上加热使甲骨表面产生裂痕。这种裂痕叫作"兆"。甲骨文里占卜的"卜"字，就像兆的样子。从事占卜的人就根据卜兆的各种形状来判断吉凶。从殷商的甲骨文看来，当时的汉字已经发展成为能够完整记载汉语的文字体系了。

经世致用的吴越文化风采

吴国和越国的史实见诸文献，始自春秋。在《春秋》《左传》和《国语》等史书都有记载。在古代，吴和越是活动于长江以南的东南地区的原始居民，是东南地区的两个土著部族。

这两个部族实际上同属于古越族——"百越"，是"百越"的分支。吴越之地，半壁春秋，从河姆渡文化、良渚文化一路走来，历经数千年的风雨同舟，吴越文化风采依旧。

■ 泰伯 吴国第一代君主。商末周部落首领古公亶父，即周太王的长子。太王欲传位季历及其子昌，太伯便与仲雍同避荆楚，土著居民皆来归附，奉其为君主，称"吴太伯"，自号"句吴"。太伯三让天下和开发江南的功德深受后人敬仰，被后世奉为吴文化的鼻祖。

苏绣古画

在中国历史上，有"江南文化始泰伯，吴歌如海源金匮"之说。

到了夏商周时期，长江文明得到了进一步发展，吴越文化成为流域内的主要文化之一。吴越文化又称"江浙文化"，是一种分布在以太湖流域为中心，大致包括后来的苏南、江西东北的上饶地区、皖南和浙江以及上海的地域文化。吴越文化就是中原的商周文化分别和吴地、越地本土文化相融合发展起来的，又可分为吴文化和越文化。

吴文化是吴地区域文化的简称，它泛指吴地自古以来所创造的物质文明和精神文明的所有成果。吴文化以先吴和吴国文化为基础，经过后世的发展，逐渐形成高峰。

吴文化是开创江南古文明的源头，吴泰伯开创的基业是中国古代历史上最长的一个诸侯国家，吴国有740年的历史，是历史上任何一个诸侯国都不可比拟的。

吴泰伯南下，把周朝的诗歌和无锡地区的土歌结合起来，创造出新的吴歌，促使古老的所谓"荆蛮文化"和北方文化结合，而发展成为吴文化。

无锡是吴歌的发祥之地，无锡先民创作出了无数的光辉灿烂的无锡山歌、田歌、村歌、渔歌、圩歌、船歌、情歌等，这都是泰伯及其后人的丰功伟绩。

苏州地处长江三角洲，是形成吴文化的中心，在这块得天独厚的土地上，先辈以自己的勤劳和智慧，创造了为世人所瞩目的文化成果。

从物质层面看，有被称为"鬼斧神工"的苏州古城，以及在其基础上形成的水巷风貌；有令爱国诗人屈原叹服的"吴戈"，有巧夺天工的古典园林，有精美的丝绸，有名列全国四大名绣之一的"苏绣"，有古朴凝重的"香山帮"建筑，更有精细雅致的吴中工艺，等等。

从文化层面看，吴中有"百戏之祖"的昆曲，有被称为"中国最美声音"的苏州评弹，有名家辈出的吴门画派，有历史上被称为"南桃北杨"的桃花坞木刻年画等。这些光彩夺目的文化成果，既是苏州对吴文化的发展做出的历史性、代表性贡献，也是苏州对中华文化做出的卓越贡献。

除了吴文化，越文化历史和内涵同样十分丰富，其中越俗、越艺、越学又最能显示越文化的特质。

越俗是指越地民俗，是越文化中最富于区域文化特色的一个部分，其间存留着古老百越族习俗文化的传统基因。这不仅是指古越人断发文身、凿齿锥

苏州评弹 苏州评话和弹词的总称。它产生并流行于苏州及江、浙、沪一带，用苏州方言演唱。评弹的历史悠久，清乾隆时期颇为流行。最著名的艺人有王周士，他曾为乾隆皇帝亲自演唱过。嘉庆、道光年间有陈遇乾、毛菖佩、俞秀山、陆瑞廷四大名家。咸丰、同治年间又有马如飞、赵湘舟、王石泉等。

■ 苏州评弹壁画

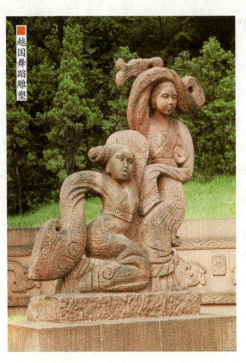
越国舞蹈雕塑

髻、箕踞而坐，乃至喜生食、善野音、重巫鬼之类原始风情，也包括流传于后世的种种越地的民情、礼俗和衣食住行等生活方式以及民间信仰。

从这些习俗信仰中，反映出来越人的质朴、悍勇和开拓进取的心理特征，一种带有野性成分的精神气质。正是这样的气质，使得越文化不仅与讲求礼乐文饰的中原华夏文明有显著差异，就是同邻近地区的吴文化相比，亦呈现出其自身的独特个性。

越艺，即越地生成久远而繁盛的艺术文化。越艺和越俗稍有不同，它是中原华夏文明与南方百越族文化相嫁接的产物，艺术形态上受华夏文明多方面熏染，距离百越文化原始、质朴风貌已相当遥远。

然而，越地艺术文化在骨子里仍有其独特的精神气质，崇尚自然可以说是它的一大特点，由此而体现出来那种返璞归真的情趣，同百越文化的基因有着血缘关系。

越艺的崇尚自然，首先表现于山水文艺的发达。中国山水文学的传统离不开越地山水。山水与越地艺术结下的不解之缘，此趋势一直保持下来，充分显示了越文化的个性。

越艺崇尚自然还有一个重要表现，便是抒述性灵。如果说山水代表物的自然，那么性灵则意味着人的自然，即情性的自然，而且两者之间常有着紧密的联系，所以发扬性灵也就成了越地艺术文化的传统。

性灵思潮在后世的嵇康、"竹林七贤"的交游活动中得到一定的反响。山水、性灵之外，越艺的崇尚自然还有多种形态，都在不同程度上显现着越艺返归自然的特性。

在商朝末年，长江流域的岭南地区已进入青铜器时代。西周时期，福建地区已进入青铜时代，其文化受到吴越文化、楚文化等的渗透和影响。

西周时期，吴越文化的疆域泾渭分明。到了春秋时期，宁镇地区的吴文化面貌产生了明显的变化，而太湖地区吴文化因素也多了起来。这些变化体现在墓葬中，极为明显。这说明越文化对吴文化进行了大量渗透和同化。

西周以后，作为福建土著文化的闽文化在吴越文化的强烈影响下最终融合，形成了闽江下游的闽越文化。秦汉以后，福建文化与长江流域其他亚文化一起归入汉文化圈。回眸历史发展的漫长过程，吴文化和越文化"同俗并土，同气共俗"，逐渐在相互交融、激荡、流变与集成中形成统一的文化类型。

六朝至隋唐的晋室南渡，士族文化的阴柔特质及其对温婉、清秀、恬静的追求，改变了吴越文化的审美取向，逐步给其注入了"士族精神、书生气质"。

从南宋直至明清时期，吴越文化愈发向文弱、精致的方向生长。随着工商实业的萌芽，吴越文化除

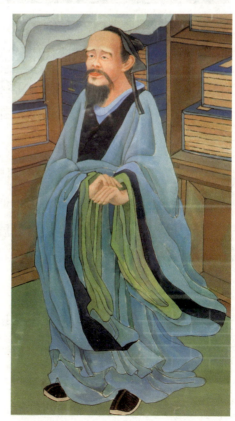

■ 嵇康 三国时期著名思想家、音乐家和文学家。正始末年与阮籍等竹林名士共倡玄学新风，主张"越名教而任自然""审贵贱而通物情"，为"竹林七贤"的精神领袖。曾娶曹操曾孙女，官曹魏中散大夫，世称"嵇中散"。

■ 乾隆下江南图

康乾盛世 又称
"康雍乾盛世"，
是清王朝前期统
治下的盛世。是
中国封建社会的
回光返照，同时
也是古代封建王
朝的最后一次盛
世。起于1681年
平三藩之乱，止
于1796年，持续
时间长达115年，
是清朝统治的最
高峰。

阴柔、精细之外，又平添了消费特征和奢华之习。

到清代康乾盛世，苏州和杭州成为人们心目中的天堂，其间不论是经济、科技、教育，还是学术思想、文学艺术，都成为这一文化走向高峰并在全国领先的标志，影响一直延续下来。

吴、越两地比邻相处，其先民皆为百越族，有许多相同的文化特征。但是，吴、越两地，由于地域的不同及生产力发展不平衡，也产生了吴文化与越文化的不同魅力。

一是地域文化对吴越文化的影响。在历史发展中，吴文化主要接受了周文化的影响。太伯、仲雍来到吴地，带来了中原地区的先进生产技术和先进文化，使吴人耳目一新。而当时的越文化，同吴文化相比，就相对保守。

二是生存环境对吴越文化的影响。吴地处在太湖流域的平原上，农业生产比较发达，水陆交通便捷，商品流通便利，社会生活相对稳定，是典型的江南鱼米之乡。

而越地临海滨江，山多平地少，俗称"七山二水一分田"，虽有林、牧、渔、副多种经营，但与吴地相比，生活空间就相对狭隘和闭塞。

由于地理环境的差异，吴文化的内涵就多一些典雅、精巧和柔美，越文化就多一些通俗、朴野和阳刚。吴人虽精明，却安于守成；越人虽朴野，却敢于冒险。这些，无疑对吴越经济的不同模式，都会产生深远的影响。

三是相互争霸对吴越文化的影响。吴、越两国以及周围列国为争霸一方，相互为敌，战事不断，在这漫长的战乱和争斗中，吴越文化与长江中游的荆楚文化、长江上游的巴蜀文化、黄河流域的华夏文化既交相辉映、相互渗透、多元交融，又相互转化、变换、释放各自的文化能量。作为意识形态的文化力，又影响和作用于政治、经济和社会的变革和发展。

阅读链接

孔子称泰伯为"至德"，司马迁在《史记》里也把他列为"世家"第一。

相传，泰伯和仲雍二人是亲兄弟，本来泰伯兄弟在古公亶父去世后应该依次继承王位。但是他们看到父亲特别喜欢第三子季历的儿子姬昌，便决定主动把继承权让给季历，然后由季历传给姬昌。后来，古公亶父等人接二连三地要他们继承王位，他们都坚辞不受。

为了断绝别人拥立他们的念头，泰伯和仲雍便出逃到东吴荆蛮地区，断发文身，遵行当地落后民族的习惯。周部族的人们见他俩意志坚决，便拥立季历和姬昌，这便是历史上著名的"泰伯让王"的故事。

影响巨大辉煌灿烂的楚文化

　　在"长江文化"体系中，除了吴越文化，楚文化也是一枝独秀，成为长江文化的重要组成部分。楚文化是由春秋战国时期的楚人创造，在长江中游异军突起的地域性文化，也可以说是中国进入新石器时代后，第一支影响巨大的南方文化。

荆楚文化建筑

■ 屈原（约前340—前278），出生于楚国丹阳，名平，字原，常称为屈原，又自云名正则，号灵均。是中国最伟大的浪漫主义诗人之一，也是中国已知最早的著名诗人，世界文化名人。他创立了"楚辞"这种文体，也开创了"香草美人"的传统。他写下许多不朽诗篇，成为中国古代浪漫主义诗歌的奠基者，在楚国民歌的基础上创造了新的诗歌体裁楚辞。主要作品有《离骚》《九章》《九歌》等。

楚文化是古代诸侯国楚国物质文化和精神文化的总称，楚国先民吸收了华夏先民所创造的先进文化因素，并以中原商周文明，特别是姬周文明为基础向前发展。湖北、河南西南部为早期楚文化中心地区，其他各部地区均受其影响深远。

楚原本是一支势力不大的民族，立国虽早，但兴盛较晚，所以形成自己独有文化的时间不早于春秋早期，下限稍延及西汉前期。

楚文化的范围，有一个发展变化的过程。本来楚国、楚人都不难界定，但随着时代的推移，楚国疆域时有变迁。从文化覆盖面而言，楚文化不仅是楚地、楚国和楚族文化的统称，而且泛指所有在楚疆域或楚势力范围内，受楚人影响的地方文化。

文献记载，楚人信巫好鬼的习俗、神秘诡异的艺术、奇幻瑰丽的楚辞文学和自然无为的道家精神，这些都是楚文化的特色，也是楚人吸收南方各族精华的结果。

楚辞，是战国时代的伟大诗人屈原创造的一种诗体。作品运用楚地的文学样式、方言声韵，叙写楚地的山川人物、历史风情，具有浓厚的地方特色。

由于地理、语言环境的差异，楚国一带自古就有它独特的地方音乐，古称"南风""南音"；也有它独特的土风歌谣，如《说苑》中

■ 天问图屈原

楚辞　汉代时，刘向把屈原的作品及宋玉等人"承袭屈赋"的作品编辑成集，名为《楚辞》。并成为继《诗经》以后，对中国文学具有深远影响的一部诗歌总集。并且是中国汉族文学史上第一部浪漫主义诗歌总集。

离骚　是战国时期著名诗人屈原的代表作，是中国古代诗歌史上最长的一首浪漫主义政治抒情诗。表现了诗人坚持"美政"理想，抨击黑暗现实，不与邪恶势力同流合污的斗争精神和至死不渝的爱国热情。

记载的《楚人歌》《越人歌》《沧浪歌》。

更重要的是楚国有悠久的历史，楚地巫风盛行，楚人以歌舞娱神，使神话大量保存，诗歌音乐迅速发展，使楚地民歌中充满了原始的宗教气息。

所有这些影响使得楚辞具有楚国特有的音调音韵，同时具有深厚的浪漫主义色彩和浓厚的巫文化色彩。可以说，楚辞的产生是和楚国地方民歌以及楚地文化传统的熏陶分不开的。

春秋战国以后，一向被称为"荆蛮"的楚国日益强大。它在问鼎中原、争霸诸侯的过程中与北方各国频繁接触，促进了南北文化的广泛交流，楚国也受到北方中原文化的深刻影响。正是这种南北文化的融合，孕育了屈原这样伟大的诗人和《楚辞》这样异彩纷呈的伟大诗篇。

《楚辞》在中国诗歌史上占有重要的地位。它的出现打破了《诗经》以后两三个世纪的沉寂，而在诗坛上大放异彩。

后人也因此将《诗经》与《楚辞》并称为"风骚"。风指十五国风，代表《诗经》，充满着现实主义精神；骚指《离骚》，代表《楚辞》，充满着浪漫主义气息。"风""骚"成为中国古典诗歌现实主义和浪漫主义创作的两大流派。

从考古材料上看，楚文化是中原文化的一支，并与南方江汉地区苗、越、濮及巴蜀等土著文化融合，吸收了南方土著文化与北方中原文化的元素，形成有本土基础而又开放多元的混合型文化。

"楚"最早只是一个族名，后来发展成为国名。楚人自称远祖是黄帝之孙颛顼，即高阳氏。周代立国后，楚臣服于周，受五等爵中的第四等子爵，封在丹阳。这是楚国封土建国的开始。

楚人早期生活环境恶劣，国力弱小。在周王室势力衰落的春秋时期，楚国以江汉地区为中心迅速扩张，不断消灭江汉地区及长江中下游的诸侯国。到了春秋中晚期，楚国已发展到湘江流域以及长江中下游地区，成为春秋五霸之一。

战国时代，楚国是七雄之中的大国，已基本统一南方的江汉、江淮地区，囊括今湖北、湖南、安徽、江西、浙江的全部，北方至陕西、河南、山东，南方到广东、广西、贵州的一部分。融合了南蛮、东夷、华夏各族，成为当时疆域最大、民族众多的国家。公元前223

■西周兽面蕉叶纹簋

秀丽如画的江河湖泊

■ 楚大鼎雕塑

东夷　古代中原人对东方民族的泛称，非特定的一个民族，所指代的概念随着中原王朝疆域的变化而屡屡变化。夷又有"诸夷""四夷""东夷""西夷""南夷""九夷"等称。随着东夷与华夏的融合，汉代之后，东夷后来变成对日本等东方国家的泛称。

年，楚被秦所灭。至此，楚国有记载的历史已超过800年。

楚国是个注重礼仪的国家，楚人的礼乐制度，沿袭商周的传统，用饮食器和乐器的种类、数量、品质与组合关系，表现社会各阶层的身份。

周人的礼器是以鼎为中心，用鼎的数量和器物的组合关系来表示身份。如诸侯用九鼎八簋、上大夫用七鼎、下大夫用五鼎、士用三鼎等。

在古代，饮食器具与鼎礼制是一切行为的规范，礼的内容有很多，成丁、婚丧、祭祀等均体现礼的存在。而最具体的礼制表现，就是礼乐场面的饮食器。

所谓"民以食为天"，饮食行为也成为表现礼的一种仪式，食物来源、种类、数量、烹饪方式和饮食器皿的排列组合和纹饰，都成为人们关心的内容。

楚人用鼎基本遵从上述规则。无论春秋中晚期至战国晚期的王墓和大夫墓，都完全按照周人规定的铜鼎、铜簋数目。在器物组合关系上，直到春秋初期，楚人还完全按照周人铜鼎和铜簋的组合，器物风格也和中原一致。

到了战国时期，楚人礼器的组合，基本上由盛牲器、食器、酒器、盥洗器共同构成，和中原稍有区别的只是在食器的演变序列上，中原是按照"簋——豆——敦"的演变过程，楚人则按"簋——敦——盒"的演变。

豆是盛肉和调味品的器皿，簋和簠则是盛饭器皿。此外，楚人对盥洗器也格外重视。楚人饮食优裕的状态下，礼器组合上用盛饭的簠代替了中原的簋。而盛酒的壶从来没有从器物组合中消失，组合稳定不变，而且酒器的制作更是精美，形制多样。

长江，数千年来以自己甘美的乳汁孕育了无数杰出的英才，陶冶了许许多多各领风骚的文坛巨匠，在中国文学发展史上占尽了风流。

春秋时期的庄周和屈原，就是荆楚文化的肥沃土壤培育出来的。庄周的《庄子》和屈原的《离骚》合称"庄骚"，开创了南方文化浪漫主义的先河，对后世产生了深远的影响。东晋的陶渊明、唐代的李白等，也都是长江丰厚的文化底蕴造就出来的伟大诗人。

庄子的名篇有《逍遥游》《齐物论》等。庄子的想象力很强，文笔变化多端，其作品具有浓厚的浪漫主义色彩，并采用寓言故事形式，富有幽默讽

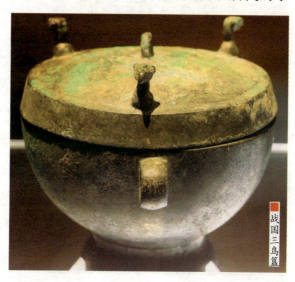

战国三鸟簋

秀丽如画的江河湖泊

■《庄子》竹简

刺的意味，其超常的想象和变幻莫测的寓言故事，构成了庄子特有的奇特的想象世界，"意出尘外，怪生笔端"。

秭归是春秋战国时期南方大国楚国的发祥地之一，也是楚国诗人屈原的故乡。屈原"信而见疑，忠而被谤"，在自己被放逐的情况下还"长太息以掩涕兮，哀民生之多艰"。传说端午节就是为了纪念这位伟大诗人的。后世为了纪念屈原，还专门建立屈原祠。

楚民族是长江浪漫主义的代表。有关资料记载：

大抵北方之地，土厚水深，民生其间，多尚实际。南方之地，水势浩洋，民生其际，多尚虚无。

古时候楚地笼罩着一种神秘浪漫主义的文化氛围，所以它孕育了一代浪漫主义大师级诗人屈原，甚至连哲学这么枯燥的学问，也由老子和庄子这样化腐朽为神奇的宗师调弄得活泼、轻灵、自由，富有生机。连高高在上的君王，也产生出许多绮丽绯闻，如楚襄王的高唐巫山云雨，令后人传扬不已。

楚民族的浪漫，无论何时何

地都能充分地体现。甚至连"钱"这一庸俗且单调的阿睹物，楚民族也可将它艺术化丰富化，制造出神秘莫测的"鬼脸钱"。

春秋中期至战国末年，楚国大量通行蚁鼻钱。蚁鼻钱是楚国铸行最广的货币，蚁鼻喻小，意即小钱。

其形上部稍圆，下部稍

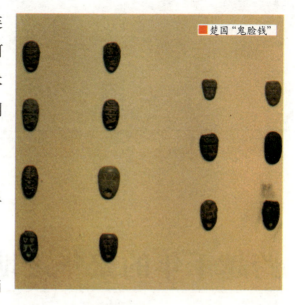
楚国"鬼脸钱"

尖，如背面磨平的贝壳，这种钱几乎没有相同的，绝不单调，又形似鬼脸，富有动感，可谓是千姿百态。这种特点还体现在货币形式的多样性，楚国除了蚁鼻钱外，同时还铸行黄金和白银称量货币，因而楚国也是战国时期唯一以黄金为流通货币的国家。

阅读链接

楚人给后人留下了很多典故传说。据说在春秋时代，有个叫伯牙的人，琴艺高超。

一夜，伯牙乘船游览后弹起琴来。他忽听岸上有人叫绝，见是一个樵夫，便请樵夫上船。这个樵夫就是钟子期。

伯牙认定钟子期就是他的知音，与其结为兄弟，二人相约来年仲秋在此地相会。

第二年仲秋，伯牙如期而至，子期却已离世。伯牙在子期的坟前抚琴而哭，弹了一曲《高山流水》。曲终，以刀断弦。并仰天而叹："知己不在，我鼓琴为谁？"说毕，琴击祭台，琴破弦绝。

跨越千年的繁华之地秦淮河

时光流转，时代在不断更替，有些历史却给后人留下了跨越千年的美丽，秦淮河便是其中最耀眼的华章。

"十里秦淮"，两岸贵族世家聚居，文人墨客荟萃。昔日秦淮河一带曾烟火繁华，商贾云集，文人荟萃，历代都用"风华烟月之区，

秦淮河风光

■ 秦淮灯船歌

金粉荟萃之所"来形容。

秦淮河古名"淮水"，是长江下游右岸的一条支流，位于江苏西南部，全长110千米。据说秦始皇时凿通方山引淮水，横贯城中，故名"秦淮河"。

秦淮河又名"龙藏浦"，相传当初秦始皇东巡至金陵，有方士说金陵乃王气之城，秦始皇为了江山永续，命人挖河断龙脉，因而有了"秦淮河"。

秦淮河早在远古时代就是长江的一条支流，也是中国南京地区的第一大河。秦淮河有两个水源头，北源在句容市宝华山南麓，称"句容河"。南源在溧水的东庐山，称"溧水河"。

南、北二源合流于江宁的方山埭。这一带河床宽广，水量剧增，形成干流，可通舟楫。然后河水绕过方山，向西北流经洋桥、青砂嘴，沿途汇集吉山、牛首山诸水，再北经刘家渡、竹山和东山，至上方门进入南京市区。

秦始皇（前259—前210），嬴政，出生于赵国邯郸。他是中国历史上著名的政治家、战略家和改革家，他建造了首个多民族的中央集权制国家，是古今中外第一个称皇帝的封建王朝君主。秦始皇把中国推向了大一统时代，奠定中国2000余年政治制度基本格局，被明代思想家李贽誉为"千古一帝"。

秦淮河大部分在南京市境内，是南京最大的地区性河流，被视为南京的母亲河。

秦淮河分为内河和外河，内河在南京城中，是秦淮最繁华之地，被称为"十里秦淮"。这里素为"六朝烟月之区，金粉荟萃之所"，更兼十代繁华之地，被称为"中国第一历史文化名河"。

历史上关于秦淮河的传说和记载有很多，在南北朝末期顾野王所编的《舆地志》中有如下记载：

秦始皇时，望气者云"江东有天子气"，乃东游以厌之。又凿金陵以断其气。今方山石硊，是其所断之处。

在石器时代，秦淮河流域就有人类流动。沿河发

秀丽如画的江河湖泊

■秦淮河风光

现原始村落遗址五六十个，著名的有湖熟文化遗址和窨子山遗址等。

六朝时期，秦淮河河身宽阔，自石头城东至运渎，设有24座浮航，平时浮航通行，战时断舟撤航。

秦淮河两岸有大小集市100多处，东吴以来一直是繁华的商业区和居民区。历代有许多达官贵人住在秦淮河畔，如东晋时的主要谋士王导和谢安等。

尽管隋唐以后，秦淮河畔渐趋衰败，但是，仍有许多文人墨客在这里凭吊吟咏。其中，最有代表性的诗作是唐代诗人刘禹锡游金陵时，看着以前非常显赫而后来又成为废墟的王谢宅第，即兴感怀，作了《乌衣巷》，慨叹历史的变迁：

■ 秦淮河画舫

朱雀桥边野草花，乌衣巷口夕阳斜。
旧时王谢堂前燕，飞入寻常百姓家。

秦淮河两岸建有不少佛寺，建初寺位于南京城外之中华门外，是孙吴时期江东第一个寺庙，也是江南最早建立之寺院，又称"聚宝山""大报恩寺"。247年，康僧会至吴都南京弘扬佛教时，吴王孙权信服其教法而创建本寺，建阿育王塔，据传系阿育王八万四千塔中之一。

此地亦称"佛陀里"。由此因缘，江南佛教遂兴。康僧会曾于此编译六度集经等经，并注安般守意、法镜、道树三经。吴王孙皓时，仅存本寺，号天子寺。

西晋永嘉年间，西域僧帛尸黎蜜多罗曾于本寺译出《孔雀王经》等密教经典。后历经宋、齐、梁、陈等南朝诸国，随朝代之更迭，亦几经更名为"长庆寺""奉先寺""天禧寺""大报恩寺"等，直至明代皆为江南佛教中心道场之一。

东晋孝武帝初年，支昙籥奉敕住此，制六言梵呗。梁代僧佑幼时就本寺僧范出家，并住此弘扬律学。492年，明彻就僧佑受诵律，亦住此寺弘诸大乘经论。

此外，竺慧达、竺法旷，及禅宗法眼宗匡逸、玄则、法安等高僧皆曾住此弘法。明成祖曾赐一瓷制塔，塔有八角八棱九层，五彩灿烂，炫人眼目。

东晋时期始建的瓦官寺是一座极富盛名的千年古刹。寺址原为官

凤凰台美景

■ 秦淮夫子庙

府管理陶业机构的所在地，故名"瓦官寺"。该寺已有1000多年的历史。古刹瓦官寺是除建初寺以外南京最古老的寺庙，晋代著名雕塑家戴逵父子也为古刹铸造过五尊铜像。

古刹因顾恺之画《维摩诘居士像》而成名，又因异鸟飞临此处，才有了后来的凤凰台。

凤凰台是一处亭台，位于今南京城内西南隅凤游寺一带。关于凤凰台还有一个传说。

相传，在439年，也就是南朝刘宋文帝元嘉十六年，有三只状似孔雀的大鸟——百鸟之王凤凰，飞落在永昌里李树上，招来了大群各种鸟类随其比翼飞翔，呈现出百鸟朝凤的盛世景象。

为了庆贺和纪念这一美事，人们将百鸟翔集的永昌里改名"凤凰里"，并在保宁寺后的山上筑台，名为"凤凰台"。

后来，唐代著名的大诗人李白就曾登游此台，看

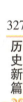

李白（701—762），字太白，号青莲居士，唐代诗人。李白与杜甫合称"李杜"，有"诗仙""诗侠""酒仙"和"谪仙人"等称呼，是中国历史上最杰出的浪漫主义诗人。其作品天马行空，浪漫奔放，意境奇异，才华横溢；诗句如行云流水，宛若天成。

到凤凰台的美景不禁作诗，并赋《登金陵凤凰台》道：

凤凰台上凤凰游，凤去台空江自流。
吴宫花草埋幽径，晋代衣冠成古丘。
三山半落青天外，二水中分白鹭洲。
总为浮云能蔽日，长安不见使人愁。

到了明清时代，秦淮河畔更是人烟稠密，金粉楼台，十分繁华。秦淮河畔的夫子庙、贡院成了朝廷挑选人才的地方。

秦淮河是桨声灯影里的秦淮河，也是金陵烟雨中的秦淮河。秦淮八艳、乌衣巷、王谢故居等都伫立于秦淮河畔，流连于六朝烟雨中。秦淮河在几经冷落、再度繁华中，成为商贾云集、画舫凌波的江南佳地。历代文人墨客对秦淮河也都怀有别样的情怀。

"衣冠文物，盛于江南；文采风流，甲于海内。"古往今来，星移斗转，在这"江南锦绣之邦，金陵风雅之薮"，在"十里珠帘"的秦淮风光带上，点缀着数不尽的名胜佳景，汇集着说不完的逸闻掌故。在这十里秦淮，不知涌现了多少可歌可泣的人物，又留下了多少可记可述的史迹。

秀丽如画的江河湖泊

绵绵江水福荫华夏千秋万代

百万年以来，伟大的母亲河长江奔流不息，养育了一代又一代的长江儿女，她以滔滔不绝之势哺育着华夏大地。

长江因其资源丰富，支流和湖泊众多，形成了中国承东启西的重要经济纽带。长江流域气候温和，雨量充沛，物产丰富，中华鲟和白鳍豚驰名中外。

长江流域分布许多珍稀濒危物种，大多早在新生代第三纪前后就

长江图

■《长江积雪图》

银杉 为中国特产的稀有树种，国家一级保护植物。银杉是松科的常绿乔木，主干高大通直，挺拔秀丽，枝叶茂密。银杉雌雄同株，雄球花通常单生于2年生枝叶腋；雌球花单生于当年生枝叶腋。球果2年成熟，呈卵圆形。

河神 即常说的河伯。河神常指黄河水神，是中国古代最有影响的河流神。殷王朝建立以后，对河神的祭祀极为重视，建立河神庙，春秋战国时地方性的河流崇拜也十分活跃。

繁盛起来，其中水杉、银杉和珙桐早已成为地球上的珍稀物种。

滚滚长江水，以永不枯竭的动力昭示历史，演绎传奇。长江人所体现的"求真求实、敢为人先、以人为本、为民服务、推陈出新、与时俱进"的精神指引着一代又一代的中华儿女一往无前，继往开来。

古时候，有人崇拜河神，认为是河神主宰着水里的一切。但是，早在公元前256年的秦昭襄王时期，祖先就打破了盲目崇拜，依据长江独特的地形地貌，建设了举世闻名的都江堰，使长江真正成为了两岸人民的福祉，为两岸百姓的生产生活造福。

长江从青藏高原各拉丹冬雪山历经6380千米的长途跋涉最终汇入东海，行走的足迹横贯全国，每时每刻都奔涌向前，实现着与世界的交融。

长江的水哺育了她的儿女，她勇往直前的精神也感染了一代又一代的华夏儿女，并被儿女们所继承，正是这种精神激励着中华儿女创造了一个又一个奇迹。

改革开放后的数十年对于滚滚长江来说只是"逝者如斯"的一瞬间，然而对于中国却发生了翻天覆地的巨变。

两岸人民，推陈出新，与时俱进。向世人展示长江人"敢叫日月换新天"的勇气和力量，向世人展示着华夏儿女拼搏进取的精神。淳朴的长江儿女，岁月不仅改变了他们的容颜，同样改变了他们的内心，创新精神体现了古老的长江文明，也体现了博大的中华文明。

滚滚长江，以人为本，为民服务，正如长江激荡着奔向大海，长江儿女也以开拓的精神奔向世界，展现出中国的力量。

滚滚长江，历史传承。在千年文明的积淀中，长江精神也是一种传承历史的精神。长江源头的那一滴滴活水是千年冰川的融化，是千年汇集的历史精华。

"你从远古走来，巨浪荡涤着尘埃，你向未来

秦昭襄王 （前325—前251），又称"秦昭王"，是秦惠文王之子，秦武王之弟。公元前251年，昭襄王逝世，时年75岁，史书简称其为"秦昭王"。他在位时间是秦历代君王中最长的一位，他在政治军事诸方面都建立了卓越的功勋，特别是军事方面的成就，即使较之始皇帝也毫不逊色，为秦国的发展做出极为杰出的历史贡献。

331

历史新篇

开创辉煌

■《长江万里图》

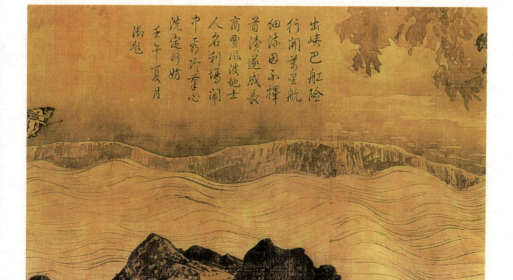

奔去，涛声回荡在天外。"这正是传承长江千年文明的体现。只有传承，才有发展，才会有更长久的巨变。

滚滚长江，大浪搏击。长江精神更是一种开拓进取、勇于牺牲的精神。从源头那一滴滴水汇集成波涛汹涌的大河，长江像一位激昂伟岸的父亲，用他那有力的浪涛为儿女开辟了一条通向远方的航道。长江通过大运河与黄河及渭水相通，成为中国主要的运输河流，成为名副其实的"黄金水道"。

滚滚长江，继往开来。长江是一种永不枯竭的民族之魂，激励着中华民族从远古走向未来，从中国走向世界，以继往开来、开拓进取的精神屹立于世界民族之林。

长江的水哺育了她的儿女，她的勇往直前精神也为儿女们所继承，正是这种精神激励着她的儿女创造一个又一个奇迹。

伟大的母亲河长江，以其独特的姿态传承着古老文明国度的文化，并成为中华民族的独特福荫，福荫华夏千秋万代！

秀丽如画的江河湖泊

阅读链接

长江在航运方面造福了长江流域，也将鱼米之乡的富饶成果带到了全国各地，造福了古今的全国人民。但是，长江仍时有水患发生。

据说，当年秦昭王派李冰任蜀郡太守，李冰到任后最大的业绩是平除蜀郡的水患，建造了都江堰。人们感于李冰的功德，不少关于李冰父子的传说在民间广为流传。

相传，李冰根除了为江神娶妻的陋俗，化身为水牛与江神争斗，终于除掉了为非作歹的江神。后来，他又与儿子"二郎神"带领"梅山七圣"降了危害人间的恶龙。这些传说的产生与流传，表现出人们对治理水患的李冰父子的无比爱戴。

秀丽如画的

江河湖泊

江河之美

著名江河的文化源流

北方河流

　　在中国的北方，奔流着波澜壮阔的大江大河。黑龙江、松花江、额尔古纳河、鸭绿江、塔里木河等，绵延数千里，滔滔东逝水。它们是我们中华民族的血液，用那甘甜的乳汁哺育着一朵朵灿烂的文明之花，养育着一个个勤劳勇敢的北方民族。

　　在中国，秦岭—淮河一线以北的河流，冬季有封冻期，且越向北结冰期越长。这些河流不仅蕴藏着丰富的自然资源，还饱含着浓厚的文化内涵。

塞北黄金水道黑龙江

蜿蜒的黑龙江

远古时期，在最北方有一条汹涌奔腾的江河，名字叫白龙江。在江边住着一户姓李的人家，男人外出捕鱼种地，女人在家织布做饭。

老李夫妻恩爱，情深似海，就是妻子总是没有身孕，二人很是着急。在婚后第十八年，李妻终于生下了一个胖小子，李老汉与妻子别提有多乐呵啦！

有一天，突然间狂风暴雨，方圆百里成了一片汪洋。原来，白龙江里面有一

■ 黑龙江沿岸湿地

条大白龙，大白龙每年都要兴风作浪，强迫江边的老百姓进贡食物，还必须献出几个童男童女，否则，就要掀起巨浪，让周围几十里变成一片汪洋。

这一年，老李好不容易得来的儿子就成了大白龙的供品，夫妻俩非常悲伤。一年后，李妻又生下一个儿子。这个儿子浑身黝黑，体大壮实，特别能吃，李妻的奶水不够，还得四处为儿寻奶吃。

有一天，黑小子在母亲怀中吃奶后，进入梦乡居然现出了原形，又黑又长的龙尾巴伸到了门槛处。

李老汉种地回家后，开门看见一个又长又大的怪物趴在妻的怀中，便拿起腰刀一挥，小黑龙的二尺龙尾便被砍掉了，疼痛难忍的小黑龙便飞上了天。

原来，李老汉的黑小子是一条黑龙投生的，具有正义精神的黑龙在天上看见大白龙为害人间，就决定投生到人间，除掉罪孽深重的大白龙，为人间除害。

进贡 中国古代王朝与周边少数民族、附属、附庸国之间的贸易形式，各地方政权或民族带来本地区的土特产等进献给皇帝，以谋求政治上的依托与援助，并获得物质利益。在历史演进的过程中逐步形成了贡品文化，包括制度、礼仪、生产技艺、传承方式、民间传说故事等。贡品文化是集物质和非物质文化于一体的中国特有的文化遗产。

■ 湍急的黑龙江江面

他看到李老汉夫妻俩还没有儿子，就投生到了李老汉家。

　　小黑龙不小心现出了原形，被父亲伤害了，但他不怪罪父亲，因为父亲不知道原因。据说，他若再吃上九九八十一天母乳，就将力大无穷，并所向无敌。由于他没有吃上多少奶，又受了伤，他的功力就小多了，但是，小黑龙为民除害的决心没有改变。他悄悄回到人间，钻进白龙江里，希望慢慢长大后再除掉大白龙。

　　大白龙哪里容得下小黑龙，只要见到小黑龙就咬。由于小黑龙年纪小，功力不够，又被李老汉砍掉了尾巴，总是斗不过大白龙。但是，当地的人们对大白龙是恨之入骨，都盼着小黑龙能够打败大白龙。怎奈小黑龙怎么也打不过大白龙，简直是无计可施。

　　有一天，观音菩萨路过此地，就教给当地人们一个方法。过了不久，大白龙又要危害百姓了。小黑龙于是全力进行阻止，与大白龙战斗起来。但是，小黑龙由于体力不支，只好浮出水面休息。

　　人们就拿出许多馒头、包子、牛、羊、鸡、鸭给小黑龙吃。李老汉为了激励儿子，更是挥刀砍断左臂，拿盆接血给小黑龙喝。小黑龙吃饱喝足后，精神百倍，斗志昂扬。

大白龙见人们送饭、送肉给小黑龙吃，他也想抢着吃。但是，江两岸人山人海，只要他一露出头，人们就一起向他抛白灰、扔石头。最后，大白龙的眼睛烧得睁不开，肚子也烧得受不了，浑身也被砸得疼痛难忍，只好向天上逃跑。

这时，以逸待劳的小黑龙飞向天空，向大白龙发起猛烈攻击。小黑龙与大白龙在天空中激战，地面上人们给小黑龙助威加油，声音响彻云霄。

小黑龙与大白龙打得天昏地暗，从早到晚，一直没有停止。人们无一散去，都盼望着小黑龙胜利。

观音菩萨也来助阵，只见她手握的拂尘一甩，大白龙就像断了线的风筝，一头扎在了地面上。人们蜂拥而上，举起石头，砸向大白龙，片刻间就将大白龙砸成了肉酱。

从此，小黑龙受到了人们的拥戴，一直维护着江

菩萨 菩萨的地位仅次于佛，是协助佛传播佛法、救度众生的神仙。菩萨在古印度佛教中为男子形象，流传到中国后，随着菩萨信仰的深入人心及其对世人而言所具有的深切的人情味，便逐渐转为温柔慈祥的女性形象。佛教雕塑中，菩萨多以古代印度和中国的贵族的服饰装扮，显得格外华丽而优雅。

339

润泽之恩

北方河流

■ 黑龙江风光

虞舜 中国传说中父系氏族社会后期部落联盟领袖。生于姚地，即今河南濮阳，以地取姓氏为姚。姚姓族人是黄帝、舜的后裔。舜帝是中华民族的共同始祖。他不仅是中华道德的创始人之一，而且是华夏文明的重要奠基人。

占卜 指用龟壳、铜钱、竹签、纸牌或星象等手段和征兆来推断未来的吉凶祸福的手法。原始民族对于事物的发展缺乏足够的认识，因而借由自然界的征兆来指示行动。

边的安宁，使得人们世世代代享受风调雨顺和安居乐业。从此，人们就把白龙江改名叫"黑龙江"了。

黑龙江的满语叫"萨哈连乌拉"，其中"萨哈连"意为"黑"，"乌拉"意为"水"。蒙古语则称"哈拉穆连"，鄂温克语叫"卡拉穆尔"，均为"黑水""黑河""黑江"之意。

黑龙江的历史源远流长，早在旧石器时代，当地就有人类活动了。据中国古代文献记载，黑龙江流域古代民族与中原地区的联系，可以追溯到传说时代的虞舜和夏禹时期。在那时，黑龙江流域便分布着肃慎、濊貊和东胡三大族系的先民。

在公元前20世纪，肃慎族于帝舜二十五年曾入朝贡献弓矢，并献上了戎菽、黄罴等东西。在战国、秦代、汉代时期，黑龙江流域的扶余族，建立了政权，地跨黑龙江的南部，并使用殷历，其祭天、占卜和饮酒等习惯，均与殷商相似。

秦末中原出现战乱，扶余贵族乘机扩大势力，前身为肃慎的挹娄族被迫臣属扶余，直到3世纪初，挹娄最终摆脱了扶余人的控制。

■ 初冬的黑龙江

■ 晚霞中的黑龙江

在曹魏时期，挹娄族遣使向曹魏政权贡献楛矢，建立了直接的臣属关系，曹魏政权便将其划归辽东郡管辖。这是黑龙江地区继春秋肃慎族以后，第一次与中原王朝直接来往，并从此保持融洽的臣属关系。后来挹娄族臣服于西晋，与西晋王朝保持着友好往来。

在5世纪后，挹娄易名为"勿吉"，在隋唐时期又易名为"靺鞨"。唐王朝在黑龙江西部设置室韦都督府，在东部设置忽汗州都督府，后又称"渤海都督府"。在黑龙江下游和乌苏里江汇合地区设置黑水都督府。

698年，粟末靺鞨建国，后来名为"渤海国"。932年，靺鞨族当中的黑水靺鞨转附于正在崛起的契丹，并以契丹人对他们的称呼"女真"为新号。

后来，辽国国主耶律阿保机势力壮大起来，在黑龙江上中游地区设羽厥里节度使、室韦节度使和乌古

扶余族 又写作"扶馀"，又称"凫臾"，俗意为野鸭子，即"洛鸟"。扶余族人以野鸭为图腾，生活在后来的吉林长春地区。扶余族是一个历史悠久的民族，一度建立了地方政权。

节度使 古代官名。唐初沿北周及隋朝旧制，在重要地区设置总管统兵，后改称"都督"。因受职之时，朝廷赐以旌节，故称"节度使"。唐睿宗时贺拔延嗣作为凉州都督兼河西节度使，此职开始正式成为官职。

室韦 中国古代族名，中唐后又称作"达怛"。5世纪至10世纪，主要生活在嫩江、绰尔河、额尔古纳河、黑龙江流域。室韦是东胡人的后裔，蒙古族的先民。

迪烈统军司，在黑龙江东部地区设女真节度使，在牡丹江以北至黑龙江下游一带设五国部节度使。

1125年，金代替辽，统一了中国北方。渤海人逐渐与女真人融合。内地汉族也大批移民到黑龙江地区，主要在松花江以南五常等地，促进了当地农业的大发展。

1409年，明朝在黑龙江口设奴尔干都指挥使司。明朝后期，起源于黑龙江流域的建州女真族在努尔哈赤领导下，南下建立后金政权，他的儿子皇太极继位后改称女真族为"满洲族"。

1644年清军入关，东北地区归盛京总管统辖。顺治年间设宁古塔昂邦章京，辖区包括吉林、黑龙江地区。康熙年间筑黑龙江城，后设黑龙江将军，这是以黑龙江命名的地方区划之始。

在清代初年，爱国边塞诗人吴兆骞被流放到黑龙

■ 黑龙江江面

■ 汹涌的黑龙江

江，此时正值沙俄匪徒不断侵扰黑龙江流域。

　　吴兆骞受巴海将军邀请参与宁古塔将军官署文书工作，他几次随军出征抗击俄国，写下了歌颂黑龙江流域英勇军民的优秀诗篇，其中《奉送巴大将军东征逻察》就描写了巴海远征罗刹的情形：

乌孙种人侵盗边，临潢通夜惊风烟。

安都都护按剑怒，麾兵直度龙庭前。

牙前大校五当户，吏士星陈列严鼓。

军声欲扫昆弥兵，战气遥开野人部。

卷芦叶脆吹长歌，周踥弓矢声相摩。

万骑晨腾响戈戟，千帐夜移喧紫驼。

驼帐连延亘东极，海气溟蒙际天白。

龙江水黑云半昏，马岭雪黄暑犹积。

苍茫大碛旌旗行，属国壶浆夹马迎。

宁古塔　清代东北边疆地区的重镇，是清代宁古塔将军的治所和驻地，是清政府设在沈阳以北统辖黑龙江、吉林广大地区的军事、政治和经济中心。地名由来：传说有兄弟6人，占据此地，满语称"六"为"宁古"、称"个"为"塔"，故名"宁古塔"。

■黑龙江源头

秀丽如画的江河湖泊

料知寇马鸟兽散，何须转斗催连营。

　　黑龙江两岸住着满、朝鲜、回、蒙古、达斡尔、锡伯、鄂伦春、赫哲、鄂温克、柯尔克孜等10多个民族。在历史上，这些世居的先民们对促进整个中华民族的融合和发展做出了特殊贡献，也留下了各自不同的习俗和民族特性。

　　黑龙江在中国境内全长3420千米，与长江、黄河并称为"中国三大水系"，水量是黄河的5倍，也是世界十大河流之一。

　　黑龙江主干流的北源为石勒喀河，发源于蒙古国北部的肯特山东麓。南源为额尔古纳河，源出中国大兴安岭西侧的吉勒老奇山，南北两源在黑龙江的漠河西部汇合后始称"黑龙江"。

　　黑龙江自发源地至黑河为上游，从黑河至乌苏里江口为中游，乌苏里江口至太平洋入海口为下游。

　　漠河以上的上游河段，流经大兴安岭余脉与阿马札尔岭松树遮蔽的山坡之间的山谷，因大兴安岭逼近江岸，河面比较狭窄，两岸陡峻，多悬崖，河床坡降较大，滩多流急。

漠河至爱辉段河水较深，河谷逐渐开阔，江面宽达200米以上，有些河段还出现分汊现象。爱辉以下的中游段，河道迅速展宽，在松花江入口附近，江面宽达1500米至2000米。

抚远以东江面宽4000米，沿岸地势低平，河床坡度很小，水流蜿蜒曲折，江中洲滩甚多。下游在低矮的、河水漫溢的两岸间奔流，进入一片浩茫的沼泽地，水道将地面切割开来，上面点缀着湖泊和水塘。河床多分支，水道变得很宽，形如长形湖泊。

黑龙江江宽水深，水流平稳，给航运带来许多有利条件。小汽船可直达漠河，上源额尔古纳河也可通航木船。但是，由于封冻期长，一年内一般只有半年可以通航。河面封冻后冰层很厚，江面上可以行驶车辆和雪橇。因此，黑龙江就成为了一条"水陆两用"的运输线。

漠河位于中国最北端，夏至时节，白昼最长可达19个小时，又被称作"不夜城"。这里一边依傍滚滚黑龙江，一边倚靠连绵大山，一年四季游人络绎不绝，尤其是每年夏至前后，在神奇的"白昼"之夜就会目睹到流金溢彩、神奇瑰丽的北极光景象。

漠河段的黑龙江

炕 是北方居室中常见的一种取暖设备。古时满族人也把它引入了皇宫内。盛京皇宫内多设火炕，而且一室内设几铺，这样既解决了坐卧起居问题，又可以通过如此多的炕面散发热量，保持室内较高的温度。东北人睡火炕的历史，至少有千年以上。

黑龙江呼玛江段峰奇滩险，风景秀丽，人称"黑龙江上小三峡"。这里可以沿江观赏异国情调，饱览北国风光，领略鄂伦春民族的生活情趣。

呼玛县白银纳民族乡是鄂伦春民族聚居的地方，凡逢年过节、定居庆典、乔迁新居等，鄂伦春男女老幼便欢聚一堂，举办篝火晚会，分享猎获来的野味，饮酒欢歌跳起别具特色的民族歌舞，通宵达旦。

在黑龙江上的呼玛河是著名的"冷水垂钓"好去处，这里生机勃勃，美丽清新。两岸树木成林，绿意盎然，河中盛产各种冷水鱼，还有哲罗鱼、大马哈鱼等。每年这里都会有很多人特意前来垂钓，人们认为能够钓起一条哲罗鱼，将是一件人生喜事。

呼玛河的风景秀丽，安静自然，宛如豪迈的北国风情中的一缕别样的柔情。

位于呼玛中部的金山林场的储木场在江上流放木排的情景很是壮观。木排上的把头又称"看水的"，

■ 黑龙江呼玛县

掌管棹，棹相当于船桨，起舵的作用。

放排是否平安，取决于掌棹人的手艺。一般的木排有100多米长，30多米宽，排上能装200多立方米的木材。一个排上放排的人要有七八个人，排上有锅灶和窝棚，能在上面做饭和睡觉。

一般来说，放排是昼行夜宿的，就是说每天晚上要找一个地方"停排"，第二天早晨再"开排"。有时，木排打着旋儿，顺着风势，向下冲着，显得非常惊险，场面令人惊叹。

尹家大炕在黑龙江上游460千米处，狭窄的江面在这里突然变宽，一路奔腾而来的江水一下子安静了下来，宽阔的江面水平如镜，江底平得像一铺大炕，水位低时，经常有船舶在这里搁浅，被船员们戏称为"上炕了"，尹家大炕也就因此而得名。

再往下游70千米处，有一段长约两三千米的峭壁，随着弯曲的江道，呈弧状直立出水面，就像是一座从水中拔起的巨大的回音壁，这便是过往船员们津津乐道的"冒烟山"。

这里白天经常在山壁间冒出缕缕白烟，烟大时还会弥漫到周围村子里来。有时还会出来一团团火球，有时还有如同火山岩浆般的通红石流流入江中。

由于雨水冲刷的滑坡，这里形成了沿江5千米长，呈弧状的山体横断面，色彩各异，与江水相映，极为壮观。清康熙年间诗人与画家方式济在《龙沙纪略》中写道：

> 察哈彦峰在黑龙江东北隅，山形如剖壁……土色黄赤……深黑火光出带间，四时腾炽不艳，大雨则烟煤入雨气中。巡边春舟过其下，续长竿取火为戏。

所以，中国在察哈彦的地理位置上标了个火山的记号。但也有人认为是山的横断面有煤层，遇氧后冒起白烟的。后来燃烧的面积很大，很远就可以看见烟雾缭绕。夜间航行时，燃烧着火团顺着峭壁滚落到江中，火团在半空中散开，似流星坠落，似礼花绽放，堪称为黑龙江上的一大奇观。

后来"冒烟山"上自燃的面积越来越少了，但仍然可以看到山顶上、夹缝中冒出的缕缕青烟，如同常年不断的香火，保佑着航行的船

黑龙江帽儿山风光

冒烟山景区火山弹

舶一路顺畅。

当下航船舶航行到356千米时，迎面有一座石山挡住去路，石山一直伸到江中心，船员们称其为"迎门碴子"，江水在这里来了个急转弯，浩浩荡荡的江水打着旋儿冲向石碴子，水流湍急，流向多变，此时如果航船操控不当，很有可能被急流摔到岩石上。

迎门碴子是黑龙江上最险的一段，俗话说："迎门碴子鬼门关，十艘穿过九艘翻。"这里汹涌的激流和重重的漩涡，能够让人感受到什么境界才叫心惊肉跳，什么时候才会高声尖叫。

在这里，只见迎门碴子以整座山峰之躯迎面矗立于江水之中，自上游而来的滔滔江水，汹涌地愤怒地直面冲向山体，然而迎门碴子坚如磐石，岿然不动，受阻后的江水只得委屈地急转直下而从迎门碴子的身侧流过，这时江水变得更加湍急，从而形成了重重的

《龙沙纪略》
清朝康熙年间方式济编撰。内容包括方隅、山川、经制、时令、风俗、饮食、贡赋、物产、屋宇9门。以笔记体裁，记述清初黑龙江地区的发展情况。

香火　指供奉神佛或祖先时燃点的香和灯火。古时候香火也指后辈烧香燃火祭祖，故断了香火就指无子嗣。古时有一说，不孝有三，无后为大；即没有后代传承香火是最大的不孝。

漩涡，令人望而生畏。

自上游而来的大小江船，沿着航道顺着水流都会直奔迎门碰子快速撞去，这时候就需在距迎门碰子几十米处急速转向，才能绕过迎门碰子安全通过。这样的险境，这样的险情，全凭驾驶者冷静的头脑、娴熟的技艺、丰富的经验和果敢的判断来化险为夷、渡过险关。

在233千米处，有一座山像一条巨龙沿江伏卧，龙头伸到江中，这就叫"龙头山"，传说这里就是小黑龙与大白龙战斗的地方。

接着就是被当地人称为"八十里大湾子"的江湾，这是一处狭长的半岛，岛这边到岛那边的直线距离也就是三五千米，而船舶在这里却要绕行40多千米，要绕一个巨大的"S"形弯子，致使直线距离只有几千米路程，乘船则需要绕行40千米，故得此名。

许多船队航行到这里时，长时间工作在船上的船员们都要在这儿下船，沾沾泥土地，再徒步翻过一座山梁等着绕行的船舶，以这种特

有的方式，尽情地休闲一下。江湾也有"天下第一湾"的美誉。

龙骨山位于嘉荫县城西，山呈丘陵状，山体靠江边一侧十分陡峭，有裸露出的黄土和褐色、白色的风化土石。在龙骨山脚向上约三四米处立有一块龙骨山标志碑，十分醒目，沿山体上攀，似登悬崖峭壁，令人心怵。

据说在嘉荫龙骨山埋藏有上百具完整的白垩纪晚期鸭嘴龙、霸王龙、似鸟龙等恐龙化石骨架，其化石是研究白垩纪晚期恐龙繁衍和灭绝的珍贵资料。嘉荫龙骨山是中国首次发现恐龙化石的地方。恐龙化石堪称为无价国宝。

在黑龙江中游南岸支流库尔滨河上，有著名的逊克大平台雾凇风景区，每年的11月下旬至第二年的3月，只要不刮风下雪，每天都有。满山皆雪，漫天皆白。大自然用雾做原料，用风作笔，把天地万物绘成了一个晶莹剔透的世界。

■ 黑龙江第一湾

在阳光照耀下，一切仿若琉璃初成，冰清玉洁中流转光华。有的似雪莲盛开，有的似白菊含苞，有的像一棵棵巨大的白珊瑚，殿阁披上了柔软的轻纱，大地铺展开洁白的毡毯。

中国是世界上记载雾凇最早的国家。千百年来古人对雾凇有许多称呼和赞美。古书《春秋》称之为"树稼"，1500年前的文献《字林》里第一次出现"雾凇"一词，解释为：

寒气结冰如珠见日光乃消，齐鲁谓之雾凇。

黑龙江天然形成的九曲十八弯，景致更为壮观。特别是在每年6月至9月的100多天里，早晨3时至9时登上高处俯视黑龙江，江畔层峦叠翠，江上云雾缭绕，其形状变幻无穷，或山，或峰，或汹涌的潮水，或万马奔腾，令人如临仙境，心旷神怡。

黑龙江上景点繁多，景色迷人，除了著名的迎门碚子、冒烟山、龙骨山等，还有象鼻山、七女峰等景观。那石门崖、龙头崖、鬼见愁等，壁立千仞，如同各种猛兽的形态；而"观音壁""佛祖崖""阎王

黑龙江第一湾

鼻子"等，更是鬼斧神工，令人叹为观止。

黑土地是大自然给予黑龙江流域得天独厚的宝藏，这里土壤好、肥力高，非常适合植物生长，夏季"雨热同季"的气候优势，可促使一年生作物迅速生长，是中国大豆、水稻、玉米、小麦等主要粮食作物的主产区，也是棉花等经济作物的重要种植区。

黑龙江流域山岭耸立，平原较集中，森林茂盛，植被一般良好。河流众多，土地肥沃，生物种类繁多。由于这里平均气温一般比同纬度其他地区低5摄氏度至8摄氏度，寒冷气候适于耐寒力很强的红松和落叶松等珍贵树种生存，流域内后来有野生植物达2100余种。

属国家珍稀保护树种有黄波椤、红松、樟子松、兴凯湖松、东北红豆杉、水曲柳、蒙古栎、核桃楸、钻天柳、山槐10种。主要乔木用材树种有红松、落叶松、冷杉、云杉、山杨、白桦、紫椴、康椴等。

除了树种外，野生经济植物蕴藏量也较大，有十分广泛的用途，很有开发利用的价值。药用植物主要有人参、灵芝、北五味子、龙胆、升麻、防风等；野菜、野果类植物主要有蕨菜、薇菜、松茸、元蘑、榆黄蘑、山葡萄、狗枣、猕猴桃、山梨、樱桃等；蜜源植物主要有椴树、山梨、山楂等，在花期是养蜜的良好蜜源。

黑龙江流域非常适于耐寒的珍贵皮毛动物和脂肪丰富的鱼类繁衍生息，下游约有100种鱼，上游约60种鱼。有包括鲟鳇鱼、大马哈鱼等在内的约30种鱼，具有较高的商业价值。

黑龙江的一大特点是，大量鱼类在海中发育，以避免遭受夏季河中出现的水位急遽变化的损害，然后再洄游到黑龙江生长。

黑龙江流域连绵的山地和广阔的沼泽地，是动植物的资源宝库。天鹅、丹顶鹤、东北虎、东北豹、麝等珍稀动物在这里栖息，其中属国家一级重点保护的种类有紫貂、貂熊、豹、虎、梅花鹿等。

鸟类分布约占全国鸟类种数的29％，其中属国家一级重点保护的有丹顶鹤、中华秋沙鸭、白鹳、金雕等。

阅读链接

在黑龙江边上有一个充满神秘色彩的山峰，名叫察哈彦，由于它常年冒烟，所以又被人们称为冒烟山。据史书记载，冒烟山的冒烟历史已有数百年的历史。早在17世纪中叶，冒烟山白天就已是烟雾弥漫，而夜间则会看见火光冲天。

今天我们隔江望去，冒烟山裸露的山体就像被挤压而成的千层饼，上部多为黄褐色，下部多为铅白色，中间夹杂着两三层黑灰色。据专家考证，那黑灰色是煤层，冒烟山的烟雾就源于此处，是煤层遇氧后经日晒自燃而生出的烟。

黑土地上的母亲河松花江

　　传说在很久以前，黑龙江地区依山傍水，林木茂盛，那时的兴安岭和长白山紧紧相连，纵横交错的江河湖泊直通大海。其中有一个长满莲花的大湖，叫莲花湖，不论冬夏，湖面上总是铺满各色荷花，姹紫嫣红，一年四季常开不谢。

松花江太阳岛

秀丽如画的江河湖泊

■ 航拍松花江

在荷叶底下，成群结队的鱼和蛤蜊游来游去，每个蛤蜊壳里，都含着一颗溜光锃亮的夜明珠。在星光灿烂的夜晚，天上地下，瑞气千条，霞光万道，整个大湖，简直跟"聚宝盆"一样。

在这块宝地，不知何时，闯进一条白翅白鳞的恶龙，起初它在湖底不声不响，慢慢地越来越放肆，动不动就翻江倒海，常常把澄碧的湖水搅得底朝天。最后，荷花谢了，鱼没了，蛤蜊也闭了嘴，夜明珠也不再发光了。一湖清水从此变成了臭烘烘的死水。

有时，白龙"炸翅"，立时洪水翻滚，天昏地暗，方圆几百里的良田就变为了一片泽国。白龙为非作歹，惹怒了东海龙王。龙王就派黑翅黑鳞的黑龙去降伏白龙。第一次作战，黑龙一路呼风唤雨，电闪雷鸣，还抖动捆龙锁吓白龙。

白龙知道来了劲敌，就吃饱喝足躲在暗处。黑龙在莲花湖上叫阵了半天也没看见白龙的踪迹。等黑龙累了，白龙猛地蹿出水面，轻松地就把黑龙打退了。

第二次，黑龙顺着江底悄悄而来，可无论它游到哪里，都会把水染得漆黑，白龙很快就察觉了，这次黑龙又是大败而归。黑龙总结失败原因，明白必须首先隐藏好自己，才有

■ 松花江畔

可能突袭获胜。

第二年夏天，松树开花，洁白一片。有的花落在水面上，把江河湖泊都盖住了。黑龙受到启发，于是它去长白山和兴安岭，找山神借来山上全部松树花，然后把松树花撒满大江大湖，把江面罩得白茫茫的。

黑龙有了松树花的掩护，就打败了白龙。一败涂地的白龙一头扎进五大连池，从此不敢出来了。可是松树却再也不开花了。为了纪念松树花做出的贡献，人们就把黑龙游过的这条江叫作"松花江"。

松花江在女真语中为"阿速古儿水"，满语为"松阿里乌拉"，鄂温克语为"松嘎里毕拉"。松花江在古代是东北流至鞑靼海峡的最大河流，后来改为黑龙江的支流，也是黑龙江在中国境内最大的支流。

松花江历史悠久，在东晋至南北朝时，上游称"速末水"，下游称"难水"；在隋、唐时期，上游

东海龙王 中国古代民间传说中，说他的名字叫敖广。龙是中国古代神话的灵兽之一，住在江河湖海里。在中国，认为东方为尊位，因此东海龙王排在四海龙王的之首。

五大连池 有14座新老时期的火山，喷发年代跨越200多万年，被誉为"天然火山博物馆"和"打开的火山教科书"。这里山秀、水幽、泉奇、石怪、洞异，被誉为"一颗璀璨的北国明珠"。

■ 松花江景色

称"粟末水"，下游称"那河"；在辽代时，上下游均称"混同江""鸭子河"；在金代时，上游称"宋瓦江"，下游称"混同江"；在元代时，上、下游统称为"宋瓦江"，在明朝宣德年间更名为"松花江"。

698年，粟末靺鞨首领大祚荣在松花江支流奥娄河，后来的牡丹江上游附近，建立了震国。

时隔不久，大祚荣即接受唐朝的领导，不仅成为大唐帝国册封体制下的一个地方民族政权，而且也是唐朝体系下的一个地方羁縻州府，并始终履行包括朝贡、朝觐、贺正、质侍在内的各项义务，与唐王朝之间在政治、经济和文化等各个方面，保持着频繁和密切的交往。

大祚荣因此受封为渤海郡王，此后，他的辖区即以渤海为号。唐朝著名诗人温庭筠《送渤海王子归国》，记载了这段大唐和靺鞨友好往来的历史：

册封 古代，皇帝以勋封爵号授给异姓王、宗族、后妃等，都经过一种仪式，在受封者面前，宣读授给封爵位号的册文，连同印玺一齐授给被封人，称为"册封"。册封制度早在殷商时就已产生。

疆理虽重海，车书本一家。
盛勋归旧国，佳句在中华。
定界分秋涨，开帆到曙霞。
九门风月好，回首是天涯。

历史走过几百年后，辽国皇帝耶律阿保机崛起，于926年灭亡了渤海国，改"渤海国"为"东丹国"，任长子耶律倍为东丹国王。从982年开始，辽国直辖东丹。

1112年春天，辽国天祚帝耶律延禧到松花江畔春州巡游，举行松花江凿冰捕鱼的头鱼宴。在宴会上，他命令当地女真各部酋长都来朝见，并在宴席上依次跳舞，为他饮酒助兴。

众酋长虽然都很反感这种带侮辱性的做法，但十分畏惧辽国，只好忍辱服从。在座的人当中，只有年轻的完颜阿骨打一个人公然拒绝跳舞。

后来，完颜阿骨打在松花江畔建筑城堡，修造武器，训练人马，逐步统一了女真各部，最终取代了辽国，成为了金国的开国皇帝。

金国是第一个用路府州县建制，将东北统一起来

头鱼宴 是中国古代民间风俗的一种，盛行于辽代。辽历代皇帝春天外出游猎捕获第一条鱼后，均要举办盛大的宴会。后来吉林松辽一带仍有此流传风俗。

羁縻 "羁縻政策"是自秦朝建立郡县制起到宋、元交替时期前，中央王朝管理少数民族的一种地方政策。通过这种政策，处理中央与地方少数民族的关系，以维系中央集权制度。

359

润泽之恩

北方河流

■ 晨雾中的松花江

的王朝，为后来中国东北版图的建立奠定了基础。

金国最早的都城建在阿什河左岸。阿什河是松花江干流南岸的支流，唐代称"安车骨水"，金国称"按出虎水"，明朝称"金水河"，清初称"阿勒楚喀河"，后来改称"阿什河"。

到了清代，松花江的政治经济贡献越来越重要，清王朝一方面对松花江流域实行了200余年的森林封禁，使该地区面积巨大的森林保存完好，另一方面又适度放开招垦政策，招徕流民，劝农开垦。

1682年，29岁的康熙帝率领文武大臣出关东巡，来到松花江，写下了一首赞美松花江的《松花江放船歌》：

松花江，江水清，夜来雨过春涛声，浪花叠锦绣毂明。
采帆画鹢随风轻，萧韶小奏中流鸣，苍岩翠壁两岸横。
浮云耀日何晶晶？乘流直下蛟龙惊，连樯接舰屯江城。
貔貅健甲皆锐精，旌旄映水翻朱缨，我来问俗非观兵。
松花江，江水清，浩浩瀚瀚冲波行，云霞万里开澄泓。

朝霞中的松花江

　　松花江每年通航期约200天，到了冬季，气候严寒，有时会降至零下三四十摄氏度，结冰期长达5个多月。冬季河流封冻，但江面冰厚，可通行汽车、牵引机，交通非常便利。

　　千百年来，即便是在江水被冰封后，渔民们也会在松花江江面上钻孔捕鱼。因为冬季捕鱼易于保存和运输，而且冬天的鱼格外肥美，所以这一古老的冬捕方式一直延续着，千年不变。

　　每年4月中下旬，东北大地冰雪消融，万物复苏。松花江等江河的冰层也逐渐地融化解体，形成了一块块大小不一、形态各异的冰块。冰块在水流的作用下浩浩荡荡，顺江而下，这就是著名的松花江开江"跑冰排"。

　　松花江的"跑冰排"按颜色分上、下两层，浮在水上面部分洁白如雪，水下面部分是透明的，晶莹剔透，像是春节冻的冰灯。冰排的形状各异，有三角形的，有梯形的，更多是不规则多边形的，大小也不相同，最大的有几间房子那么大呢！

　　冰灯是松花江流域一种特有的民间艺术，每当千里冰封的季节，

秀丽如画的江河湖泊

■ 哈尔滨冰灯

亭 是中国传统建筑，多建于路旁，供行人休息、乘凉或观景用。亭一般为开敞性结构，没有围墙，顶部可分为六角、八角、圆形等多种形状。亭子在中国园林的意境中起到很重要的作用。亭的历史十分悠久，但古代最早的亭并不是供观赏用的建筑，而是用于防御的堡垒。

家家户户的屋檐下，便会悬挂起一盏盏别出心裁的自制冰灯。所谓"冰灯"，是真正用冰制成像玻璃一样的灯罩，可以点上烛火。

根据东北文献记载，早在清代已有冰灯制作，初期的冰灯，不过是当地贫穷人家过年过节时张挂的一种简陋装饰，开水冻的冰灯是透明的，凉水冻出来的冰灯是白色的，其后才逐渐发展成为造型复杂、多姿多彩的冰雕艺术品。

冬季的松花江结冰厚达1米多，将冰开凿下来，重新砌合在一起，可以雕刻成楼台亭榭、银桥古刹，也可以雕刻成古今人物、飞禽走兽和花鸟虫鱼等。雕塑物生动逼真、栩栩如生。白天看上去晶莹剔透，夜晚则熠熠生辉，更加可爱。

松花江水系发达，支流众多，流域面积大于1000平方千米的河流有86条。松花江由头道江、二道江、辉发河、饮马河、嫩江、牡丹江等大小数十条河流汇合而成，主要有南、北两源头。

流域内包括嫩江、第二松花江和松花江干流，嫩江和第二松花江在三岔河汇合，干流从这里到同江市注入黑龙江，形成了一个完美的"人"字。

南部源头是松花江的正源，发源于东北屋脊长白山主峰的天池，松花江上中游河谷狭窄，水量大，落差大，水力资源丰富。

松花江北部源头即嫩江，是松花江最大支流。嫩江发源于大兴安岭支脉伊勒呼里山中段南侧，源头称"南瓮河"，与二根河汇合后称"嫩江"，自北向南流至三岔河。

南北两源头三岔河镇汇合以后始称"东流松花江"。东流松花江自三岔河附近向东北方向奔流，江面开阔、平缓、水深。沿途又接纳了呼兰河、汤旺河、拉林河、牡丹江等许多支流。它穿过小兴安岭南端谷地，在同江附近注入黑龙江。

由于它穿行小兴安岭山谷，夏季山地多雨，洪水暴发，流水呈淡黄色，具有明显的山区河流性质。它注入黑龙江后，形成南黄北黑的

长白山天池

奇观，人们把这一河段称为"混同江"。

松花江流域一大特点是湖泊沼泡较多，大小湖泊共有600多个，如镜泊湖、月亮泡、向海泡和连环湖等。

松花江、图们江、鸭绿江三江之源都是著名的长白山天池，位于长白山主峰火山锥体的顶部，是中国最大的火山口湖。

天池四周奇峰林立，湖水深幽清澈，像一块瑰丽的碧玉镶嵌在群山环绕之中。集瀑布、温泉、峡谷、地下森林、火山熔岩林、高山大花园、地下河、原始森林、云雾、冰雪等景观为一体。

镜泊湖是中国最大、世界第二大高山堰塞湖，由百里长湖、火山口原始森林、渤海国上京龙泉府遗址3部分景区组成，以湖光山色为主，兼有火山口地下原始森林、地下熔岩隧道等地质，及唐代渤海国遗址为代表的历史人文景观。

向海泡是一片湿地，湖泊水域，碧水长天，泡泽相连，怀拥着万顷香蒲芦苇，芦花蒲絮飘然轻扬。连绵起伏的沙丘上生长着千姿百态的黄榆，一簇簇、一片片，如伞如盖、如织如麻。

连环湖是松嫩平原上一个大型浅水湖泊，湖区范围内的陆地地势低平。乌裕尔河和双阳河尾闾的河水到了这片低洼的土地，便滞留成

吉林松花江雾凇岛

为一组大型湖泊群，由18个湖泊联合组成。这些湖泊之间以芦苇荡与岛屿相分离，高水位时水域相通，形成连环湿地。

　　松花江上的雾凇岛，以雾凇多而得名。这里的地势较吉林市区低，又有江水环抱。冷热空气在这里相交，冬季里几乎天天有树挂。岛上的曾通屯是欣赏雾凇最好的地方，曾有"赏雾凇，到曾通"之说。

　　四季如画的太阳岛位于松花江北岸，以其美丽而独特的自然生态环境，享誉大江南北，声名鹊起，成为誉满国内外的风景名胜区。

　　"太阳岛"名字的由来，有专家考证，早先满族在此渔猎松花江盛产的鳊花鱼，满语中称其为"太宜安""扁长"之意，读音与汉语中"太阳"相似，加上"岛"字就成了"太阳岛"。

　　狗岛是松花江洪泛区自然形成的梭形岛，为河漫滩湿地。据考证，元代时期这里曾经设立过驿站，据

■ 镜泊湖风景

《辽东志》 全书9卷。明代左金都御史任洛巡抚辽东时，撰成此书。此志实兼载全辽之地，创修于明正统八年。1537重修刻本，清初有传本。

龙泉府 渤海国都城上京的辖区治所与政权机构，治所在龙州，辖境大约在后来黑龙江、牡丹江、宁安一带。龙泉府基本上照唐都长安城模式营建，面积约为长安的1/5。上京城是渤海国五京之一，因位置偏北，故称"上京"。

《辽东志》记载：

> 狗站，每站设驿卒20户，狗200只，狗车若干辆……夏月乘船，小可承载。冬月乘爬犁，乘二三人行冰上，以狗驾拽，疾如马。

狗岛由此而得名。后来的狗岛片片草甸，层层叠叠，黄绿相间，形成了岛中有水、水中有岛、枯水成池的景象，曲路环水，江岛相连，水泡内的水生植被、苔草、塔头是这里得天独厚的景观。

松峰山景区内群峰耸立，形状各异，均因其形而得名，如主峰像一个高插云天的大烟筒，其名就叫"烟筒峰"。有的支峰像乳房，其名就叫"双乳峰"。有的像张嘴怒吼的大狮子，其名就叫"狮张嘴峰"。群峰之上古松参天，松涛阵阵，人们便称其为"松峰山"。

在石景峰下有遗存的两座庙宇，一为海云观，二为藏经楼，据说建于清朝嘉庆年间，留有拜斗台、石井、山泉井、围棋盘、石宝、老道观等遗迹。

海云观依山而建，背靠陡崖，右边石阶通往拜斗台。拜斗台是道

■ 霞光中的松花江

冰雪中的激流

士们参星拜斗的地方。左侧攀峭壁可达围棋盘，巨石上面刻有棋盘。

在南坡半山腰处有一天然石洞，洞上刻有"太虚洞"三字，洞内有若干石碑。其中金代承安四年的石碑碑文铭记了清山教祖在此修建海云观庙宇的事迹。

松花江如一条绿色飘带横贯东北黑土地，虽然它是黑龙江的支流，却在经济和社会意义上远远超过了黑龙江，她就像黑土地充满乳汁的母亲一样，滋养着两岸儿女，因此称之为"东北黑土地的母亲河"。

阅读链接

月亮泡原名"运粮泊"。那是在辽金时代，当年金兀术率兵南下，与南宋军在中原对峙，月亮泡便成为金兀术向南方运粮草的交通要道，运粮泊由此而得名。

据说金兀术有一次黑夜运粮，船迷失了方向，于是兵士们就齐声高呼："月亮、月亮啊，你快出来吧！救救我们，我们永远忘不了您呀！"

说也奇怪，天空忽然云开雾散，水面上风平浪静，不仅露出了月亮，而且格外明亮。有了这一转机，粮船顺利抵达了彼岸。为了纪念这次运粮的胜利，感谢月亮的恩赐，从此便把"运粮泊"改为"月亮泡"，而且这个故事一直流传着。

镶着金边的额尔古纳河

  在远古时期，蒙古族部落与突厥部落发生了激烈战争。由于蒙古部落势单力孤，被突厥部落打败了，蒙古部落仅两男两女幸存了下来，他们逃到额尔古纳河畔的额尔古涅昆山中隐居了起来。

内蒙古额尔古纳河

后来，他们的子孙繁衍昌盛，分为了许多支系，狭小的山谷不能容纳这么多人了，于是他们就迁至宽阔的草原上居住。

其中一个部落的首领名叫勃儿帖赤那，意为"苍狼"，他的妻子名叫豁埃马阑勒，意为"白鹿"，他们率领本部落的人迁到斡难河源头不儿罕山定居了下来。

这一传说充分反映了蒙古先人从额尔古纳河西迁的重要史实，并非单纯民间传说，他们迁移的时间应是在唐代末期。

■ 内蒙古额尔古纳湿地风光

苍狼与白鹿是蒙古族的远古图腾，而额尔古纳河苍狼与白鹿的神话传说，恰恰反映了蒙古先民的图腾观念。因此，额尔古纳河是蒙古族的母亲河，是蒙古族的发祥地。

额尔古纳河是黑龙江的正源，在五代后晋时官修的史籍《旧唐书》中称"望建河"。望建河是通古斯语，即鄂温克语的音译，意为"鄂温克江"。

额尔古纳河在历史典籍《蒙古秘史》中称为"额尔古涅河"，在史书《元史》中称为"也里古纳河"，在史书《明史》中称为"阿鲁那么连"，自清代开始称为"额尔古纳河"。

在物华天宝的额尔古纳河滋润下，养育了蒙古族的先祖。据史书记载，蒙古族属于东胡系，是由室韦部落的一支发展而来的。大约在7世纪以前，居住在

图腾 是原始人群体的亲属、祖先、保护神的标志和象征，是人类历史上最早的一种文化现象。运用图腾解释神话、古典记载及民俗民风，往往可获得举一反三之功。图腾就是原始人笃信某种动物或自然物同氏族有血缘关系，因而用来做本氏族的徽号或标志。

额尔古纳河一带，在中国唐代史籍中称为"蒙瓦"，史书《辽史》中称为"萌古"。

大约到了9世纪至11世纪，蒙古族西迁到鄂嫩河上游不儿罕山，即大肯特山和克鲁伦河一带，形成了尼鲁温蒙古和迭儿列斤蒙古两大分支。

后来，尼鲁温蒙古的部落之一孛儿只斤部，出了一位大英雄铁木真，他最终完成了统一蒙古各部的事业，于1206年建立了强大的蒙古汗国，他被拥戴为大汗，这就是成吉思汗。

从额尔古纳河岸密林中走出来的强悍民族通过长期战争，先后并西辽、亡西夏、灭金朝，于1279年实现了大统一，建立了大元王朝。

成吉思汗建立蒙古汗国之前，额尔古纳河地区一直是迭儿列斤蒙古弘吉剌部的游牧地。历史上弘吉剌部是蒙古声名显赫的贵族部落，也是一个盛产美女的部落。

成吉思汗的母亲、妻子、儿媳、孙媳等都出自这一部落，事实上，成吉思汗的嫡系子孙代代都与弘吉剌部落联姻。1237年，成吉思

蜿蜒的额尔古纳河

■ 胭脂沟景区

汗的继承人窝阔台汗专门为此下旨：弘吉剌氏"生女为后，生男尚公主，世世不绝"。

成吉思汗的弟弟拙赤·哈萨尔被分封在额尔古纳河，后来在额尔古纳河畔黑山头，还留有哈萨尔王府的遗迹。

黑山头哈萨尔王府遗址分内城和外城，城墙均为土筑。其城址坐北朝南，气势宏伟，有东、西两座小门，城外亦有壕。整个建筑呈"干"字状，址内花岗岩圆形柱础排列有序，琉璃瓦、青砖、龙纹瓦当和绿釉覆盆残片俯拾皆是。

在黑山头附近的根河河道中，有一座隆起的小山，称"小孤山"。山顶有一烽火台遗址，据说当年哈萨尔为了从军事上确保城堡的安全，曾在小孤山顶上设置瞭望哨，派士兵日夜轮流瞭望。

小孤山下河水深不见底。传说水下有洞，里面藏

瓦当 俗称"瓦头"。是屋檐最前端的一片瓦，瓦面上带着有花纹垂挂圆型的挡片。瓦当的图案设计优美，字体行云流水，极富变化，有云头纹、几何形纹、饕餮纹、文字纹、动物纹等，为精致的艺术品。中国最早的瓦当集中发现于陕西扶风岐山周原遗址。

木雕 是雕塑的一种，在中国常被视为民间工艺。雕刻用木材一般以不过硬为好，在传统建筑上用于垂花门、外檐、门窗、额枋、隔扇、屏风等。木雕艺术起源于新石器时代中国，在距今7000多年的浙江余姚河姆渡文化，就已出现了木雕鱼。秦汉时期，木雕工艺趋于成熟，绘画、雕刻技术精致完美。

着成吉思汗的财宝。这个传说从侧面反映了额尔古纳河是个蕴藏着丰富宝藏的好地方。

很多梦想发财的人不远千里，寻找额尔古纳河一条仅14千米长的小支流，这条小河名叫"老金沟"，又称"胭脂沟"，这里以盛产黄金而闻名于世。

胭脂沟的发现已有100多年历史了，这里的沙土已被筛淘过几十遍，仍可以淘到黄金，可见黄金储量之丰富。

据说，1877年，一位鄂伦春老人在此葬马掘穴，发现许多金沫，他在老沟河底捞起一把河沙，河沙中金末几乎占了一半。这一消息很快传开，经过鉴定，其中含纯金87.5%、白银7.9%，其他杂质4.6%。

由于金矿被盗采严重，黑龙江将军多次上奏朝廷要求自行开采，直到1887年清政府才接受了建议，并指令北洋大臣李鸿章督办，调吉林候补知府李金镛主

■ 夏季的额尔古纳河

持办理漠河金厂。

　　李金镛经过实地考察后，于1888年正式上山开矿，创办漠河金厂，仅在1889年清政府就从这里获得黄金就达2万两，1895年获5万多两。由于李金镛清正廉洁，不辞辛苦，苦心经营，老沟的黄金开采达到了鼎盛时期。据不完全统计，胭脂沟1908年产黄金达27万余两。

　　1890年，李金镛病故，李鸿章奏请光绪皇帝恩准，在漠河上道盘，就是后来的金沟林场所在地附近，为李金镛建祠堂一座，祠堂内有其木雕像一尊。

　　额尔古纳河的上游海拉尔河源自牙克石并入呼伦贝尔，流至阿巴该图山附近，始称"额尔古纳河"，流到洛古河后始称"黑龙江"。

　　额尔古纳河上、下游流域地形差异很大，阿巴该图山至黑山头为草原丘陵区，地势平坦，河谷开阔，多湖泊沼泽，水流分散，杂草、柳条丛生。自右岸根河、得尔布干河、哈乌尔河流入后水量大增。

　　自粗鲁海图至吉拉林河段河谷变得狭窄，河中沙洲和岛屿较多，河水变深。自吉拉林以下，河水进入峡谷，河谷更窄，两岸山地陡

峭，河床稳定，水流平稳，河面宽广，是良好的航道，而且水能资源丰富。

额尔古纳河沿途汇集了海拉尔河、根河等1800多条大小河流，因此，沿岸地区水草丰美，土地肥沃，森林茂密，鱼类品种很多，动植物资源丰富，宜农宜牧，是人类理想的天堂。由于鱼类繁多，资源丰富，额尔古纳河被誉为"镶金边的界河"。

额尔古纳河上游海拉尔附近的西山，是中国唯一以樟子松为主体的国家级森林公园。森林公园总面积1.4万公顷，水面积约1333公顷。

西山公园有天然樟子松4600余棵，其中百年以上的古松有1000多棵，最高的树龄达到500年。樟子松又称"海拉尔松"，属于欧洲赤松的一个变种，是中国北方珍贵的针叶树种，是亚寒带特有的一种常绿乔木，有"绿色皇后"的美誉。

沿着额尔古纳河，在牙克石东北180千米，大兴安岭主脊东坡下，有一片乌尔旗汉原始森林。这里古木参天，遮天蔽日，松涛阵阵，鸟鸣声声，小草生翠，野花吐香。

额尔古纳河附近的莫尔道嘎山峦起伏，古木参天，植被丰富，溪流密布，处处展现幽、野、秀、新的风采，以其林海、松风、蓝天、白云的夏季风光和冰峰、雪岭、严寒、雾凇的冬季风韵而著称。

在莫尔道嘎12千米处，有一片占地1900多公顷的偃松林，其偃松面积之大、密度之高在林区实属罕见。

登上莫尔道嘎1600米处的山巅，极目远眺，大兴安岭的深邃与辽阔尽收眼底，九重山一览无余，"一目九岭"因此而得名。

在此处观山，但见山连山、岭接岭，山外有山、岭外有岭。阳光下山形多样，层次分明，九重山岭山岚浮绕，如丝如絮。

莫尔道嘎30千米处的熊谷，山高谷深，森林茂密，溪流奔涌，野果繁生，是野生动物的天然栖息地，时有棕熊、野猪出没而得名。

每到冬季，这里白雪皑皑，天地间冰清玉洁，浑然一色，山林雾气凝重，满山遍野，雾凇悬挂，营造出人力而不能的童话世界，是观赏兴安雾凇的少有去处。

龙岩山位于莫尔道嘎镇中东侧，海拔1000米，东西长约35千米，西坡横田一条长200余米的龙形巨岩，龙头高耸，威武峥嵘；龙身苍劲，铁骨铜甲；龙尾挺峭，深藏山中。龙岩山因此而得名。

龙岩山

乞贝尔茨河

莫尔道嘎著名的水域景点"九曲松风"处于激流河上，又称"乞贝尔茨河"，是北部原始林区水面最宽、弯道最多、落差最大的原始森林河。它发源于大兴安岭西北麓，全长480千米，河网呈树枝状，河流水量丰沛。

汇河口位于扎兰屯浩饶乡西南，有淖尔河、托欣河两河在此处相汇，形成了巨大水面，两河相汇后犹如巨龙在山脚下咆哮东流，当地称作"汇河口"。

汇河口两岸山岩高耸入云，如擎天玉柱直插苍穹。抬眼远眺，不禁使人心旷神怡，胸襟开朗。汇河口风光四季景色不同，情态迥异，各有巧工难描之妙。天然景色，有观赏不尽之美。

阅读链接

蒙古部落从额尔古纳河向西迁徙之初，大概因为北岸被敌对部落所盘踞，所以选择额尔古纳河南岸的路线西迁。他们把初冬的枯水期作为迁徙时间，沿安格林河而上，翻过莫尔道嘎河谷与得尔布尔河谷之间的分水岭，进入得尔布尔河谷。

这时候，已经进入夏秋季节，得尔布尔河谷林木繁密，没有人烟，迁徙的队伍找不到前进的道路，于是烧山开路。林火熔化了裸露在地表的铅锌矿脉，给蒙古族留下了特别深刻的记忆，因此，蒙古族史有一段"烧山化铁"的传说故事。

永远奔腾不息的鸭绿江

据说在很久很久以前，天上有几个仙女，她们从小住在天宫里，每天看到的全是珍珠玉石的亭台楼阁，金银铺就的道路，虽然金碧辉煌，但终究缺乏生气。

这一天，她们来到关东长白山的天池，看到四周奇峰林立，水面明亮如镜，波澜不起，如同仙境瑶池。几个仙女被这奇妙的风光迷住了，其中一个说："姐妹们，咱们下去洗澡吧！"

其他仙女说："好。"

于是仙女们脱了衣裳，跳进天池，互相泼水嬉戏，玩了个痛快。玩累以后，她们才开始慢慢洗头发，洗身体，把自己

鸭绿江景区

《新唐书》 北宋时期宋祁、欧阳修等人编撰的一部记载唐朝历史的纪传体断代史书，"二十四史"之一。该书在体例上第一次写出了《兵志》《选举志》，系统论述了唐代的府兵等军事制度和科举制度。这是中国正史体裁史书的一大开创，为以后的《宋史》等所沿袭。

浸泡在池水中，并欣赏着眼前的水色山光……

不知不觉中，太阳落到西山，天色变得昏暗，仙女们想起该回天庭了，便急忙跳上岸穿衣裳。这时大家才发觉所有衣裙全被水溅湿了。她们把一件件衣裙拿起来用力地抖，那些衣裙全变成鸭绿色了，抖下的水也成了鸭绿色，并顺着山谷往下流淌，水流汇聚在一起，逐渐变成了一条江。

这条江因为水的颜色好似雄性野鸭头颈的颜色，于是人们就叫它"鸭绿江"。后来纪传体断代史书《新唐书》记载说：

> 有马訾水出靺鞨之白山，色若鸭头，号鸭渌水。

鸭绿江名称的来源还有另外几种说法：一种是上游地区有鸭江和绿江两条支流汇入，故合而为一，合

■ 鸭绿江畔丹东风光

并称为"鸭绿江"。

■ 鸭绿江的日出

另外一种是鸭绿江为满语的音译，即鸭绿乌拉的读音，在满语中是"土地的边端，疆界的分野"之意，即为"边界之江"。

还有一种说法认为："鸭绿"为这条河流中生长着的一种被称为"鸭绿"的鱼。这种鱼现在鸭绿江上游的白山到临江一段仍有生长，其满语的读音写为"雅罗"鱼，江是因鱼而得名。

鸭绿江，古名"马訾水""浿水"，到了后汉、三国、晋代，有过"奄利水""淹水""施淹水""淹滞水"等称谓。晋武帝曾经此临流观赏，因水流湍急，如箭离弦，改名为"箭川江"，后来又改"箭"为"剑"。隋炀帝年间，鸭绿江的名字开始出现。

唐初，唐太宗李世民路过鸭绿江，一度将鸭绿江改称"洗袍河"。后来，唐代大将程名振进军高句丽，史书再次提到鸭绿江，从这个时候起，鸭绿江的

晋武帝（236—290），即司马炎，字安世，河内温，即今河南温县人，晋朝开国君主，265年至290年在位。他于280年统一全国，新中国成立后采取一系列经济措施以发展生产，颁行户调式，包括占田制、户调制和品官占田荫客制。全国出现一片繁荣景象，史称"太康之治"。

鸭绿江沿岸湿地

名称正式确定下来，再未做大的更改。

　　其实，"鸭绿"一词为古阿尔泰语，是"匆忙的、快速的"意思，形容水流湍急的状态；满族语称为"雅鲁乌拉""鸭绿乌拉"，音意混译为"雅鲁河""鸭绿河"，或"雅鲁江""鸭绿江"。

　　鸭绿江的得名还有可能来自于沃沮、勿吉、粟末靺鞨人的南迁，他们过去居住在乌苏里江和黑龙江中下游地区，进而又用自己的族称重新为浿水命名为"鸭绿江"。

　　人们又把他们这些居住在湍急的河水岸边的族群称为"雅鲁河人"，或者他们自称为"雅鲁氏"。而随着迁徙他们把"雅鲁""鸭绿"这两个词语带到了他们生活的地区。

　　鸭绿江流域人类活动史可追溯到50万年前。但直至3000年前，仍处于部落时代。

　　辽金时期至明朝末年，曾有大批的女真人部族沿江居住，史称"鸭绿江部"，为明末建州女真长白山三部之一，1591年，被努尔哈赤兼并，成为清朝八旗中的主要力量。

明太祖朱元璋收复元朝统辖的辽东地区时，为了这条界河专门写了一首诗《鸭绿江》：

鸭绿江清界古风，强无诈息乐时雄。

逋逃不纳千年课，礼仪威修百世功。

汉代可稽明载册，辽征须考照遗踪。

情怀造到天心处，永世无波戍不攻。

鸭绿江发源于长白山主峰的长白山天池，然后流向西南，流经中国吉林、辽宁，在辽宁丹东东港附近注入黄海北部的西朝鲜湾。全长795千米，在中国境内流域面积约为3.25万平方千米，入海口是中国大陆海岸线的最北端。

气势恢宏的鸭绿江大峡谷在长白山南麓距天池30多千米的原始森林中，中间有中朝界河鸭绿江流过。两侧悬崖绝壁如削，中间奇峰异石林立，两边谷壁的巨大石峰、石柱、石笋、石墙，如古堡耸立、石笋破土。两壁火山岩和火山碎屑，经数百年的风雨剥蚀，形成千姿百态的图案，向人间展示鸭绿江大峡谷的壮丽奇观。

■ 冬季的鸭绿江

鸭绿江上游40千米处的云峰湖两岸高山耸立，怪石嶙峋，古木参天，树种繁多；峡谷深邃，云雾缭绕，使人如入仙境，如置画中。逆流而上，山势雄伟险峻，峰峦秀丽多姿，云雾变幻莫测，飞流叹为观止；泛舟湖上，极目远眺，水色天光，烟波浩渺，如梦如幻。

秀丽如画的江河湖泊

金银峡位于鸭绿江的中上游，这里江阔水稳，山清水秀，峰险岭奇，大自然的鬼斧神工把景色装扮得绚丽多彩。

这里不仅有着良好的自然生态环境，而且人文景观也独具特色，是一个无山不美、无水不秀、无景不奇的旅游胜地。金银峡旅游区山涧清幽秀丽，溪水妩媚多姿，怪石耸立。法荫寺古刹钟声悠扬，疑处梦境。

在鸭绿江的中游，有处一面傍山、三面环水的老虎哨，鸭绿江绕老虎哨东、南、西面流过形成纺锤形山脉，隔江是朝鲜渭源郡。两岸时而奇峰怪石、沟壑纵横，时而河滩漫漫、绿洲映照，九曲回旋的鸭绿江在这里形成独特的自然景观。

东北地区第一大淡水湖水丰湖就在鸭绿江边，远看两岸青山叠翠，古树参天，水线以下尽是刀削岩壁，沙石堆砌的天成奇观，湖面浩渺壮阔，山水相

■ 鸭绿江日落

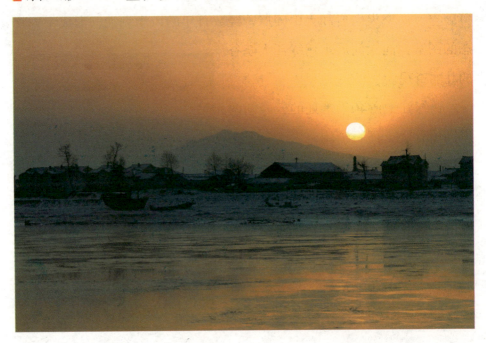

虎山长城景区

映，秀峰叠翠，花树倒影，怪石嶙峋。碧绿如蓝的江水上，群群野鸭在欢快地浮水嬉戏，翱翔的白鹭在如黛远山的背景下，融入了一色江天的深邃空阔中。

沿拉古哨乘船下行，有两座山头似一对雄狮，中间夹一圆形绿色山包，远远望去恰似"双狮戏翠球"，这就是鸭绿江上一景——太平湾。

这里山清水秀，鸟语花香，东侧是鸭绿江，西侧是鹭鸣湖。每逢初春，鹭鸣湖畔满山盛开的杜鹃花好似彩霞飞落，夏末数千白鹭栖落在江岸，好似雪铺山林，极为壮观。

虎山地势险要，是历史上的军事要地，当年山上的烽火台、山前的江沿炮台堡遗址依然存在。附近还有汉代的西安平县遗址、明代的九连城遗址。

始建于1469年的虎山长城距今已有500多年的历史，被后来的专家证明是明代万里长城东端起点。虎山除了长城外，还有叮咚作响的"金水泉"奏响了虎山一曲天然之歌。

泉水常年"咕噜噜"地冒泡，清澈甘甜的溪水上下翻腾，一年四

青山沟飞云瀑

季冬温夏凉；"神仙瀑"的水位落差高达40余米，景色壮观，在神仙瀑的映衬下，虎山显得更有灵性。

青山沟被称为"神仙住过的地方"。碧绿的浑江宛若两条龙须盘绕奇峰异石，缓缓流入鸭绿江，山峦间大小瀑布36条，其中"飞云瀑"落差81米，居东北之首。

在鸭绿江与浑江交汇处的绿江景区，下临大江，览碧水滔滔。上倚峭壁，成挟持之势，天然门户俨如雄关；小青沟峡仄谷深，洞幽石奇，两岸连山，静如太古，并有辽代瓦窑遗址。这里生产的柱参被称为"人参之王"。

大鹿岛位于鸭绿江与黄海交汇处，四面环海，这里风景秀丽，气候宜人。岛前怀抱的月亮湾、双珠滩为中国北海角最大的天然浴场，也是游人拾贝、垂钓、冲浪、晨观日出、夜半听海的理想去处。

大鹿岛西北的大孤山，峭拔突兀、山有石径、巨柞银杏、夹道成荫。山上有百余间初建于唐朝的寺庙，是流域内保存较完整的古建筑群之一。

鸭绿江上下落差较大，源头与河口落差达到2400米。中国境内支流有浑江、爱河、八道沟河、三道沟河、红土崖河、大罗圈沟河、哈泥河、喇蛄河、苇沙河、小新开河、富尔河、大雅河、半砬江、草河、柳林河。

充足的雨水使针叶树和落叶树生长茂盛。森林为野生动物提供安全的栖息地。鸭绿江流域兽类有野猪、狼、虎、豹、熊和狐狸，鸟类有雷鸟、雉鸡等，河中鲤鱼和鳗鱼甚多。

鸭绿江沿线湿地物种资源比较丰富，高等植物有64科、289种，其中野大豆为国家重点保护野生植物。

鸟类包括：世界濒危鸟类黑嘴鸥和斑背大苇莺，国家一级保护鸟类丹顶鹤、白枕鹤、白鹤、白鹳等8种，国家二级保护鸟类大天鹅、白额雁等29种。为东北亚重要的鸟类栖息地和迁徙停歇地。

阅读链接

柱参全称"石柱子参"，产于鸭绿江畔丹东宽甸振江石柱村，其上品可与山参媲美，不仅外形酷似野山参，而且药用价值也近似。外行人难以辨认，就连内行人也常常看走眼。

相传在明朝万历年间，有山东七翁到辽东鸭绿江畔的深山老林里挖野山参，发现了大量的生长年久、品质顶级的野山参。他们将成品野山参带走，把幼参与参籽就地栽种，旁边立了一个石柱，栽了一棵榆树，作为标记。

此后人们便不断到这里采参，并安家落户，逐渐摸索出一套独有的栽培方式，发展成最接近野山参的独有人参品种，这就是柱参，也称"石柱参"。

后来老榆树树干与石柱已紧密融合为一体，成为柱参悠久历史的见证。

西北的无缰野马塔里木河

传说许多年前，人们居住在一条大河边，河水养活了一代又一代人，人们都把这条河比作母亲河，维吾尔语叫"阿娜河"。

有一年，阿娜河突然干涸，一个叫塔里木的小伙子向部落首领请求："为了大家能活下去，我愿不惜生命去找水。"

部落首领问道："塔里木，这茫茫戈壁你到哪里去找水呀？"

■宁静的塔里木河

■ 塔里木河日落

一位上了年纪的老人说："听说大漠里有一头鹿能用它的双角找到水源。要想找这头鹿，只要沿着阿娜河向上游走6天，然后再向南部的沙漠里走，就可以找到。"

塔里木踏上了找水的路。他带着父亲给他的宝剑和心爱的热瓦甫，沿着阿娜河向上游走了6天，然后向南面的沙漠走去，热辣辣的太阳晒得他又渴又累。

他进入一片梧桐林里，想休息一会儿，刚坐下，只见一个沙柱向他袭来，塔里木大吃一惊，慌忙站起，沙柱在离他3米的地方停住了，他松了一口气，靠在树上慢慢地睡着了。

这时，一阵旋风把塔里木扔向天空，当他醒来时，发现自己在另一个地方，他惊恐万状，茫茫沙漠什么也看不见，塔里木摸了摸身上，剑、干粮和热瓦甫都在。

忽然又一阵狂风过去，一头鹿向他走来，他欣喜万分地跑过去。鹿对塔里木说："塔里木，骑到我的身上吧，我带你去找水。"

鹿 在古代被视为神物。古人认为，鹿能给人们带来吉祥幸福和长寿。作为美的象征，鹿与艺术有着不解之缘，历代壁画、绘画、雕塑、雕刻中都有鹿。现代的街心广场，庭院小区矗立着群鹿、独鹿、母子鹿、夫妻鹿的雕塑。一些商标、馆驿、店铺匾额也用鹿，是人们向往美好，企盼财运兴旺的心理反映。

于是塔里木骑上鹿背，鹿扬开四蹄飞也似的向前跑去。跑了很久，他们来到一座大山前，鹿告诉塔里木："阿娜河的水就是从那个山洞里流出来的。前不久，发生了一次山崩，一块巨石刚好落在洞口把水堵死了。阿娜河就断了流，要想让水流出来，必须把那块石头挖开，但是，一旦巨石被挖开，你也得被吸进洞去了。"

听了这话，塔里木毫不犹豫地说："鹿，谢谢你帮我找到了水，为了乡亲们能喝上阿娜河的水，我愿去死。"

鹿看到塔里木如此坚决，便说："那就用你的宝剑在我角上轻轻地磨三下，你的宝剑就会锋利无比。"

塔里木举起宝剑在鹿角上磨了三下，转过身去在巨石劈了三下，只听"轰隆"一声巨响，巨石裂开了，一股清澈的泉水奔腾而下。但是，塔里木却被吸进了洞里。

乡亲们听到巨石的爆裂声，又看到奔腾而下的大水，明白是塔里木引来了水，当他们看见塔里木的热瓦甫顺水冲下来时，每一个人都不禁失声痛哭。人们为了纪念塔里木，便把阿娜河叫作"塔里木河"。

塔里木河历史悠久，古代"丝绸之路"分别从塔里木盆地的南缘北缘，自东向西，穿越古城绿洲，经帕米尔高原西去，成为连接古代

■ 塔里木河沿岸植被

秀丽如画的江河湖泊

各国各族人民的纽带，也是物资、文化交流的要道。

■ 塔里木河上的小桥

世界三大古代文明的华夏文明、印度文明、希腊文明在这里实现了交汇、融合。

2000多年来，塔克拉玛干沙漠不断扩大，这条曾经把丝绸运到罗马，把佛教典籍传到中原的道路，被淹没在了漫漫黄沙之下，而塔里木河依然在流淌。

史籍称塔里木河为"计戍河""葱岭河"。先秦重要古籍《山海经》就有记载。在史书《汉书·西域传》中记载，当时的塔里木盆地被称作"西域"。按北魏时郦道元所著的地理著作《水经注》记载，在北魏，也就是五六世纪时，塔里木河是分南、北两河流入罗布泊。

到了唐代，按中国第一部体例完备的政书《通典·于阗传》小注讲：

于阗河，名首拔河，亦名树枝河，或云黄河也，北流七百里入计戍河，一名计首河，即葱岭南河，同入盐泽。

丝绸之路 指起始于中国的古都西安，连接亚洲、非洲和欧洲的古代陆上商业贸易路线。其还是一条东方与西方之间经济、政治、文化交流的主要道路。它的最初作用是运输中国古代出产的丝绸。因此，当德国地理学家在19世纪70年代将之命名为"丝绸之路"后，即被广泛接受。

葱岭南河一般均指叶尔羌河。《新唐书·地理志》记载：

又六十里至拨换城，一曰威戎城，曰姑墨州，南临思浑河。

思浑河即今之塔里木河。据此，推测唐代塔里木河中上游河网形势与北魏比较无多大变化，仍分南、北两条。

"塔里木"在古突厥语中，意为"注入湖泊、沙漠的河水支流"。"塔里木河"一名见于《清史稿》，系维语，意为"无缰之马"和"田地、种田"双重含义。

塔里木河流域及其源流和支流，都是古代主要灌区，早在西汉时期，就有了塔里木河中下游轮台、渠犁的灌溉工程。

汉宣帝时，西域都护府在焉耆、龟兹设营屯田，屯田军民在今沙雅县、新和县修建很多渠道，引水灌田。塔里木河下游罗布泊地区，更是田畴成片、水网渠道纵横的著名屯田区。

塔里木河胡杨树

塔里木河沙漠

　　东汉时西域政治动乱，中原与西域关系受到严重影响，但疏勒、于阗、楼兰、精绝等地的屯田还是断断续续进行了100多年。楼兰城官署的宏大规模，就是这一时期由屯田军民建筑的。

　　隋唐时，塔里木河流域的伊循、且末、焉耆、龟兹、乌垒、疏勒、于阗等地，"大开屯田""规模宏远"。这些地区水源充足，土地肥沃，宜耕宜牧，因此成为农田水利开发的重点地区。

　　设在龟兹的西域最高权力机构西域都护府，分别设置了"掏拓所"和"知水官"等各级专管农田水利的机构和官吏，每年负责组织军民整修土地，修建水利工程。

　　在汉唐时，由于中原和西域交流密切，塔里木盆地的舞蹈、音乐、服饰、工艺、农桑技艺以及语言、文字、传说等，与中原文化发生深刻交流和渗透。

楼兰　西域古国名。楼兰名称最早见于《史记》，曾经为丝绸之路必经之地，后只剩遗迹，地处新疆巴音郭楞蒙古自治州若羌县北境，在罗布泊的西北角、孔雀河道南岸的7千米处。

龟兹　是中国古代西域大国之一，居民擅长音乐，龟兹乐舞发源于此。中国唐代安西四镇之一。又称"丘慈""邱兹""丘兹"。最盛时辖境相当于今新疆轮台、库车、沙雅、拜城、阿克苏、新和6县市。

壁画 墙壁上的艺术，即人们直接画在墙面上的画。作为建筑物的附属部分，它的装饰和美化功能使它成为环境艺术的一个重要方面。壁画为人类历史上最早的绘画形式之一。如原始社会人类在洞壁上刻画各种图形，以记事表情，这便是流传最早的壁画。至今埃及、印度、巴比伦、中国等国家还保存不少古代壁画。

龟兹古国地处古丝绸之路上的交通要冲，曾经是西域地区政治、经济和文化的中心。佛教从印度先传入这里，形成"西域佛教"后，再传入中原。

石窟则是佛教艺术的重要形式，通过建筑和壁画来宣传佛教教义。龟兹石窟窟群比较集中，壁画内容丰富，不仅有表现佛教故事的壁画，还有大量表现世俗生活情景的壁画。

龟兹石窟是一部古龟兹文化的百科全书。而在龟兹石窟群中，始凿于东汉末年的克孜尔石窟被视为群芳之冠。

龟兹在东晋时期出了一位名人叫鸠摩罗什，是当时公认的包括天竺和中原在内、佛门在世的第一高僧。前秦君主苻坚仰慕他的名望，派遣驻守在嘉峪关

的大将吕光前往邀请。谁知龟兹国国王不肯答应。吕光大怒，领3万铁骑，破了龟兹城，强行带走高僧。

鸠摩罗什沿着塔里木河，离开了故国，他后来成为中国一大译经家。他率弟子僧肇等800余人，对佛教几乎全部关键名词都给出了详细、深入浅出的解释，深受群众喜爱，因而广为流传，对于佛教在中国的发展和普及，鸠摩罗什居功至伟。

647年，唐朝在龟兹设立安西都护府，统辖龟兹、于阗、疏勒、碎叶等广大地区。唐高宗李治年间，唐王朝又将西域都护府升格为安西大都护府，移至龟兹。

这期间，各类军事家、外交家、文人、商贾、高僧等人物云集龟兹，给龟兹留下了灿烂的文化遗

石窟 原是印度的一种佛教建筑形式。佛教提倡遁世隐修，因此僧侣们选择崇山峻岭的幽静之地开凿石窟，以便修行之用。印度石窟的格局大抵是以一间方厅为核心，周围是一圈柱子，三面凿几间方方的小禅室，窟外为柱廊。中国的石窟起初是仿印度石窟开凿的，多建在中国北方的黄河流域。

润泽之恩

北方河流

■ 塔里木河流域风光

■ 塔里木河流域胡杨林

产，而龟兹的很多饮食、歌舞、生活习惯等，也传播到了当时最大的城市长安。

据《新唐书》等史书记载，仅"龟兹乐"就配有18种乐器演奏，主要有琵琶、觱篥、羯鼓等弹拨、打击、吹奏乐器。

唐朝诗人李颀著有《听安万善吹觱篥歌》，诗文中写到了一种从龟兹传播到大唐的歌舞乐器：

南山截竹为觱篥，此乐本自龟兹出。

流传汉地曲转奇，凉州胡人为我吹。

傍邻闻者多叹息，远客思乡皆泪垂。

世人解听不解赏，长飙风中自来往。

枯桑老柏寒飕飕，九雏鸣凤乱啾啾。

龙吟虎啸一时发，万籁百泉相与秋。

忽然更作渔阳掺，黄云萧条白日暗，

变调如闻杨柳春，上林繁华照眼新。

岁夜高堂列明烛，美酒一杯声一曲。

塔里木河历史上源流众多，水系复杂，主河道游荡不定。塔河上游有3个源头，阿克苏河源出于天山山脉，叶尔羌河及和田河源出于喀喇昆仑山脉，在阿瓦提县肖夹克附近汇合后称"塔里木河"。

因季节差异，塔河河水流量变化很大。每当进入酷热夏季，积雪、冰川融化，河水流量急剧增长，就像一匹"无缰的野马"奔腾咆哮着穿行在万里荒漠和草原上，这就是塔里木河别名的由来。

源于昆仑山北坡的克里雅河、尼雅河、车尔臣河等，离塔里木河较远，古代汛期可能有洪水汇入塔里木河，后亦因灌溉引水，已消失于灌区或沙漠中。各河地下径流最后归宿点可能仍是罗布洼地。因此，塔里木盆地所有河流都属于塔里木水系。

位于塔里木盆地东部，曾是中国第二大内陆湖的罗布泊，既是塔里木河又是孔雀河的末段，因地处塔里木盆地东部的古"丝绸之路"要冲而著称于世。汉代，罗布泊"广袤三百里，其水亭居，冬夏不增减"。罗布泊在300多年以前湖水较多，那时候的罗布泊是牛马成群、绿林环绕、河流清澈的生命绿洲，后来湖水减少，楼兰城成为废墟。

■ 中国最大的内陆淡水湖博斯腾湖

博斯腾湖

秀丽如画的江河湖泊

罗布泊仅为大片盐壳。

数百年来，塔里木河洪水漫滩形成了众多的小河湖泊，茂盛的植被和草原使中游流域成为塔里木最佳的生态区域。

塔里木河独特的生态系统，在苍茫沙海中形成了沙漠森林和沙漠草原景观。塔克拉玛干沙漠位于中国新疆的塔里木盆地中央，是中国最大的沙漠，也是世界第二大沙漠，同时亦是世界第一大流动沙漠。

这里有中国最大的内陆淡水湖博斯腾湖，古称"西海"。《汉书·西域传》中的"焉耆近海"、《水经注》的"敦薨浦"，均指此湖，北魏《水经注》称为"敦薨浦"，唐谓"鱼海"，清代中期定名为"博斯腾湖"。

博斯腾湖风光瑰丽，集大漠与水乡景色于一体。湖区水域辽阔，烟波浩渺。西南小湖区，河道蜿蜒，芦苇丛生，荷花怒放，禽鸣鱼跃，一派江南水乡景色，故有"西塞明珠"之美称。

巴音布鲁克天鹅湖是亚洲最大、中国唯一的天鹅自然保护区，栖息着中国最大的野生天鹅种群。巴音布鲁克草原上的蒙古族牧民对天鹅倍加保护，与天鹅恬然相处。每逢春季，冰雪解冻，春暖花开之时旅居在印度、缅甸、巴基斯坦，甚至远到黑海、红海和地中海沿岸诸国的大天鹅、小天鹅、疣鼻天鹅为主的上万多只珍禽，不远万里，成群结队地飞到巴音布鲁克栖息繁衍。

天鹅湖边是阿尔夏和巩乃斯沟景区，阿尔夏为蒙语，意为"治病的泉"。温泉区位于阿尔夏河北岸，12个泉眼分布在400米长的谷地上，有垫泉、冷泉、眼睛泉等，附近有多种珍稀动物，云杉葱密，依山起伏；沟谷两旁，牧草丰富，百花争艳。

天山库车大峡谷，又称"克孜利亚大峡谷"，为红褐色岩石经风雕雨刻而成。峡谷曲径通幽，别有洞天，山体千姿百态，峰峦直插云天，沟中有沟，谷中有谷，南天门、幽灵谷、月牙峡、虎牙桥、魔天洞、雄师泪等景观造型生动，形态逼真。

397

润泽之恩

北方河流

■ 塔里木河流域风景

距谷口1.4千米处的山崖上有一处唐代石窟，窟内南、北、西壁上有残存壁画和汉文字。

克孜尔亚山维吾尔语的意思红崖，俗称"盐水沟"。这里奇峰异景，有鬼斧神工之妙。当峰回路转之际，眼前忽现一座状如巨厦的深驼色的山峰，似有廊有柱，有塔有亭，宛如布达拉宫。

塔里木河虽然处在干旱半干旱的地区，但流域内农田、林草、森林资源非常丰富，除了山区天然林，塔里木河流域由平原胡杨林、河谷林和荒漠灌木林组成的平原天然林也很繁茂。

尤其是有着"活化石"美名的"活着昂首一千年，死后挺立一千年，倒下不朽一千年"的胡杨林，以其旺盛的生命力而著称。塔里木河流域的胡杨树占中国胡杨总面积的70%以上。当地维吾尔族人称胡杨为"托克拉克"，意思是"最美丽的树"。

秀丽如画的江河湖泊

阅读链接

塔里木河畔的罗布人村，千百年来住着一个与世隔绝的民族——罗布人。他们是新疆最古老的民族之一，生活在塔里木河畔的小海子边，捕鱼狩猎，种庄稼，是新疆最古老的民族之一，他们保持着原始的风俗习惯，充满了神秘色彩。

罗布人的方言也是新疆三大方言之一，其民俗、民歌、故事都具有独特的艺术价值。如今，沙漠中只剩下了为数不多的"最后的罗布人"。

长寿是罗布人的一大特点，由于他们世居于较为偏僻的罗布泊地区，远离环境污染，百岁老人甚多。虽然年高，但是耳不聋，眼不花，思维清楚、性情乐观、豁达、豪放，仍可闻乐起舞，纵情歌唱。

中国南方的雅鲁藏布江、怒江、澜沧江、金沙江、大渡河、岷江、嘉陵江、乌江、湘江、珠江等，大多发源于地势的三级阶梯边缘隆起的山脉地带，这是由中国西高东低的地势特点所决定的。这些河流流域面积不大，源短流急，水量丰富，河水较清，含沙量低，经冬不冻。

这些滚滚河流，滔滔江水，载浮载沉，一路滋润、一路养育，最后涌进大海。它们冲开了天地玄黄、宇宙洪荒，冲出了文明的新时代，是我们中华儿女的生命之源、文明之源。

南方河流

最高的大河雅鲁藏布江

　　传说在西部阿里的神山冈仁波钦雪山有四个儿女，分别是马泉河、狮泉河、象泉河和孔雀河。有一天，母亲把四个儿女叫到身边，让他们到世界各地去见见世面，增长知识。

　　四个儿女最后决定分四路出发，到达印度洋后，再乘着白色的云彩回家，一家人团聚。

■ 云雾中的雅鲁藏布江

　　小女儿孔雀河向南行进，三儿子象泉河向北进发，二儿子狮泉河往西奔走，而大儿子马泉河，要去太阳升起的地方，所以他一直朝东走了。

　　马泉河绕过了九百九十座雪山，穿过了九百九十条峡谷，当它来到工布地区时，一只美丽的小鹞子落在他身旁。

　　马泉河问："朋友，请问你从哪里来的？"

　　"我是从遥远的印度洋来的。"

　　马泉河一听，连忙又问："请问你看没看见我的兄弟狮泉河和象泉河，还有我的妹妹孔雀河？"

　　小鹞其实没有到过印度洋，也没有见到过马泉河的兄弟，但他说了谎话："他们都早到印度洋了。"

　　马泉河大哥一听，想都没想就掉头南奔。为早日与弟弟妹妹们相会，哪里地势陡峭险峻，他就从哪里跳下，最终形成了这条深嵌在千山万谷中的雅鲁藏布江，以及举世闻名的雅鲁藏布大峡谷。

　　雅鲁藏布江被藏族视为"摇篮"和"母亲河"，古代藏文称之

赞普 是中国古代藏族建立的吐蕃政权的王号。赞,雄强之意;普,男子。在政治制度上,松赞干布仿唐朝的官制,赞普是最高统治者。赞普之下设大相、副相各一人,总管全国政事。其下又设都护一人,主持管理属部、军事征讨等事务。

为"央恰布藏布",意为从"最高顶峰上流下来的水"。她孕育出的远古文化源远流长,其中新石器时代文化以林芝、墨脱为代表。

林芝古称"工布"。新石器时代晚期,雅鲁藏布江流域形成了许多部落。其中最有名的是冈底斯山脚下的象雄部落、藏北草原的苏毗部落、藏东尼洋河谷的工布部落以及山南的雅隆部落等。

传说雅隆河谷悉补野部落由于缺少一个强有力的领袖人物,经常受到周边部落的欺负和掠夺。一天,牧人们正在泽当城南边的赞塘原野上放牧,忽然看见一个身材魁梧、容貌俊秀的男子,从附近的拉日山上走下来。

牧人们问他是从什么地方来的,这个人用手指了指天上。牧人听不懂他的话,以为是天神下到人间,便一起跪下来请求他担任雅隆部落的首领。

■ 雅鲁藏布江上游

接着，牧人们抬着他来到扎西次日山上，用石头修起一座城堡，请他在里面居住，还请他统率整个雅隆部落。这位首领被称为"聂赤赞普"，意思是"用肩膀抬来的雄壮男子"。

他就是雅隆部落的第一任首领。他居住的城堡名叫雍布拉康，是西藏高原上第一座城堡。

从聂赤赞普开始，雅隆部落的七代首领，合称"天赤七王"。他们的寿命都不是很长。雅隆部落第八位首领名叫直贡赞普。他性情暴烈，武艺高强，勇猛好斗，经常率领部队和周边的部落打仗。不打仗的时候，他就找自己的臣民比武决斗，臣民们没有一个敢应战。

有一次，他强迫一名叫洛昂达孜的马倌和自己决斗，结果被洛昂达孜砍死。洛昂达孜夺取了王位。

直贡赞普的两个儿子夏赤和聂赤，逃到工布一带，他们的妹妹被洛昂达孜霸占为妾，他们的母亲被洛昂达孜放逐到雅隆雪山放牧。

松赞干布（617—650），也被译为"弃宗弄赞""器宗弄赞""弃苏农赞"等。按藏族的传统，他是吐蕃王朝的第三十三任赞普，实际上是吐蕃王朝的立国之君。他的父亲朗日伦赞，是一位很有作为的赞普。受父亲的影响，少年时代的松赞干布就已显现出非凡的才能。父亲被仇人毒害而死后，13岁的他即赞普位。

■ 雅鲁藏布江源头

有一天，直贡赞普的妻子梦见雅拉香波山神化作一白衣人与自己交合，后来产下一子，叫如勒杰。如勒杰长大以后，巧妙地杀死了洛昂达孜。

他从波密迎请哥哥夏赤，重新担任雅隆部落的赞普，这就是雅隆部落第九代赞普布岱公杰。从此，雅隆部落一代比一代强盛，成为山南一带所有部落的盟主，为以后统治整个西藏打下了坚实的基础。

雅隆部落共传世32代，其中松赞干布是雅隆部落的最后一代首领，也是吐蕃王朝第一代赞普。

在松赞干布的爷爷达布聂西赞普的时代，雅隆悉补野部落已经基本上统一了雅鲁藏布江南岸地区，松赞干布的父亲朗日伦赞继而把领地推进到了雅鲁藏布江的中下游地区。松赞干布就出生在雅鲁藏布江的支流，拉萨河上游的墨竹工卡的亚伦札对宫。

松赞干布建立了吐蕃奴隶制政权，势力日益强

■ 西藏雅鲁藏布江
上的湿地

盛。他几次向大唐遣使请婚，唐太宗最终答应将文成公主远嫁吐蕃。

松赞干布按照唐朝的建筑式样和风格，在逻些玛布日山，即现在的布达拉山，专为文成公主修建了城池和宫室。

随着文成公主的入藏，内地平原地区诸如农具制造、纺织、缫丝、建筑、造纸、酿酒、制陶、碾磨、冶金等生产技术和历算、医药等科学知识，皆陆续传到了吐蕃，使当地人的衣、食、住方面发生了变化。

同样，吐蕃派遣青年到唐朝读书，吐蕃妇女流行的椎髻、赭面，以及吐蕃社会传统的马球游艺等，也传到了中原地区，为藏汉民族间的文化交流，增添了更加丰富多彩的内容。

从7世纪，佛教开始传入西藏，雅鲁藏布江流域寺庙林立，无论是在峡谷溪涧之旁，还是在深山野林

文成公主（625—680），唐朝皇室远支，唐太宗宗室女，祖籍山东济宁，其父为江夏郡王李道宗。李道宗是唐高祖李渊的堂侄，因战功被封为任城王。文成公主聪慧美丽，自幼受家庭熏陶，学习文化，知书达理，并信仰佛教。640年，唐太宗将她从山东召至长安，封为文成公主，并在第二年将她远嫁到吐蕃。

之中，都可听到悠悠的古刹钟声。在众多的寺庙宫观中，布达拉宫与扎什伦布寺是最有代表性的，其他诸如桑耶寺、大昭寺、雍布拉康等寺庙，知名度也都很高。

雅鲁藏布江在全国名流大川中位居第五，流域面积24多平方千米，居全国第六，一般海拔3000米以上，是世界上最高的大河之一。

雅鲁藏布江从喜马拉雅山中段北坡冰雪山岭发源，自西向东奔流于号称"世界屋脊"的青藏高原南部，其上源为马泉河，进入印度后称"布拉马普特拉河"。在孟加拉国与恒河相会后改称"贾木纳河"，由孟加拉湾注入印度洋。

雅鲁藏布江的南面耸立着世界上最高、最年轻的喜马拉雅山，北面为冈底斯山和念青唐古拉山脉。南北之间为藏南谷地，藏语称之为"罗卡"，意为"南方"，谷地呈一东西走向的宽阔低缓地带，雅鲁藏布江就静静地躺在这一谷地里。

它的中游横贯中国山南地区北部，留下了富饶丰腴的谷地和平原，是典型的高原河谷平原地区。河谷两侧山地的高处是牧场，腰部是森林，谷底及河口则是肥沃的农田。

■ 马泉河景观

■ 汹涌的雅鲁藏布江

　　它的源流有3支：北支发源于冈底斯山脉，叫"马容藏布"；中支叫切"马容冬"，因常年水量较大，被认为是雅鲁藏布江的主要河源；南支发源于喜马拉雅山脉，叫"库比藏布"，该支流每年夏季水量较大。

　　三条支流汇合后至里孜一段统称"马泉河"，但在扎东地区也有称该江为"达布拉藏布"，藏语"马河"之意，或叫"马藏藏布"，藏语为"母河"之意。拉孜地区叫"羊确藏布"。拉孜以西，雅鲁藏布江统称"达卓喀布"，藏语意为"从好马的嘴里流出来的水"。

　　曲水一带地方，藏语叫"雅鲁"，该江流至山南一带叫"雅隆"，因此，才称这条河流为"雅隆藏布"。但在曲水地区念作"雅鲁"，因为"鲁"藏语确切语音称"隆"，意即"从曲水以上流经河谷平原的河流"，所以全段河流总称"雅鲁藏布江"。

　　雅鲁藏布江沿线，有着得天独厚的自然景观，奔腾的大江、激流的峡谷、倾泻的瀑布、晶莹的雪山、神秘的冰川、如镜的湖泊、茂密的森林和草甸，每一处都气势不凡，宏伟壮观。

雅鲁藏布大峡谷

秀丽如画的江河湖泊

　　雅鲁藏布大峡谷位于雅鲁藏布江的大拐弯处，是世界第一大峡谷。由于高峰和峡谷咫尺为邻，几千米的强烈地形反差，构成了堪称世界第一的壮丽景观。

　　雅鲁藏布大峡谷是青藏高原上最大的水汽通道，受印度洋暖湿气流的影响，整个大峡谷地区异常湿润，布满了郁密的森林，形成了世界上生物多样性最丰富的峡谷。

　　世代居住在排龙的门巴族是一个具有悠久历史却少为人知的民族，他们是随着雅鲁藏布大峡谷而逐渐为世人所知的。

　　沿川藏公路走不远，是一座钢索吊桥排龙吊桥。从桥面到江面大约有30米，桥下江水吐着白色泡沫，发出隆隆巨响。

　　排龙到扎曲路上曾经有藤网桥，人过桥时要手脚并用，像踩在弹簧上一样，摇晃不定，难以平衡，人走到桥中时，桥的摇摆度可达好几米，经常有人从桥上掉下数十米的江流中。后来建成了钢索桥。

　　每当到了山体的急拐弯处，顺着山势延伸到这里的路形成了老虎嘴，这些老虎嘴只有1米左右宽，据说是当地的门巴人在峭壁上凿出来的。

在前往大峡谷的路上，有一些天然温泉，水质清澈见底，升腾着团团水雾。泉水中的矿物质使得附近的石头被熏成铁红色，成了一道很美的景观。

温泉紧挨着江岸是一片洁白的沙滩，沙滩与江水之间是一片开阔的圆石滩，布满形态各异的圆石块。洁净的沙滩温泉，跟凶险的江流形成强烈的对比。峡谷深至千米，江水滔滔翻滚、吼声如雷，蔚为壮观的瀑布高悬而下。

雅鲁藏布江从米林被迫折流北上后，绕过世界第十五座高峰南迦巴瓦峰作奇特的马蹄形回转，似蛟龙出山，以巨大的流量穿凿山体，形成平均深达5000米以上的气势宏伟的大峡谷，水流汇集在不足百米宽的峡谷中，白浪滔天，铺天盖地裹着巨石急速而下。

在那道举世闻名的马蹄形大拐弯中，叠套着80余个马蹄形小拐弯，自上而下镶嵌着一个接一个的小峡

蛟龙 蛟和龙是不同的生物，蛟龙是蛟和龙交配所生。蛟和龙虽然都有强大的力量，却一正一邪，有本质不同。龙则是中国传说中的一种善变化、能兴云雨、利万物的神异动物，为众鳞虫之长，四灵之首。龙在神话中是海底世界的主宰，在民间是祥瑞象征，在古时则是帝王统治的化身。

奔腾之美

南方河流

■ 排龙吊桥

谷。如此地貌奇特的峡谷，这样大的突然拐弯，在世界河流史上实属罕见。峡谷的深切、大山的雄奇、江水的涌动、浓绿的森林、高天的流云，尽收眼底。

扎曲村处在大峡谷的中心位置，距入口和出口恰好都是200多千米，峡谷和水流从这里开始由狭窄湍急变得宽阔平缓。

绒扎瀑布群位于距迫隆藏布汇入口约6千米的干流河床上，江面上浪花四溅，涛声轰鸣，彩虹时隐时现。"绒扎"在门巴语中的意思是峡谷之根。

秋古都龙瀑布位于跑迫隆藏布汇入口14.6千米的主干河床上，飞瀑从高山上直接泻入雅鲁藏布江，景象壮观。

藏布巴东瀑布实际为两个瀑布群。这里出现两处瀑布，分别高35米和33米，前者宽仅35米，为雅鲁藏布大峡谷中最大的河床瀑布。

在马泉河最大的支流柴曲，弯弯曲曲把无数晶莹夺目的小湖泊穿缀在一起，像锦绣缎带铺在一块一望无际犹如翠绿绒毡的草地上。

绒扎瀑布群

马泉河流域基本上都是牧区，在帕羊以下的河谷两侧是由蒿草组成的沼泽化草甸景观，可以说这里是最优良的冬春牧场。

在帕羊以上，沼泽化草甸由湿变干，渐趋消失，坦荡的谷地出现一片针茅草原景观，广泛分布着紫花针茅和蒿子，呈现一片黄绿色的景象。

碧蓝的哲古湖地处西藏山南地区措美县境内的哲古村，

湖水清澈，湖内生长着各种鱼类，湖面上鸟类聚集，湖四周是一望无际的广阔大草原和连绵起伏的雪山。

哲古湖正前方可以观赏洛扎县境内连绵起伏的雪山群，犹如巨龙起舞，与夕阳相映，十分壮观。后方是雄伟壮观的雅拉香布雪山。

哲古草原因哲古湖而得名，这里是一片水草丰美的天然牧场，有长满牧草和细碎小花的丘岗，有连绵起伏的广袤草场，还有碧波荡漾的湖，远处连绵净白的雪山，湖边成群神态悠闲的牛羊，不远处昂首观望的野生动物，融合在这蓝天白云之下。

羊卓雍错湖意为"碧玉湖""天鹅池"，是西藏三大圣湖之一，位于雅鲁藏布江南岸，面积约是杭州西湖的70倍，是喜马拉雅山北麓最大的内陆湖。羊湖汊口较多，像珊瑚枝一般，因此它在藏语中又被称为"上面的珊瑚湖"。

羊湖是高原堰塞湖，大约亿年前因冰川泥石流堵塞河道而形成，与纳木错、玛旁雍措并称"西藏三大圣湖"，是喜马拉雅山北麓最大的内陆湖泊，湖光山色之美，冠绝藏南。

羊湖的形状很不规则，分岔多，湖岸曲折蜿蜒，并附有空姆错、沉错和纠错等小湖。历史上曾为外流湖，湖水流入雅鲁藏布江汊，但后来由于湖水退缩，成为内流湖，并分为若干小湖。湖中岛上牧草肥

秀丽如画的江河湖泊

■ 壮美羊湖

雕刻 对雕、刻、塑3种创制方法的总称。指用各种可塑、可雕、可刻的硬质材料创造出具有一定空间的具有可视、可触的艺术形象，借以反映社会生活、表达艺术家的审美感受、审美情感和审美理想的艺术。历史悠久、技艺精湛的各种雕塑工艺，如牙雕、玉雕、木雕、石雕、泥雕、面雕、竹刻、骨刻、刻砚等，是中国工艺美术中一项珍贵的艺术遗产。

美，野鸟成群。

卡若拉冰川是西藏三大大陆型冰川之一。壮丽多姿的冰塔林上，由于雪尘相间显示出各种云卷状的奇异褶曲，犹如能工巧匠精心雕刻的花纹图案。巨大的冰川在阳光的照耀下，犹如一幅巨型唐卡挂在山壁上，熠熠生辉。

雅鲁藏布江水量丰富，落差大而集中，水力资源十分丰富，仅次于长江，居中国第二位。

雅鲁藏布江流域的森林和野生动植物资源在全国名列前茅，常见的成林树种主要有松、杉、柏等。

主要的野生植物有药用植物、糖类和淀粉类植物、纤维植物、油脂植物、芳香油植物、鞣类植物六大类，其中以药用类最为丰富，达1000多种，有的畅销国内外。

野生动物兽类中的藏羚羊、野牦牛等系青藏高原特产珍稀动物，白唇鹿为中国特有的世界珍稀动物。鸟类有473个品种，其中西藏黑颈鹤为中国所特有。

鱼类共有64种，以鲤科的鱼类为最多。

雅鲁藏布江流域的森林资源非常丰富，在波密、察隅、珞瑜等地，海涛般的森林随着山峦起伏，还有濒危珍稀的红豆杉。

流域内有原始森林264.4万公顷，木材蓄积量8.84亿立方米。茫茫林海中，树龄200多年的云杉，有的高达80米，一棵树就可出60立方米的木材。

雅鲁藏布江畔有国家二级保护树种雅江巨柏，木质坚硬，性喜沿水线生长，生长期较长，少则几百年，多则上千年上万年，它以顽强的生命力深深扎根于沙石之中。其形态各异，或弯或直，或倾或卧，似巨大的毛笔倒写着天上文章，为世人展示其千年沧桑。

雅鲁藏布江流域有高等植物2000多种，含木本植物100多种、药用植物和真菌植物165种，其中有虫草、灵芝、猴头、天麻、雪莲、红景天、贝母、松茸等，可以说是一座天然的高原植物宝库。

■ 雅鲁藏布江风光

雅鲁藏布江秋季牧场

　　流域内的矿产资源丰富，有90多种，矿产地2000余处，其中铬、铁、铜、锂、硼等11种储量居全国前列，已探明有储量丰富的油气田，可望成为中国重要的能源基地。

　　雅鲁藏布江流域地热显示的种类繁多，有水热爆炸、高原沸泉、地热蒸汽、沸泥泉、热水河等。而最为壮丽的，当属雅鲁藏布江边的间歇喷泉。

阅读链接

　　雅鲁藏布江上游有一个名叫塔各加的地方。这里热区水温高达86摄氏度的沸泉口有近百眼，其中有4处间歇期不同、喷发形式各异的间歇喷泉。

　　每次喷发之前，泉口的水位缓缓上升，随着一阵巨大的吼声，高温汽水流突然冲出泉口，腾空而起，形成直径2米左右的汽水柱，无风时，水柱顶部汽柱可高达四五十米。

　　喷发时间长的有10多分钟，然后渐渐回落。刚平静下来，猛地，水流又一次冲出泉口，呼啸而出。这样反复数次，直到最后完全停止。间歇喷泉的猝然喷发，激动人心的声势，喷发和休止的交替变幻，蔚为奇观。

西南天险激流的怒江

很久以前，在西南有一片广阔的草原，草原上有一个英俊骁勇的藏族青年，名叫扎西平措，他能驯服最烈性的野马。

扎西平措总是骑着他的飞龙驹驰骋在广阔的大草原。每当他吹着

云南怒江第一湾

■ 怒江源头

笛 一种吹管乐器。中国笛子历史悠久，可以追溯到新石器时代。那时先辈们点燃篝火，架起猎物，围绕捕获的猎物边进食边欢腾歌舞，并且利用飞禽胫骨钻孔吹之，当时，该物品最重要的用途是用其吹出来的声音诱捕猎物和传递信号，这就是出土于中国最古老的乐器——骨笛。

心爱的牧笛时，藏家的姑娘小伙都会不由自主地陶醉，忘记了所有的辛苦和疲劳。

这其中，就有美丽的姑娘玉琼梅朵。玉琼梅朵和扎西平措从小一起长大，一起喝着马奶酒与酥油茶，一起在草原上放牧和嬉戏，在村民们眼中，他们是天造地设的一对。

随着年龄的增长，玉琼梅朵由天真可爱的小女孩长成了亭亭玉立的少女，红扑扑的脸蛋就像是夏日浓情的晚霞，明亮的双眼就像是天山的明月，声音有如寺庙门前悬挂的风铃。

扎西平措深爱着玉琼梅朵，他们常常依偎着坐在像白雪一样的羊群身边，扎西吹奏着笛子，梅朵轻声哼唱，广阔的草原就像绿色的海洋将他俩包围，一切是那么幸福祥和。

为了做扎西的新娘，梅朵为自己准备了丰厚的嫁妆，其中就有一条她花了三年零三个月织就的氆氇，那上面织的是雪白的羊群和毡房，还有一家三口幸福的笑脸，这包含了梅朵对未来美好的憧憬和期盼。

每当织这条氆氇的时候，梅朵总是幻想着扎西骑着飞龙驹，带着他一大帮兄弟热热闹闹来迎娶自己的场景，脸上不由自主泛起羞涩的笑容。经过三年零三个月的时间，氆氇终于织就了，梅朵迫不及待地想把这条饱含着心声和期盼的氆氇送到扎西的手中。

就在这时，意想不到的事发生了，天忽然暗了下来，一阵猛烈的狂风向梅朵刮了过来，梅朵手中的氆氇被狂风刮了出去，一阵阴森的笑声从天空中传来，原来是雪山上的恶魔。

梅朵看着自己辛辛苦苦织就的氆氇被旋风越刮越远，心里又气又急又怕。

扎西听到了梅朵的呼救声，跳上飞龙驹朝梅朵呼喊的方向急驰而去。扎西的飞龙驹很快就到了旋风的跟前，扎西的头发被吹得凌乱，眼睛被风中细沙扎得刺痛，但扎西已经顾不了那么多，他一把拉住氆

壮观的怒江

哈达 类似于古代汉族的礼帛。蒙古族人和藏族人表示敬意和祝贺用的长条丝巾或纱巾，多为白色、蓝色，也有黄色。此外，还有五彩的哈达，颜色为蓝、白、黄、绿、红。蓝色表示蓝天，白色是白云，绿色是江河水，红色是空间护法神，黄色象征大地。五彩哈达是献给菩萨和近亲时做彩箭用的，只在特定的情况下才用。

■ 横跨怒江的藤桥

毽，恶魔在另一头也死命地拉着不放，于是，一条毽毽在他们手中被拉来拉去。

风越来越大，天色暗得像一片浓墨。可是，不管怎样，扎西都不松开他的双手。恶魔变得急不可耐，掏出一把大刀朝毽毽砍去，"哧啦"一声，毽毽顿时被割成了两截，扎西狠狠地从飞龙驹上飞了出去。

他身上的哈达飘落，越变越宽，越变越长，忽然间就变化成一条大江，横在了他的身前。

过了很久，扎西才慢慢地睁开了眼睛。狂风不知何时已经停了，那半条毽毽还在扎西手上，当他从草地上爬起来，却被眼前的景象给惊呆了，一条壮阔的大江横在了他的面前！

他四处张望，却不见了梅朵的影子，他着急了，不知到底发生了什么事情。他焦急而愤怒，担

怒江大峡谷处的桃花岛

心梅朵被狂风给刮走了，大声地喊着梅朵的名字："玉琼梅朵！玉琼梅朵！"

可是，任凭他怎么呼喊，都只有奔腾的江水在他耳边呼啸……扎西喊了几千遍几万遍，嗓子哑了，喉咙干了，他一遍一遍地呼喊，不停地流泪……七天七夜过去了，扎西滴水未进，他的眼泪汇聚成河流，流进了大江里，江水越来越汹涌了……

终于，在第七天的时候，梅朵出现了。可是，她却出现在了江的那头。她匍匐在地上，红着双眼，遥望着扎西，涩着嗓子在喊："扎西平措，扎西平措，扎西平措……"

扎西遥望着心爱的人，他流干了最后一滴眼泪，他最终露出了欣慰的笑容，慢慢地，慢慢地倒了下去……一条大江隔断了所有的爱恋……

扎西和梅朵最终都笑了，因为他们在生命的最后一刻见到了自己心爱的人，他们死后在大江的两岸化成了两座大山，隔江遥望。扎西的飞龙驹一直在守候着主人，最后也化成了一座石山。而这条隔断两个生死相依的恋人的大江，被人们称为"怒江"。

寻阁劝 又名新觉劝。他是南诏第四代国王，808年至809年在位。谥号孝惠王。寻阁劝自称"骠信"，骠信在南诏是"国王"的意思，所以他的诗作往往被称为"南诏骠信"所作。

怒江是中国西南地区的大河之一，因怒族居住两岸而得名，又称"潞江"。又因江水深黑，中国最早的地理著作《禹贡》把它称为"黑水河"，傈僳语称怒江为"怒民刮"，即怒族人在的地方。

怒族是怒江峡谷最古老的土著民族之一。怒族把怒江称为"阿怒日美"，"阿怒"是怒族人的自称，"日美"就是"江"，意为"怒族人居住区域的江"。

在2400多年前的战国时期，以保山为中心的怒江区域，曾崛起过一个支系庞杂的族群"哀牢夷"，创立了存续数百年之久的哀牢政权和独具特色的"哀牢文化"。

两汉时期，随着中原王朝开疆拓土，哀牢王柳貌内附，永昌郡设立，中原文化迅速注入。此后，怒江一直在中央集权的管辖之内。唐朝时，怒江流域被南诏国纳入版图，怒江岸边的兰坪、碧江、福贡、贡山

■ 怒江上的溜索

■ 怒江上的吊桥

等地属剑川节度；泸水属永昌节度。

南诏受中原文化影响十分深入，出过南诏骠信、
杨奇鲲等很多著名的诗人。下面这首《星回节游避风
台与清平官赋》为南诏骠信寻阁劝所作：

避风善阐台，极目见藤越。

悲哉古与今，依然烟与月。

自我居震旦，翊卫类夔契。

伊昔颈皇运，艰难仰忠烈。

不觉岁云暮，感极星回节。

元昶同一心，子孙堪贻厥。

宋朝时，也就是云南大理国时期，兰坪设兰溪
郡，属谋统府，碧江、福贡、贡山属兰溪郡，泸水属
胜乡郡。

中原 为中华民族、中华文明、中原文化的发源地，万里母亲河黄河两岸，千里太行山脉、千里伏牛山脉东麓，在古代被华夏民族视为天下中心。广义的中原是以中原洛阳、开封、商丘、安阳、郑州、南阳、许昌七大古都群为中心，辐射黄河中下游的广大平原地区。狭义的中原即指天地之中、中州河南。

421

奔腾之美

南方河流

南宋著名诗人程公许的长诗《泸水清》，记述了当时怒江两岸的民族关系：

泸水清，泸水之清如镜平。

蜀江西来流沄沄，内江胥命如逡巡。

两江合处耸百雉，表里益梓巴夔分，如户有限齿有唇。

云南与夜郎，甫隔东西邻。

山川之险守在人，武侯气焰千古犹长存。

有来范侯人中英，蜀国忠文之子孙，清姿劲气排秋旻。

立朝物望高缙绅，睥睨众醉某独醒。

乌台纵好羞呈身，十年江海心朝廷。

……

泸水在明末清初推行土司制。清康熙时，实行改土归流，设兰州知州。

高黎贡山

怒江老虎跳

怒江两岸居住着傈僳族、独龙族、怒族、普米族、白族、藏族、汉族等22个民族，其中世代居住本地的民族为傈僳族、怒族、独龙族、藏族、白族、普米族。这些民族有着各具特色的生活、服饰、饮食和文化习俗。

雪山林海、急流飞瀑、岩峰峡谷、汩汩温泉、幽幽溶洞、高山湖泊，配之以傈僳族传统的对歌、澡塘会、刀杆节，充满神话色彩的怒族鲜花节和带有浓厚的原始宗教色彩的独龙族剽牛祭天活动，以及各民族的婚姻习俗、衣食住行、丧葬礼仪、祭祀活动、图腾崇拜等丰富多彩的民族风情，更是给怒江大峡谷增添了不少情趣。

怒江岸边的保山市，原名"哀牢"，因秦时吕不韦后裔迁居保山金鸡，改名"不韦"。东汉以后，始称"永昌"。明嘉靖年间以后更名为"保山"。

怒江上游为那曲河，发源于青藏高原的唐古拉山南麓的吉热拍格。它深入青藏高原内部，由怒江第一湾西北向东南斜贯西藏东部的

怒江石月亮

石月亮的故事

平浅谷地，入云南折向南流，经怒江傈僳族自治州、保山市和德宏傣族景颇族自治州，流入缅甸后改称"萨尔温江"，最后注入印度洋的安达曼海。怒江在西藏嘉玉桥流入他念他翁山和伯舒拉岭之间的峡谷中时才正式叫"怒江"，嘉玉桥至云南泸水县为怒江的中游。

进入云南境内以后，怒江奔流在碧罗雪山与高黎贡山之间，西岸高黎贡山的峡谷高差达5000米，东岸碧罗雪山的峡谷高差达4000米，山谷幽深，危崖耸立，水流在谷底咆哮怒吼，故称"怒江"。云南省泸水县以下为下游，江面较为开阔。

怒江大峡谷全长316千米，两岸山岭海拔均在3000米以上，因它落差大，水急滩高，有"一滩接一滩，一滩高十丈"的说法，十分壮观。两岸多危崖，又有"水无不怒谷，山有欲飞峰"之称，每年平均以1.6倍黄河的水量像骏马般地奔腾向南。

纳瓦底至大兴地之间，有一段傈僳族语称为"腊玛登培"，意思是"老虎跳"。峡谷两岸距离最窄处只有10米。江边怪石嶙峋，有一块黑色巨石稳立江心，虽常受激流冲撞，却傲然不动。

怒江大峡谷山高、谷深、水急，两岸白花飘香，山腰原始森林郁郁葱葱，冬、春两季冰雪覆盖，景色如画。福贡石月亮是谷中的一大奇景，在海拔约3000米的高黎贡山顶，通着一个百米见方的圆形大窟窿，从几百里外远眺，在莽莽苍苍的山顶上，透过洞口窥望西边的明亮天空，宛如一轮明月。这个"明月"，当地人民称为"亚哈巴"。

腊乌岩瀑布泉水从高山悬岩中涌出急流，到坚硬的腊乌岩顶端，泉水突然飞流直下，形成神奇飞瀑。从远处望去，仿佛一条长长的白云彩带从天而降，飘浮在郁郁大地上，光彩夺目，十分壮观。

怒江流经云南贡山县丙中洛乡日丹村附近，由于王箐大悬岩绝壁的阻隔，江水的流向从由北向南改为由东向西，流出300余米后，又被丹拉大山挡住去路，只好再次掉头由西向东急转，在这里形成了一个半圆形大湾，为怒江第一湾。

傈僳族 中国少数民族之一，发祥于青藏高原北部，为氐羌族后裔，即藏缅语族的一支。最早生活在四川、云南交界的金沙江流域一带，后逐步迁到滇西怒江地区定居下来。是云南特有民族，主要聚居在云南省怒江傈僳族自治州和维西傈僳族自治县。

奔腾之美

南方河流

■ 怒江"亚哈巴"

湾中心有一个村子叫坎桶村，这里江面海拔约1700米，气势磅礴，湾上怒江台地平坦开阔，高出怒江500米，构成三面环水的半岛状小平原，其四周景物宜人，堪称峡谷桃源。

丙中洛自然环境奇特、壮观，特殊的地理环境使丙中洛靠南边的地方有一天两次日出日落的奇妙景观。

冬至上午，太阳从碧罗雪山缓缓而出，太阳在狭长的天空行走不到两个小时，就匆匆地落入矗立在丙中洛西南角的贡当神山背后，时隔半个小时，太阳又一次从贡当神山背后露出万道霞光，半个小时后才落入高黎贡山的背后。

在丙中洛台地北端，是一路夹江而行的高黎贡山和碧罗雪山，两座绝壁从江边垂直而起，直冲云天，形成一道500多米高近200米宽的巨大石门，怒江从石门中喷涌而出，奔泻而下，当地人称它为南礼墙，又根据地形地貌，取了个很形象的名字——石门关。

石门关不仅雄伟壮丽，粗犷凝重，据说从前两岸居民往来，必须等到怒江水退潮时从沙滩走过，因为两岸的峭壁根本无法立足，也无

怒江石门关

法固定溜索。一到水涨，淹没了沙滩，路断难行，就是猴子、岩羊也过不了石门关。

怒江之上，还有许多雄关要隘，著名的雄关，有南部的腊早崖、福贡的腊乌崖、腊竹底崖、泸水的亚碧罗石峡等，都是奇峰异石，壁立千仞，直插江心。

沿江飞流瀑布，急流险滩，到处可见，有福贡的腊乌崖瀑布、泸水的登埂河滴水崖、赖茂滴水崖、独龙江马库"哈巴统称"等。急流险滩，有万马滩、尖山滩、阎王滩、响石滩等。在碧罗雪山和高黎贡山山顶，还有大大小小的高山湖泊。

怒江就像两山之间一条长长的带子，路在江边，山在路旁，著名的茶马古道有一条"滇缅印古道"便要从这里经过。

这是史书记载时间最早的一条古道，从四川西昌经云南丽江、大理到保山，由腾冲进入缅甸，再进入印度等国家。

后来，茶马古道已基本失去交通价值，唯有丙

■ 茶马古道 是指存在于中国西南地区，以马帮为主要交通工具的民间国际商贸通道，是西南民族经济文化交流的走廊，茶马古道是一个非常特殊的地域称谓，是一条世界上自然风光最壮观，文化最为神秘的线路，蕴藏着开发不尽的文化遗产。

阎王 是民间传说中阴间主宰，掌管人的生死和轮回。在中国古代的民间信仰里面，人死后要去阴间报到，接受阎王的审判。中国古代原本没有关于阎王的观念，自从佛教传入中国后，阎王作为地狱主神的信仰才开始在中国流行开来。

■ 怒江流域树蕨

中洛通道长期存在，往藏东南地区的马帮队仍在古道上穿行。这条"活"着的茶马古道，始于丙中洛，沿峡谷溯怒江北上，通往西藏林芝地区察隅县察瓦龙乡政府所在地扎那，全长70千米。

这条路既是滇藏古驿道，也是后来察瓦龙沟通外界唯一常年通行无阻的道路，该乡物资进出主要依靠此路。沿途经石门关、那恰洛峡谷等景点，蹄印斑驳，驮铃声声，空谷传响，古意盎然。

从泸水县出发到听命湖，要攀越陡峭的山谷，穿过茫茫林海和高山灌木林，道路崎岖。听命湖清碧透明，水深莫测，凛冽如冰，四周森林密布。湖区的景色随着四季的变化而不同。

听命湖笼罩着神秘的色彩。人们到这里只能轻声细语地说话，如果大声叫喊，顷刻间便会风雨交加，冰雹突然而至，因此人们又把它称作"迷人湖"。这都是湖区上空弥漫着饱和水汽的浓雾，遇到声波振动，就凝聚成雨和冰雹的缘故。

怒江上游除高大雪峰外山势平缓，河谷平浅，湖沼广布，中游处横断山区，山高谷深，水流湍急。两岸支流大多垂直入江，干支流构成羽状水系。水量以雨水补给为主，大部分集中在夏季，多年变化不大，水力资源丰富。

河谷地区温和多雨，富水力和林矿资源。怒江两岸森林资源丰富，是云南省森林覆盖率比较高、原始森林面积比较多的地区。其中珍稀林木的蓄积量更为可观，有秃杉、珙桐、三尖杉、楠木、紫檀、香樟、乔松等，经济林木如漆树、油桐等。

怒江大峡谷内素有"十里不同天，万物在一山"之说。立体气候产生的主体植被、珍稀动植物、名花异卉、稀世药材成片成林，树蕨、秃杉、落叶松、杜鹃、兰花点缀着峡谷胜景的自然美。

这些珍稀的植物，被列为国家一级保护植物的有树蕨、秃杉、珙桐等；国家二级保护植物的有三尖杉、清水树等；国家三级保护植物的有天麻、一枝蒿等20多种。还有珍稀保护动物孟加拉虎、灰腹角雉、热羚、红岩羊、金丝猴、叶猴、小熊猫、齿蟾等。

阅读链接

怒江两岸，有很多独特而珍稀的丰富物种。福贡县的腊竹底和独龙江的马库，有一种树，当地群众称它为"斯叶黑"，意思是"能出面粉的树"。

"斯叶黑"一般生长在阴凉的深箐里，树高可达十几米，直径1米左右，叶长3米多，与芭蕉叶十分相似。"斯叶黑"含有大量淀粉。七八月份是其淀粉成熟的最佳时期。

"斯叶黑"面粉可以烙粑粑或用香油煎食。松软适度，味美可口。还可以用开水加糖搅拌冲食，味鲜适度，真可算是山珍中的一绝了。"斯叶黑"面粉不仅能食用，据说曾解救过他们前人的饥馑，还是止泻的上品良药。

东方多瑙河澜沧江

很古的时候，澜沧江和怒江水势流速相当，与后来的情况不一样。现在怒江上游水流湍急，下游水流缓慢；澜沧江则相反，上游水流缓慢，下游水流湍急。为什么会是这样呢？

这得从怒江和澜沧江的来历说起。

■ 广阔的澜沧江

■ 清澈的澜沧江

　　那时候，西藏高原住着两姐妹，姐姐叫怒江，妹妹叫澜沧江。美丽的怒江姑娘，爱上了一个名叫大海的英俊小伙子。她俩感情深厚，经常一起游玩嬉戏，但大海志向远大，决心到南方远游，增长见识。临别时他同怒江姑娘约定，三年后就回来成亲。

　　大海走后，怒江姑娘每天站在白皑皑的雪山上，盼望着情人早日归来。花开花落，冰消雪融，三年过去了，还是不见大海归来。怒江姑娘心急如火，再也等不下去了，便邀约澜沧江妹妹，一同到南方去找大海。

　　姐妹俩同一天出发，怒江姐姐从西向南走，澜沧江妹妹从东向南走。怒江姐姐想早日找到心爱的大海，一出发就拼命跑起来。澜沧江妹妹还是个十分贪玩的小姑娘，她一路上观山玩景，走得很缓慢。

　　所以怒江上游水流湍急，澜沧江上游水流缓慢。走了三天，两姐妹都进入了崇山峻岭。怒江姐姐走进了雄伟的高黎贡山和碧罗雪山中间，峰峦叠嶂，高耸入云，古树参天，蔽天遮日，挡住了她的视线。

　　终于，怒江姐姐和澜沧江妹妹相逢了，她们欣喜若狂，互相拥抱。两姐妹又打又闹，姐姐抱怨妹妹贪玩走得太慢了，妹妹故意取笑姐姐想大海哥哥想疯了，跑得像丢了魂似的。

两姐妹闹够了，又分开向南走去。怒江姑娘走了一程后，心里在想，妹妹贪玩惯了，一定还是慢腾腾地走，我也不能走得太快了。于是，她放慢了脚步。

这时，澜沧江妹妹也在想，姐姐思念着大海哥哥，一定是心急脚步快，我也走快点才像样子，不然，日后见了姐夫，面子上也不光彩。于是，她就加快脚步跑了起来。所以怒江下游水流缓慢，澜沧江下游水流湍急。

澜沧江姑娘一口气先跑到南方，比她姐姐提前找到了大海哥哥。怒江姑娘反而迟了两天才与大海哥哥相会。大海哥哥对怒江和澜沧江两姐妹说："南方天地广阔，气候温和，我们以后就在这儿过日子吧！"

■ 澜沧江峡谷

从此以后，怒江和澜沧江两姐妹，就和大海哥哥手拉着手，永远幸福地生活在一起。

澜沧江的名称在汉代就出现了，专门记述中国西南地区地方历史、地理、人物等的古代地方志《华阳国志》及中国第一部记述水系的专著《水经》中的兰苍水，又名"仓津"，即是澜沧江的别名。史书《汉书》中的劳水，即为云南永平县以上澜沧江水系的统称，明清时期，流经西双版纳的澜沧江河段又称作"九龙江"。

■ 湍急的澜沧江

澜沧江之名的真正来源为古时傣族称"南咪兰章""南咪"指江河，"兰"意为百万，"章"是大象，意为"百万大象繁衍的河流"。

因为从前澜沧江两岸森林茂密，地广人稀，茫茫林海之中栖息着不计其数的亚洲象，沿江两岸的傣族农民，都有养象耕田的传统。由于兰章与澜沧语音相近，传下了澜沧江这个名称。

澜沧江流域的历史文化发展进程，基本与怒江的脚步相吻合。同样作为哀牢国、蜀国、南诏国、大理国延续的一个部分，澜沧江两岸的居民比怒江更为封闭，与中央政府的联系也较怒江流域稍弱一点，但这并不影响澜沧江走入历史的视线。

云南历史上最早见于文献的诗歌是汉代的《兰沧

《水经》是中国第一部记述水系的专著。其著者和成书年代历来说法不一，一说是东汉桑钦撰，二说是晋代郭璞撰。该书简要记述了137条全国主要河流的水道情况。原文仅1万多字，记载相当简略，缺乏系统性，对水道的来龙去脉及流经地区的地理情况记载不够详细、具体。

歌》，而这首诗歌便提到了澜沧江：

汉德广，开不宾。
渡博南，越兰津。
渡兰沧，为他人。

在诗中，"博南"是山名，"兰津"是渡口名，"兰沧"即澜沧江。诗歌的背景是汉朝皇帝将秦国宰相吕不韦的后人迁移到今永平保山之间的澜沧江边，让他们修驿路，建渡口，使这一带归顺汉王朝。

《水经注》对此做了记载，并补充：

兰仓水，出金沙，越人收以为黄金。又有光珠穴，穴出光珠，又有琥珀、珊瑚、黄、白、青珠也。

兰仓水又东北迳不韦县与类水合，水出巂唐县，汉武帝置。类水西南流，曲折又北流，东至不韦县，注兰仓水。又东与禁水合。

澜沧江风光

在澜沧江畔，有一条比丝绸之路更早的丝路，这条丝路从四川出发，经过云南、缅甸直至印度的一条商路，在公元前4世纪时便已开通，在汉代时称为"蜀身毒道"，"蜀"是四川，"身毒"是印度的古称。

尽管道路难行，古代的商旅却在千难万险中打通了这一条民间的贸易商道，利用马匹、骆驼以至人力，运载着丝绸、布匹、瓷器、铁器、漆器、茶叶等到印、缅各地，又携回宝石、珍珠、海贝、琉璃等辗转贩卖。

澜沧江流经的峡谷

印度佛教、缅甸人的乐队和杂技在东汉时传入洛阳宫廷，也是通过西南丝路上的永昌道与南亚各国进行文化交流的结果。

"蜀身毒道"从四川起步，分别走东南面的五赤道和西南面的灵关道，最后会合于大理，从大理往西，经过漾濞县城，就进入博南山区。博南是1世纪开始沿用的县名，治所就在永平县。这条山道是汉武帝于公元前105年前后下令开凿的，当时称为"博南山道"。

古道向西跨过澜沧江，便进入保山地区。保山是古时的永昌郡、永昌府的治所，也是这一代丝路通过的主要地区，"永昌道"便被作为这段古道的名称。

站在澜沧江边，可见博南山与罗岷山绝壁对峙，旁有兰津古渡，这是走永昌道的必经之路，渡口附近有两座桥墩，建有一座中国已发

秀丽如画的江河湖泊

现的最古老的铁索桥霁虹桥。

相传那时候每天清早桥亭大门未开时等候过桥的商旅、人马已排成五六里长的队伍，以致驿路上留有深深的马蹄窝。

据考证，澜沧江流域是世界茶树的起源地。驰名中外的普洱茶的故乡就在西双版纳的景洪。地方志《滇海虞衡志》记载：

> 普茶名重于天下，出普洱所属六茶山，一曰攸乐、二曰革登、三曰倚邦、四曰莽枝、五曰蛮砖、六曰慢撒，周八百里。

这"六大茶山"都在澜沧江岸边，其中攸乐就是后来景洪基诺山乡，其余五大茶山均在勐腊县。清廷规定，六大茶山每年上缴的贡茶达3.3万千克。

《滇海虞衡志》
云南民俗风物文献。作者檀萃，清代乾隆年间进士，曾在云南、贵州等地任知县。檀萃根据众多古籍，以及个人实地收集的资料，编撰而成。所涉及云南自然资源、风物品类，无论从广度或深度来说，均具有较高价值。

■ 经过藏区的澜沧江

澜沧江沿岸村庄

相传在普洱、澜沧江一带有七座山，传说是茶王的七个儿子变化而成的。

那时候，人们生活在深山老林里，自然条件很艰苦。为了帮助那些住在山里的人们，茶王就给了他的七个儿子每人一包茶籽，好让儿子们把它撒到山上，长出茶树和茶叶，供人们饮用，从而帮助人们避邪、健身、治病。

为了更好地照顾茶树，茶王的七个儿子决定舍生取义，于是他们全都变成了一座座伟岸的高山。从此，这七座山上都长出了郁郁葱葱的茶树，人们有了提神醒脑、治病健身的良药。

为了纪念茶王和他的七个儿子，后人从七座山上分别采来了茶叶，合在一起后，制成了圆饼形状的紧压饼茶。

澜沧江南有座茶山，叫南糯山，这里世代居住着哈尼族支系的爱尼人，茶树是他们非常重要的生产资料。南糯山以其800年栽培型古茶王树有力证明了中国是茶树的原产地，也是最早利用茶树的国家。因此，南糯山被当地人称作"云南古茶第一寨"。

诸葛孔明 即诸葛亮，三国时蜀汉丞相、杰出的政治家、军事家、散文家、发明家。诸葛亮为匡扶蜀汉政权，呕心沥血，鞠躬尽瘁，死而后已。其散文代表作有《出师表》《诫子书》等。曾发明木牛流马、孔明灯等，并改造连弩，可一弩十矢俱发。诸葛亮在后世受到极大尊崇，成为后世忠臣楷模，智慧化身。

当地爱尼人始终坚信，南糯山的茶树，本为三国时期的诸葛孔明所栽，当地还流传着许多关于孔明教导哈尼族建筑居室，种茶采茶的传说，因此，南糯山又称"孔明山"。

澜沧江边的西藏芒康县，有个盐井乡。盐井除了大片的绿洲田园外，还有近似活化石般的古老岩盐生产方式。

当地乡民在江边用一片片木架搭起似一层层小梯田的平台，这就是盐田。盐卤则是取自江边的岩洞，先将盐卤取出，然后背上五六层楼高的木架上的盐田旁，倒入自家的盐池中澄清，再将盐卤抽到盐田中，待水分风干后将盐粒扫拢即可。

始建于清乾隆年间的铁索青龙桥，横跨于金马和正义两村相交的澜沧江上，是茶马古道的必经之路。青龙桥离水面15.64米，设计精巧，工艺高超，

■ 澜沧江第一湾

结构牢固。

澜沧江是中国西南地区的大河之一，是世界第九长河，亚洲第四长河，东南亚第一长河。澜沧江河源扎曲，发源于青海省玉树藏族自治州的杂多县吉富山，源头海拔5200米，主干流总长度2100多千米，澜沧江流经青海、西藏和云南3省，出境成为老挝和缅甸的界河，称"湄公河"。

■ 奔流不息的澜沧江

湄公河流经老挝、缅甸、泰国、柬埔寨和越南，于越南胡志明市流入中国南海，是亚洲流经国家最多的一条河流，是中国连接东南亚国家的水运大动脉，因此被叫作"东方的多瑙河"。

澜沧江流域面积16万多平方千米，昌都以上为上游，昌都至四家村为中游，四家村以下为下游。

主要支流有：子曲、昂曲、盖曲、麦曲、金河、漾濞江、西洱河、罗闸河、小黑江、威远江、南班河、南拉河等。澜沧江支流特点是落差大、水资源丰富，上中游降水量少，有雪水补给，水量稳定，下游地处热带、亚热带气候区，降水量大，水量丰沛。

上源北与长江上游通天河相邻；西部与怒江的分水岭为他念翁山及怒山。中游属高山峡谷区，河谷深切于横断山脉之间，山高谷深，两岸高山对峙，山峰高出水面3000米，河谷比较狭窄，河床坡度大，形成陡峻的坡状地形。

下游分水岭显著降低，一般在2500米以下，地势趋平缓，河道呈束放状，出中国境后河道比较开阔平缓。

澜沧江源区河网纵横，水流杂乱，湖沼密布。杂曲河流经的地区有险滩、深谷、原始林区、平川，地形复杂，冰峰高耸，沼泽遍布，景致万千。澜沧江大峡谷不仅以谷深及长闻名，且以江流湍急而著称。冬日清澈而流急，夏季混浊而澎湃。狭窄江面狂涛击岸，水声如雷，十分壮观。

澜沧江由西藏入梅里峡谷后，江面束窄，水流湍急，无以为渡，历史上全靠竹篾溜索过江，因此江边有村庄得名"溜筒江"。

马尼丁一带山崖陡峭，为滇藏交通咽喉，于是架设于此的溜索便成为茶马古道上的重要渡口，故有"溜筒锁钥"之说。

澜沧江上中游河道穿行在横断山脉间，河流深切，形成两岸高山对峙，坡陡险峻"V"形峡谷。下游沿河多河谷平坝，著名的景洪坝、橄榄坝各长8千米。景洪至橄榄坝一段自然风光和人文景观，是西双版纳最完美的缩影。

■ 澜沧江流域的橄榄坝景区

景洪附近的澜沧江上，江面已渐渐收缩，最窄处仅20米左右，这就是著名的虎跳石。虎跳石两岸是参差不齐的大岩石，江水汹涌澎湃。两岸景物变化多端、奇峰嶙峋，绿水青山，相互辉映，兽鸣鸟啼，醉荡芳心，植物丰富多彩，动物珍贵稀有。

橄榄坝素有"孔雀羽翎"的雅称，这里地势低，气候湿热，具有浓郁的热带南国风光。

澜沧江高峡百里长湖雄伟壮丽，湖面平静秀丽，湖湾半岛星罗棋布，两岸山峰秀丽，苍峻巍峨，珍稀动物繁多，风景如诗如画。湖面也由此而迂回曲折，形状奇特多变。放眼湖上，湖水碧蓝浩渺，青山簇簇绵延，山水相映，水天一色。

澜沧江中下游的玉龙池草丰林茂，池水清盈，池中有小岛数个，池边有野生的大树杜鹃数百亩，林中生长着大量的实竹和白鹇、野鸡等珍贵动物。空气清晰，景色迷人。

玉龙池原属自然水池，传说这里居住着一条小白龙，逢到天旱便行雨吐水，流往阿早山、石头寨、蕨草坝、阿古村等地灌溉农田。

普洱茶 是云南独有大叶种茶树所产的茶，是中国名茶中最讲究冲泡技巧和品饮艺术的茶类，其饮用方法异常丰富，既可清饮，也可混饮。"越陈越香"被公认为是普洱茶区别其他茶类的最大特点。

进入原始森林的黑龙潭林区，就会有一种"暗无天日"的感受，传说如果心好的人过此潭边，能顺利走出林中，而心不好的人则会掉进潭中不能出来。

西双版纳野象谷地处东西两片林区接合部的河谷，几十万公顷的热带雨林里生长着多种植物，层绿叠翠、郁郁葱葱，热带竹林连成一片，为亚洲象等野生动物提供了最适宜生长、繁衍的栖息之地。

澜沧江流域内，普洱茶、滇红茶名扬天下。而澜沧江最独特的资源，便是两岸的古茶树、野茶树，后来很多被列为国家二级珍贵树种。

在景洪、西双版纳的深山密林中，生长着许多野生茶树。双江县勐库镇五家村邦骂雪山的原始森林中，集中分布约800公顷野生古茶树，每隔5米至10米，就有棵高15米以上的野生古茶树生长。

澜沧县境内有树龄1000年左右的"过渡型茶树王"邦崴大茶树。景迈有明清以来种植的栽培型千顷古茶园，还发现了树龄达800多年的栽培型"茶树王"，

■ 西双版纳野象谷

■ 澜沧江流域内的普洱茶园

主干径达1米多。当地哈尼族茶农称其为"沙归八玛"，意为"名叫沙归的人栽种的大茶树"。

澜沧江以窄、急、险而著称，水力资源丰富，是横断山脉区重要河流，河床落差较大。

澜沧江下游为中国动、植物资源最丰富地区，被称为"中国宝贵的遗传基因库"，有经济价值的植物达千种。特有动物如长臂猿、亚洲象、孔雀等。

澜沧江整个流域已知鱼类多达近2000种，鱼类多样性在世界大江大河排名中名列第二，仅次于亚马孙河流域。这里淡水鱼类年捕获量很大，为世界上最大的内河淡水渔业。

澜沧江至湄公河丰富的鱼类资源中，包括目前已经高度濒危的鲟鱼、伊洛瓦底江豚，以及其他极具商业价值的常见鱼类，如倒刺鱼、淡水鲨、黄貂鱼、面瓜鱼、红尾巴鱼等。

哈尼族 是中国的一个古老的民族，中国少数民族之一。其主要分布在滇南地区，包括红河哈尼族彝族自治州、西双版纳傣族自治州、普洱市和玉溪市。哈尼族见于汉文史籍的名称，有"和夷""和泥""窝泥""阿泥""哈泥"等。自称多达30余种，如"哈尼""僾尼""碧约""卡多""豪尼"等。

澜沧江边的望天树林

除此之外，该流域还有其他丰富的水生物种，例如暹逻鳄、淡水龟、蚌类等，以及大量以鱼类为生的水鸟。

望天树是澜沧江边西双版纳特有的树种之一，仅分布在勐腊县的补蛙、景飘等地。望天树属龙脑香科，常绿高大乔木。因它长得挺拔笔直，高达七八十米，如利剑般直刺蓝天，有"林中巨人""林中王子"的美誉。

阅读链接

传说朱元璋的孙子建文帝失去皇位后，骑着一匹白马，来到云南宝台山附近，他卸下马鞍休息，突然发现前方山上升起火光，来不及配马鞍就上马而去。那座山后来就叫"马鞍山"。

没跑多远，他被波涛汹涌的澜沧江挡住去路。此地后来就叫作"关山"。建文帝情急之下，猛抽马屁股一鞭，白马受惊跃起，跃过了澜沧江。由于用力过大，四个马蹄陷进碾子泥潭中。白马死后，变成一道山梁，就是后来的白马梁子山。

建文帝迎着火光走近一看，原来是从山涧中发出的光芒，山左边有灰白色的水向东流去，山右有黄红色的水向西流去。

建文帝说："此山一边流金，一边流银，中放祥光，实乃宝台山也！"

后来，金光寺就坐落在祥光处，东边的河叫"黑水河"，西边的河叫"金河"。

沙金产量极高的金沙江

纳西族民间有个传说，在几十万年前，青海的巴颜喀拉山下，住着一对邻居，一个性格活泼的年轻姑娘叫金沙江，一个是性情沉静的白头老翁玉龙山。

他们时常在一起谈谈笑笑，好像是爸爸和女儿一样。玉龙山老翁

■ 金沙江美景

金沙江远景

很爱听金沙江姑娘唱歌，金沙江姑娘很爱听玉龙山老翁讲故事。

有一天，玉龙山老翁说，东海里有一座美丽的水晶宫，水晶宫里住着一位善良、年轻、英俊的王子，但没有找到一个理想的伴侣。

有一天，东海王子听说西方有一位漂亮姑娘，他高兴极了，便走出水晶宫，来到海滨，面向西方幻想那位美丽姑娘会到东海来。

可是一天、两天、三天……过去了，除了飞翔的白鸥和潮水击打海岸的声音之外，什么也没有。

他对风说："风哥哥，请你带个信给那西方的漂亮姑娘，你就说，东海的王子在日夜想念着她。"

风"呜呜"地吹过去了。他日夜期待着姑娘的回信。哪知风早就把这件事忘了！王子每天站在海滩上，眼巴巴地望着西方。最后他病了。

金沙江姑娘听到这里，非常同情这位王子，急急地问："那怎样才能医好王子的病呢？"

玉龙山老翁回答："只有那位姑娘去，东海王子的病才能好。"

金沙江姑娘又问："那位姑娘到底是谁？她为什么不去呢？"

玉龙山老翁笑眯眯地看着金沙江姑娘天真的脸，说："喏，就是你这位美丽的金沙江姑娘！他日夜盼望着的就是你。我的好姑娘，你去东海吧，救救那个王子吧！"

金沙江姑娘一听脸羞得通红，玉龙山老翁哈哈大笑起来。

金沙江姑娘想了一下，脸不红了，她抬起头，站起身来说："好吧，我就到东海去！"

玉龙山老翁吓了一跳，说："东海离这里有6000多里，像你这样年轻的姑娘，怎能走这样遥远的路呢？"

金沙江姑娘说："我不怕走远路，我一定要走到东海去！"

玉龙山老翁说："如果你一定要去，我也跟着你去好吗？"

金沙江姑娘很高兴，说："你肯陪我去，那好极了，可是你年纪这样大，走起路来一定不快，怎么能走到东海呢？"

玉龙山老翁呵呵大笑，说："难道你这小姑娘可以到东海，我老头儿就不能吗？不相信就比一比，看谁先到东海！"

于是他们两个就离开青海，向着东南走去。开始，谁也不肯让谁走在自己的前面。但是玉龙山老翁身体魁梧，迈开脚步，一步就是几

奔腾之美

南方河流

■ 清澈的金沙江

十里，不像金沙江姑娘走得那么慢，所以玉龙山老翁一直走在前面。

玉龙山老翁常常回头笑着对金沙江姑娘说："小姑娘，请你快点走吧。"

金沙江姑娘低着头，一声不响，日夜不停地走。她心里想："一定要赶上他！"

这样走了三四十天，他们到了云南丽江。玉龙山老翁觉得这地方又幽雅又安静，很合心意，他就向南边一坐，回头看看金沙江姑娘还远得很，他想等她，不料睡着了。他这一睡就要几十万年才会苏醒。他横躺在丽江白沙街头，正好拦住了金沙江姑娘的去路。

金沙江姑娘远远看见玉龙山老翁睡着了，就悄悄地穿过玉龙山老翁屈着一条腿的腿缝里溜了过去。

金沙江姑娘走过四川的东南，穿过武汉，直到江苏，她看见了东海的王子快乐地迎接她，她也高高兴兴地投入到东海王子的怀里，永远不准备回去了。

金沙江，当地百姓又叫作"金河"，早在战国

■ 宁静的金沙江水

■ 金沙江流经的峡谷

时期，《禹贡》中就提到了这条河，并将其称为"黑水"，《山海经》中称之为"绳水"。

东汉许慎的《说文解字》及《汉书·地理志》中将金沙江支流雅砻江以上部分的金沙江称为"淹水"。三国时期，金沙江被称为"泸水"，诸葛武侯"五月渡泸，深入不毛"指的就是这里。宋代因为河中出现大量淘金人，最终改名为"金沙江"。

金沙江沿河盛产沙金，明代程登吉在《幼学琼林》中说："黄金生于丽水，白银出自朱提。"其实，金沙江"沙金"采冶历史久远。早在先秦时期，就有人在金沙江边淘金。几千年来，无数的人到江中取土淘金，因而留下了"金塘湾""金塘村""金塘乡"等地名。

金沙江两岸过去有种民间说法："涨水漂木，枯水行船，不涨不枯淘沙金。"据说，涨水季节金河里漂的木头不是一般的木头，是金河两岸山上一种叫

《说文解字》
简称《说文》。作者是东汉的经学家、文字学家许慎。成书于100年至121年。《说文解字》是中国第一部按部首编排的字典。

《幼学琼林》
是中国古代儿童的启蒙读物。初为明人程登吉编著，本名《幼学须知》，又称《成语考》《故事寻源》，清人邹圣脉作了增补，改名为《幼学琼林》，也叫《幼学故事琼林》。

■ 金沙江虎口栈道

450

秀丽如画的江河湖泊

大学士 又称"内阁大学士""殿阁大学士"等。明成祖选翰林等入职文渊阁，参与机务，称为"内阁"，有人便渐升为大学士，但品阶只有正五品。明仁宗时增置谨身殿大学士，后大学士常兼任尚书一职，地位尊崇，为皇帝起草诏令，批答奏章，虽无宰相之名，而有宰相实权，号称"辅臣"。

"马桑树"的优质木材，也就是楠木。木头一直顺江河漂到京城，用来建盖皇帝的宫殿，因此，被皇帝封为"皇木"。

到了枯水季节，金河里隔三岔五结队跑着一只只运银铜的官船，把金河上游一带的银、铜运到皇帝的都城，铸造银圆和铜钱。

堂狼山区域的巧家境内的金沙江段，系古泸江水的泸津区域，彝族始祖希慕遮入住的"邛之卤"，也就是后来金沙江的主要产金之地，与古朱提山同处于一条盛产金、银、铜、铅诸矿的金属矿带上，所产的沙金铸进了周边区域金工艺产品中，形成了以巧家堂狼山沙金文化为主的古丽水沙金文化。

巧家沙金在整个金沙江流域，沙金产量极高，品质极好，因此地方志《云南通志》称，在整个金沙江流域中巧家沙金"为最"。

金沙江河道狭窄、水流湍急，一直以来通航能力都比较差。1740年，为确保京师钱局铸钱用铜需要，史上第一次大规模开凿金沙江，由清朝大学士首倡，东川府参将、昆明人缪弘受命督修。

缪弘率民夫数万，耗时数年，金沙江还是无法通航。缪弘失败后在崖上大刻"安澜吉水"四字，又题诗一首，作别金沙江：

金江自古不通舟，水急天高一望愁。
何日天人开一线，联樯衔尾往来游。

金沙江发源于青海境内唐古拉山脉的格拉丹冬雪山北麓，是西藏和四川的界河。长江江源水系汇成通天河后，到青海玉树县境进入横断山区，开始称为"金沙江"。

金沙江上段左岸自北而南是高大的雀儿山、沙鲁里山、中甸雪山；右岸对峙着达马拉山、宁静山、芒康山和云岭诸山，河流流向多沿南北向大断裂带或与褶皱走向相一致，狭窄处仅50米至100米。

金沙江得荣县庚乡与德钦奔子栏交界处围绕着金字塔般的日锥峰潇洒地画了一个"Ω"字形的大拐弯，被称为"万里长江第一湾"。从山顶俯瞰月亮湾全景，使人心旷神怡、荡气回肠，不能不惊叹大自然造化的神奇！

金沙江下段为四川省新市镇至宜宾市岷江口，江水过新市镇转向东流，进入四川盆地。这一段属低山和丘陵，河流沉积作用显著，河

金沙江第一湾

床多砾石。沿岸有较宽阔的阶地分布，支流除横江外，均较短小，水网结构呈格网状。

金沙江水系包括尘河、鱼参鱼河、黑水河、西溪河、溜筒河、水洛河。上段支流有松麦河、赠曲、热曲、中岩曲、巴曲、藏曲、欧曲、达拉河和支巴洛河；中段支流有雅砻江、牛栏江、普渡河、龙川江、水落河、渔泡江、黑水河、西溪河、硕多岗河、美姑河、小江、漾弓江、以礼河和普隆河；下段支流有松麦河、水落河、右岸的普渡河、牛栏江、横江等。

金沙江流经云南高原西北部、川西南山地，到四川盆地西南部的宜宾接纳岷江为止，全长约2300千米，流域面积34万平方千米。由于流经山高谷深的横断山区，水流湍急，向东南奔腾直下，至云南石鼓附近突然转向东北，形成了著名的虎跳峡。

虎跳峡两岸山岭与江面高差达2500米至3000米，是世界最深峡谷之一，以奇险雄壮著称于世。江流在峡内连续下跌7个陡坎，落差170米，水势汹涌，声闻数里，为世界上最深的大峡谷之一。

金沙江虎跳峡

　　从虎跳峡镇过冲江河沿哈巴雪山山麓顺江而下，即可进入峡谷。上虎跳距虎跳峡镇9千米，是整个峡谷中最窄的一段，江心有一个13米高的大石虎跳石，巨石犹如孤峰突起，屹然独尊，江流与巨石相互搏击，山轰谷鸣，气势非凡。

　　"三江并流"风景区腹地，便是世人寻觅已久的世外桃源香格里拉。这里垂柳和稻香氤氲，小桥流水人家，呈现一派江南田园风光。云南最广阔的牧区在这里，牛羊成群，牧歌起处，风情醉人。

　　香格里拉雪山耸峙，草原广袤，河谷深切。海拔在4000米以上的雪山有470座，较为著名的有巴拉更宗雪山、浪都雪山、哈巴雪山等，气势磅礴，姿态万千。

　　在雪山深处，草原深处，林海深处，是碧塔海、属都湖、纳帕海这些清幽宁静深邃神秘的高山湖泊，呼唤人们去撩开她们美丽的面纱。这些湖泊全都清洌纯净，植被完整，未受过任何污染。

　　纳帕海湖水澄清，湖岸碧翠，远山一片葱茏，景色分外秀美，湖水由西侧9个落水洞下泄，估计与硕多岗河相通。

碧塔海是因断层构造形成了一个断陷湖，湖中有一小岛耸立，岛上林木茂密，湖光山色，景色奇丽。碧塔海湖东有溶洞通暗河，经尼汝河进水落河入金沙江。

属都岗湖水清澈透亮，四周青山郁郁，原始森林遮天蔽日。湖东面成片的白桦林，秋天一片金黄。山中云杉、冷杉高大粗壮，直指云霄，树冠浓绿稠密，可遮风避雨。

"高原明珠"泸沽湖中各岛亭亭玉立，形态各异，林木葱郁，翠绿如画，身临其境，水天一色，清澈如镜，藻花点缀其间，缓缓滑行于碧波之上的猪槽船和徐徐飘浮于水天之间的摩梭民歌，使其更增添几分古朴、几分宁静。

泸沽湖古称"鲁窟海子"，又名"左所海"，俗称"亮海"。湖边的居民主要为摩梭人，也有部分纳西族和普米族同胞居住。摩梭人一直保留着母系氏族婚姻制度。

金沙江有着令世人为之炫目的自然资源，丰富的水能资源、森林资源，尤其在云南的北部、四川的西部，不但产量高，而且质量好，所以被人们称为"森林的王国"。

阅读链接

传说很多年前，有一年，被称作"金河水"的金沙江突然干了，露出了河底，河里到处是金银财宝，一传十，十传百，满河都是捡宝人。还真有人捡到了银、铜之类的东西。

几天后，当人们正在河底疯狂捡宝时，金河水突然一泻千里，暴涨数丈，满河的捡宝人来不及跑上岸，被冲走了好多。

祸不单行，许多年后，金河水又一次干了。这次，老百姓吸取教训，没有人再敢下河捡宝了。这个富有传奇色彩的故事一直在民间流传。

历史上，金沙江上游确实发生过山体坍塌堵断江水造成断流的事件，也从另一侧面印证了金河流金淌银的说法。

得天独厚的天府岷江

在遥远的古代，羌人的祖先从西北向西南游牧迁徙。当其中一支游移到岷江上游附近，遇到了当地名叫"戈基"的一个部落。

戈基人高鼻深目，身强力壮，能征善战。羌人与之几次交锋，屡战皆败，已经到了准备弃地而逃的地步。幸运神灵在梦中启示，以尖硬锋利的白石英石为武器，再与戈基人沙场决斗，终于战而胜之。

从此羌人得以在岷江上游安居乐业，发展生产，成为"有语言、有耕牧、知合群的民族"。为了报答神恩，羌族世世代代都以白石象

岷江源

■ 岷江沿岸风光

征最高的天神，供祭于庙宇、山坡以及每家每户的屋顶白塔之中，朝夕膜拜，虔诚之至。这一习俗一直沿袭下来。

这就是羌族民间史诗中最著名的《羌戈大战》，诗歌叙述了羌族人民祖先历尽艰难困苦，与魔兵战斗，与戈人战斗，被迫从西北迁居岷江上游的历史。

羌族沿岷江流域南迁进入四川盆地后，被称为"氐族"，他们在成都平原建立了自己的国家。蚕丛和鱼凫是传说中古蜀国最早称王的两位蜀王。他们之后是伯灌，再后来就到了杜宇王朝，这时是西周时期。杜宇教民务农，把都城建于地势较高的郫邑，就是现在的郫县一带。

岷江以灌县为顶点，以若干条辐射状河流，以分泄洪水。但由于泥沙冲淤，这些自然河道并不稳定，还是会有水患。

古蜀国 相传，上古时，居住在古青藏高原的古羌族人向东南迁徙，进入了岷山地区和成都平原。后人将这些居住在岷山河谷的人称为"蜀山氏"。后来，蜀山氏的女子嫁给黄帝为妃，生下儿子蚕丛，蚕丛在四川平原建立了古蜀国，代代相传，经历了一个又一个的朝代。

据《华阳国志》称，丞相开明决玉垒山，也就是现在的金堂峡，分泄大江洪水去沱江，大大地减轻了郫邑以下成都平原地区的洪灾。

杜宇让位给威望更高的开明，也就是后来的丛帝，而他自己隐居山中，死后化为杜鹃，日夜悲鸣，啼到血出才停止。于是形成了一个成语"杜鹃啼血"。

唐代著名诗人李商隐诗作"望帝春心托杜鹃"中的望帝就是杜宇。现在郫县城南还有这二帝的祀祠，叫"望丛祠"。

丛帝之后是开明王朝，传说开明十二世很好色，秦惠王就说送他五个美女。蜀王派五个力士打通蜀道迎接五女，走到梓潼，碰见一条大蛇正钻入洞。一个力士紧紧抓住蛇尾，其他的人相助，"轰"的一声，山崩了，把五个力士和五个美女全都压在了山下。

这座山分成五岭，山顶有平台，蜀王登台悼念，命名为"五妇冢"；平台后人叫"思妻台"。老百姓都怀念五个力士，叫它"五丁冢"。

传说的结局是秦王派兵沿着五丁开的这条路灭了古蜀国。其实是公元前316年，秦国趁蜀国和巴国发生战争之际，派大将司马错率军南

■ 都江堰

秀丽如画的江河湖泊

■ 岷江东岸的摩崖造像乐山大佛

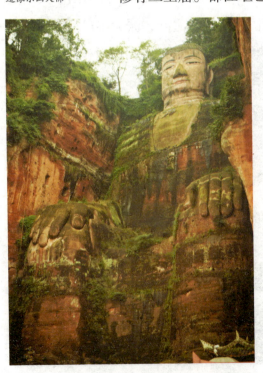

下，一举灭掉了蜀国和巴国。

岷江作为古蜀文明的发源地，对四川方言的形成和发展有很大影响，在语言学分类中，被称为"西南官话代表"的四川方言还有一个分支叫岷江话，又叫"岷江小片"。

公元前256年至公元前251年，秦昭王任水利工程专家李冰为蜀郡太守。李冰征发民工在岷江流域兴办许多水利工程，其中以他和其子一同主持修建的都江堰水利工程最为著名。

都江堰是全世界年代最久、唯一留存、以无坝引水为特征的宏大水利工程。2000多年来，它一直发挥着防洪灌溉作用，使成都平原成为水旱从人、沃野千里的"天府之国"。后世为纪念李冰父子，在都江堰修有二王庙。都江堰也成为著名的风景名胜。

汉代时，佛教由西南传入岷江流域，在两岸的一些雕刻精美的汉代崖墓中，有不少佛教风格的造像。

三国时，蜀汉丞相诸葛亮几次越过岷江作战。夷人据守在三江口上的宜宾古城，听说诸葛亮领兵到来，便隔着岷江与蜀汉兵马对峙。

诸葛亮则挑选军中孔武大汉挑着无底大黄桶，来往岷江边佯装挑水，个个健步如飞，

■ 汹涌的岷江

显得力大无比。隔江相看的夷人吃惊不小，都以为是
"天神"降临，不可争锋，悄悄撤守远走。这就是民
间流传的"蜀汉军以空黄桶挑水，吓走夷人"。

继承诸葛亮遗志的姜维在威州岷江东岸之台地上
筑城，称"姜维城"，并在此长期屯兵。堡子关雄踞
杂谷脑河与岷江之间，有"三山雄秀，二水争流"之
誉，历来为兵家必争之地。而姜维城就坐落于此。

岷江东岸，有中国现存最大的一尊摩崖石刻造像
乐山大佛。乐山大佛通高71米，开凿于唐玄宗登基当
年，大佛两侧断崖和登山道上，有许多石龛造像，多
是盛唐作品。

凌云寺右灵宝峰上，有一座十三层砖塔，造型
与西安小雁塔相似。寺边江中一孤峰卓立，名"乌
尤"，相传是汉代郭舍人注《尔雅》的地方。

摩崖石刻 是中
国古代的一种石
刻艺术，有广义
和狭义之分，广
义的摩崖石刻是
指人们在天然的
石壁上摩刻的所
有内容，包括上
面提及的各类文
字石刻、石刻造
像，还有一种特
殊的石刻岩画也
可归入摩崖石
刻。狭义的摩崖
石刻则是专指文
字石刻，即利用
天然的石壁刻文
记事。

里甲 该制度是明代的基层组织形式，也是明代朝廷推行黄册制度的基础之一。明初，明太祖制定110户为一里的规定是为了便于黄册制度的推行及完善地方机构等原因，而以110户为一里的编制也确实有其特定的作用。

唐代是岷江两岸经济文化的全盛时期，很多著名诗人、文学家为岷江写下诸多优美篇章。诗仙李白著名的《蜀道难》中，描绘岷江"濯锦清江万里流，云帆龙舸下扬州"。杜甫《清江》诗也有提道：

清江一曲抱村流，长夏江村事事幽。

清乾隆帝中后期，在岷江上游进行改土归流。具体措施是采取两种不同的模式：在藏族聚居区推行"改土设屯"；在羌族聚居区将土民编入里甲。这体现了文化边缘地带社会结构的特殊性及清政府施政的灵活性。

岷江是长江重要支流，源头位于四川松潘县和九寨沟县交接的弓杠岭，因其岭如弓之杠得名，藏语意思为"都喜欢山"。

■ 岷江沿岸的羌寨

岷江由北向南流经四川盆地西部，流经茂县、汶川、都江堰等12个市县，在宜宾汇入长江，千米以上的支流320条。岷江是长江流域水量最大的支流，也是中国水利开发最早的河流之一。

岷江干流都江堰鱼嘴分水堤以上为上游，都江堰鱼嘴分水堤至乐山大佛为中游，乐山大佛以下至宜宾为下游。主要支流有黑水河、杂谷脑河、大渡河、马边河，大渡河是岷江最大的支流。岷江流域地势由西部高中山区逐级降低至东部平原丘陵区。

■ 岷江流域牟尼沟瀑布

岷江上游居住着古老的羌族，他们保留着淳朴的习俗，善于营造高耸的石碉楼和晃悠悠的索桥。江边的石崖上，历代船夫用篙杆留下的杆窝，见证着当年航运的艰辛。

成都附近的西羌第一村，是一个古朴习俗保存较好、景美情浓的河坝羌寨。整个羌寨顺坡而建，别致有序，形如古城堡，地面由曲折巷道相连，而羌碉则傲立寨中。

岷江流域内自然资源丰富，探明的主要矿藏有色金属及贵重金属有铂、镍、铜、钴和金矿，稀有金属有锂、铍、钽、铌矿，非金属矿有白云母、石棉、石膏、碳、水晶、蛇纹岩、含钾磷矿等，特别是石棉、白云母储量大、品质好，是中国主要生产基地。

碉楼 是一种特殊的民居建筑特色，因形状似碉堡而得名。在中国分布具有很强的地域性。其形成与发展是与自然环境和社会环境综合作用的结果。它综合地反映了地域居民的传统文化特色。碉楼是羌族人用来御敌、储存粮食柴草的建筑，一般多建于村寨住房旁。修建时不绘图、吊线、柱架支撑，全凭高超的技艺与经验。建筑稳固牢靠，经久不衰。

松潘的砂金矿藏较丰富，著名的"漳金"成色高、熔耗低，蜚声世界。翡翠矿泉水经国家鉴定为优质天然饮用矿泉水。

岷江流域水能资源十分丰富，全流域水能理论蕴藏量54 000多兆瓦，占长江流域的19.6%。

岷江流域内名气最大的要数卧龙自然保护区，这里以"熊猫之乡""宝贵的生物基因库""天然动植物园"享誉中外，有着丰富的动植物资源和矿产资源。

卧龙保护区内大熊猫、金丝猴、羚牛等珍稀濒危动物共有56种，其中属于国家一级重点保护的野生动物共有12种，二级保护动物44种。

区内植物有近4000种。高等植物1989种。被列为国家级保护的珍稀濒危植物达24种，其中一级保护植物有珙桐、连香树、水清树，二级保护植物9种，三级保护植物13种。

阅读链接

相传190多年前，岷江里有一条孽龙，它经常兴风作浪，使舟楫难渡。但岷江江面上唯一的伏龙渡口，却又被把头霸占。老百姓每次过江都要被百般勒索凌辱，人们就把这个渡口叫作"霸王渡"。

伏龙观对岸韩家坝的私塾先生何先德夫妇决心要建一座桥，为民众造福。何先德夫妇带领老百姓，历经千辛万苦，一座索桥眼看就要修好了。

一天忽然刮起了大风，恰有几个农民急于过桥，由于桥身摇晃得很厉害，不幸坠入江中淹死了。早就心生嫉恨的渡口把头以此为把柄，勾结官府，杀害了何先德。

这件事在民众中引起震动，大家拥戴何先生的娘子继承丈夫遗志，领头继续建桥。桥建成以后，人们为了纪念何先德夫妇，就将此桥取名为"夫妻桥"。

百里画廊天险乌江

很久以前，高原上有条小溪穿过最长的峡谷夹石峡后，成了一条大河。大河两岸山清水秀，风调雨顺，没有战争，居住在这里的土家人过着美满幸福的生活。

相传有一天，玉皇大帝在南天门游玩，见到这里的生活赛过天堂，恼羞成怒，降下旨意，用洪水淹没大地，摧毁了人间家园。

美丽的乌江

顷刻之间，电闪雷鸣，大雨倾盆，连续七天七夜，江河猛涨不止，村庄被淹没了，房屋被冲走了，大地一片汪洋。

土家首领带领部族，攀登到河边最高的一座山峰珠瑙岩上，焚香祈拜，洪水才渐渐退去。

但是河两岸的鲜花没有了，村庄没有了，房屋也没有了，只剩下大河西岸的一棵乌阳树。它的根被洪水冲刷全裸露在地面，但它一直坚韧顽强地生长，据说有1000多年了，它就是千年乌阳树。

乌阳树的精神激励土家人在最艰难的环境中生存繁衍，人们敬畏它，把它身边的这条河叫作"乌江"。

乌江又称"黔江"。古称"内江水""涪陵水""延水"等，在彝语中被称为"青色的大河"。元代首次被称为"乌江"。乌江沿河古称"务川"。

务川有个古老的民族仡佬族，仡佬族是世界上最早发现和使用朱砂的民族。

大约在新旧石器时代。务川一个叫巫信的青年和几个人出去打猎，追杀一头野兽，因野兽反扑过来，巫信在逃跑中摔在一红水坑里，爬起来后，那野兽一见他马上慌不择路，竟从岩上掉下去摔死了。

巫信从这件事中悟出抹红脸吓野兽的作用。务川是世界上最早的朱砂产地，早在夏商时就批量生产，并开始向朝廷进贡。

大约距发现朱砂4000多年后的商代太戊时期，务川一个叫鬼注的青年抱柴在屋中烧火，因柴多火猛，怕烧了房子，情急之下，即将堆在房中的朱砂石放在柴火上压火势，烧后发现水银，因大人孩子误

■ 乌江沿岸风光

■ 乌江晚霞

食水银治好了身上的疮毒而知水银的作用。

于是，仡佬族作为世界上最早的化学先驱，在商代就懂得了"炼丹术"。秦朝时就有大量的方士术士到这里炼"长生不老丹"。

春秋时期这里属于巴国，巴人在乌江两岸的峡谷绝壁上，沿着江水刻出一条狭长的纤道，远望去，犹如一条长龙走过留下的深深足迹。

纤道约有一人高，宽可容两三人并肩行走，是当时乌江流域大山的主要交通道路。

唐建中元年（780），茶圣陆羽在《茶经·八之出》中提到"都濡高株茶"时说"其味甚佳"。这就是著名的务川大树茶，这种茶又名"高树茶""都濡高株茶""务川乌龙大叶茶""都濡月兔茶"，香味馥郁浓烈，自古以来就被誉为"茶中珍品"。

方士 是尊崇神仙思想而推奉方术之士。《史记·秦始皇本纪》："方士欲炼以求奇药。"方士的出现不晚于周，至秦汉大盛，并逐渐形成了专门的方士集团，即所谓"方仙道"或"神仙家"。又以所主方术不同而有行气吐纳、服食仙药、祠灶炼金、召神劾鬼等不同派别。神仙思想及其方术，成为后世道教的核心内容与精神支柱。

书法 文中特指中国书法。中国书法是一门古老的汉字的书写艺术，是一种很独特的视觉艺术。书法是中国特有的艺术，从甲骨文开始，便形成了书法艺术，所以书法也代表了中国文化博大精深和民族文化的永恒魅力。

马皇后（1332—1382），明太祖朱元璋之皇后。一代贤后。她敢于在明太祖施行暴政时进行劝谏，保全了许多忠臣良将的性命。她善待后宫嫔妃，不为娘家谋私利，开创了明朝后宫和外戚不干政的风气。

从北宋开始，务川大树茶就作为贡茶名扬天下。北宋诗人、书法家黄庭坚写下了贵州最早的茶诗《阮郎归》：

黔中桃李可寻芳，摘茶人自忙。
月团犀腌斗圆方，研膏入焙香；
青箬裹，绛纱囊，品高闻外江，
酒阑传碗舞红裳，都濡春味长。

明初，乌江之畔出了一位著名的彝族女英雄叫奢香，她的丈夫彝族默部水西君长去世后，她便代行夫职，摄贵州宣慰使。

奢香曾进京向朱元璋和马皇后陈述当地部落和封疆大吏的矛盾，获得了朱元璋的支持。奢香返回后修筑贵州驿道，沟通中原与西南，历史上著名的龙场九驿，就直与云南连通。

奢香病逝后，明王朝遣使臣前往祭拜，并加谥奢

■ 乌江春色

■ 乌江沿岸古镇

香为"大明顺德夫人"，表彰她为维护民族团结和祖国版图完整所立下的丰功伟绩。

乌江边上有黑神庙，是为了纪念五代南唐时名将赫齐云，一说南霁云。这个人面黑，他的塑像就称为"黑面神"，庙名后改为"黑神庙"。清嘉庆朝礼部尚书李宗昉专门做了一句黑神庙上联：

省曰黔省，江曰乌江，神曰黑神。缘何地近南天，却占了北方正色？

贵州简称"黔"，"黔"有"黑色"的意思。贵州在南方，正色为赤，北方的正色是黑色。联中同写黑色，自然地用了"黔""乌""黑"不同的字。由省、江写到庙，是由大到小的排序。此联难倒不少文

祭拜 在特定的时候朝拜一些人物神明等的传统，具体的祭祀的目的主要是弭灾、求福、报谢。祭祀是华夏礼典的一部分，更是儒教礼仪中最重要的部分，礼有五经，莫重于祭，是以事神致福。祭祀对象分为3类：天神、地祇、人鬼。天神称"祀"，地祇称"祭"，宗庙称"享"。

墨客 指诗人、作家等风雅的文人。汉时扬雄《长杨赋》："言未卒，墨客降席，再拜稽首。"《长杨赋序》谓："聊因笔墨之成文章，故藉翰林以为主人，子墨为客卿以风。"赋中称客为"墨客"，后遂为文人之别称。

人墨客，多年过去，无人能对出下联。

乌江的支流长溪河畔的彭水朗溪乡竹板桥村，家家户户从事土法窑纸，早在唐宋时期，彭水人就学会了土法造纸，到清末民初，县内磨寨、庞溪、楼房、芦渡沟、竹板桥等地生产草纸已具规模，产品质量好，深受欢迎。

乌江自古以来为川黔航运要道，是长江上游右岸最大支流河。它发源于贵州省乌蒙山，流经重庆市的酉阳、彭水、武隆、涪陵汇入长江，全长1000多千米。流域面积8.7万平方千米。六冲河汇口以上为上游，汇口至思南为中游，思南以下为下游。

乌江较大支流有六冲河、猫跳河、湘江、清水江、洪渡河、芙蓉江、濯河、郁江、大溪河等，还有数百条溪沟涧川汇入，呈羽状分布，流域地势西南高，东北低，流域内属喀斯特发育。

乌江地形以高原、山原、中山及低山丘陵为主。

■ 横跨乌江的大桥

由于地势高差大，切割强，自然景观垂直变化明显，以流急、滩多、谷狭而闻名于世，号称"天险"。

乌江流域横跨贵州、云南、重庆、湖北4省市，居住着汉、苗、布依、土家、壮、侗、彝、瑶、仡佬等10个民族。

乌江水能蕴藏丰富，全流域水能蕴藏量1000多万千瓦，鱼类资源丰富，有后来成为国家一级保护动物的中华鲟，还有珍贵的胭脂鱼等乌江特产鱼类。

■乌江古镇风光

乌江流域矿产资源丰富，品种多，品位高，储量大，其中铝、磷、锰矿保有储量分别占全国的18%、19%、11%。其他煤、硅石、铁、铅、锌、锑等矿产也很丰富。

乌江风光迷人，景色秀丽。最为精彩的部分为彭水高谷至西阳万木，全长120千米，被誉为"百里乌江画廊"。这里具有石奇、滩险、峰秀的特点。船行其中，可见峭壁争耸，形势险绝如锁截江门，水碧山青，漕窄湍激，老街古宅，蓝天白云，仿佛在画中穿行。

长溪河峡谷是"乌江画廊"上独一无二的、最具特色的"亮点"。长溪河峡谷长20千米长，折折叠叠，两岸对峙，高壁森森。岸高百丈，青山绿水，人在其间宛若隔世。绵延崖畔石笋钟乳，形态各异，妙不可言。其主要特色在于奇、秀、幽、险。

奇，庞大的牛麻藤群落与珍贵的红豆杉相依为伴，高大的桂花树，直指蓝天。谷内奇花异草丛生，名贵中草药俯拾皆是。崖壁翠竹丛生，奇枝摇曳。

秀，绵延15千米的竹海，青翠欲滴，绿浪翻滚。40千米的长河，溪流潺潺，清澈见底，鱼鳞点点。野鸭戏水，百鸟闹林，岩燕翻飞，彩蝶翩翩。绿潭如镜，水映山色。高崖飞瀑直挂，银珠落盘。

幽，20千米的峡谷，人迹罕至，七里塘、儿塘河深潭长长，静可落针。长长的大峡谷内，岸高百丈，青山绿水，宛如仙境。

险，牛心山直立300余米。岸边高壁，刀斩斧削，鸟迹难达。穿石峡谷，巨石当道，水穿石破，飞花四溅，吼声如雷。隔鱼洞险滩，乱石横空。新滩直落数丈，石锁江心，飞流直下，壮如黄河壶口。

乌江百里画廊历史悠久，文化积淀深厚。"惊涛拍岸"、"竹零诗龛"等文化遗迹积淀厚重，民族风情异彩纷呈，是土家摆手舞之乡的西大门景区，是西兰卡普、蜡染的摇篮。古老的土家族背嫁哭嫁，独特的苞谷灯戏、面具阳戏、马马灯、民间青年男女表达爱情的木叶情歌，众多的民间的手工艺品，组成了当地独具魅力的民族风情。

阅读链接

乌江河畔白马山北麓有一座道师崖，山腰上有座高约40余米的石峰，酷似一个亭亭玉立的女子，顶端是高翘的"云髻""头部"，身段婀娜多姿，这就是乌江流域中有名的"望夫石"。据说大禹来乌江治水，招募壮士去开河，其中有个白马山白果坪姓黄的年轻人，新婚才三个月。黄家媳妇孝敬公婆、料理家务，一直等到30年后大禹疏通乌江河道。

黄家媳妇站在道师崖旁等着日思夜想的丈夫回家。谁知丈夫在回家路上走到碑垭城门洞时，知道有一条孽龙经常兴风作浪，决定留下来与当地的乡亲凿出一条水道，让洪水排到乌江，在与孽龙搏斗的过程中，他献出了生命。

黄家媳妇闻讯恸哭不已，后来变成了道师崖上的一座石峰，永远望着夫君回家的方向。